新时代教育学进展丛书

主编：崔景贵

U0500457

新型职业农民
培训效果评价研究

吕莉敏◎著

知识产权出版社

全国百佳图书出版单位

——北京——

图书在版编目（CIP）数据

新型职业农民培训效果评价研究/吕莉敏著. —北京：知识产权出版社，2023.12
ISBN 978 - 7 - 5130 - 9040 - 7

Ⅰ. ①新… Ⅱ. ①吕… Ⅲ. ①农民教育—职业教育—研究—中国 Ⅳ. ①G725

中国国家版本馆 CIP 数据核字（2023）第 247087 号

策划编辑：蔡　虹　　　　　　　　　责任校对：王　岩
责任编辑：王海霞　　　　　　　　　责任印制：孙婷婷
封面设计：邵建文

新型职业农民培训效果评价研究

吕莉敏　著

出版发行：**知识产权出版社** 有限责任公司　　　网　　址：http://www.ipph.cn
社　　址：北京市海淀区气象路 50 号院　　　　邮　　编：100081
责编电话：010 - 82000860 转 8790　　　　　　责编邮箱：93760636@ qq.com
发行电话：010 - 82000860 转 8101/8102　　　发行传真：010 - 82000893/82005070/82000270
印　　刷：北京九州迅驰传媒文化有限公司　　经　　销：新华书店、各大网上书店及相关专业书店
开　　本：720mm×1000mm　1/16　　　　　　印　　张：20.5
版　　次：2023 年 12 月第 1 版　　　　　　　印　　次：2023 年 12 月第 1 次印刷
字　　数：303 千字　　　　　　　　　　　　定　　价：89.00 元
ISBN 978 - 7 - 5130 - 9040 - 7

前　言

　　党的二十大报告提出"中国式现代化"的概念，而全面推进乡村振兴是实现中国式现代化的关键所在。党和政府高度重视"三农"工作，中央一号文件连续二十年聚焦"三农"问题。新世纪以来，尤其是党的十九大以来，乡村振兴战略的推进对于有效解决我国的城乡发展不均衡问题、促进农业现代化、提高农民生活水平有着积极而深远的影响。

　　实施乡村振兴战略的关键之一是培养一支"有文化、懂技术、会经营、善管理"的新型职业农民队伍。自2014年启动新型职业农民培育工程以来，中央财政和各级省市财政每年都会安排专项资金支持新型职业农民培训，在如此大规模的经费投入之下，各级政府都迫切需要准确地知道新型职业农民培训的实际效果，以便判断培训目标的完成情况。然而，如何科学有效地实施效果评价一直是教育培训链条中的薄弱环节，也是极难操作的环节。那么，应该如何科学地测评新型职业农民培训效果？新型职业农民培训效果到底如何？新型职业农民培训效果受哪些因素影响？如何提升新型职业农民培训质量？总而言之，职业培训作为高素质新型职业农民队伍建设的基础性工作，效果评价是其必要环节。新型职业农民培训效果评价不仅是政府有效配置资源的参考，也是培训机构优化培训方案的依据，还是提高培训质量的有效途径。

　　新型职业农民培训是笔者一直关注的领域，也是笔者读博期间的主要研究课题。围绕农民工职业培训、新型职业农民培育、返乡创业农民工培育、高素质农民培育等问题，笔者先后申报、获批、完成了十余项省部级、市厅级重大及重点课题。目前在研的相关课题有江苏省高校哲学社会科学重大课题"基于乡村振兴的高素质农民培育政策支持体系研究"等;先后发表相关研究论文50余篇,与团队成员一起完成的相关专著《职业教育视阈下的新型职业农民培育研究》《农村职业教育发展新论》等先后获得江苏省哲学社会科学优秀成果奖二等奖、三等奖。本书正是基于实施乡村振兴战略亟须加强新型职业农民队伍建设,突破乡村振兴人才瓶颈制约而进行的探索。

本书分为三个部分,共七章。第一部分为基础理论研究,包括第一章、第二章和第三章,本部分在提出研究问题、明确研究价值、厘清研究边界的基础上,构建了新型职业农民培训效果评价指标体系。第二部分为实证调查研究,包括第四章和第五章,根据构建的评价指标体系,自编问卷测评新型职业农民培训效果并分析影响因素。第三部分为优化对策研究,包括第六章和第七章,根据实证研究的结果,提出优化新型职业农民培训效果的针对性建议。

本书在撰写过程中得到了导师石伟平教授的悉心指导,以及一些专家、学者的大力支持,调研过程中得到了农业职业院校、农广校领导和新型职业农民的大力帮助,本书也参考了诸多专家、学者的研究成果,在此谨向这些专家、学者、领导、教师、农民朋友表示感谢!

本书的出版得到了江苏理工学院崔景贵书记负责的"新时代教育学进展丛书"的资助。

全面乡村振兴的推进对新型职业农民培育工作提出了新的要求。本书只是新型职业农民培育这一话题研究的"冰山一角"。正所谓一项研究的结束也是另一项研究的开始,关于新型职业农民培育方面的研究之路还很长,希望笔者坚持的研究能为新型职业农民培育工作"添砖加瓦"。

吕莉敏

2023.3.25

CONTENTS

目　录

第一章 绪 论

第一节 问题的提出

一、研究背景

（一）新型职业农民队伍建设是乡村振兴战略实施的重要保障

2017年，党的十九大报告首次提出乡村振兴战略；2018年中央一号文件强调，破解乡村振兴人才瓶颈制约的关键是开发农村人力资源；2018年9月，中共中央、国务院印发了《乡村振兴战略规划（2018—2022年)》，全面部署乡村振兴计划的时间表；2021年，《中华人民共和国乡村振兴促进法》（以下简称《乡村振兴促进法》）出台，再次强调实施乡村振兴应遵循"坚持农民主体地位"的原则。人是乡村振兴中最活跃的因素，农民是新农村建设的主人，是现代农业发展的主体，是全面建成小康社会的主力军。然而，改革开放以来，随着我国城镇化的快速发展，大量农村青壮年劳动力外出务工经商，农村空心化、农业兼业化、农民老龄化现象突出，"谁来种地""谁来当农民""谁来建设新农村""农业后继乏人"等问题引起了社会各界的高度重视。"新型职业农民培育"的提出为解决我国"三农"问题指明了方向。提高农业经营效益、拓宽农民增收渠道的关键是提高农民素质，从源头上提高农民的增收能力。"扶贫先扶智"，传统农民经过培训，可以提高自身的科学文化素质和农业生产管理技能，转变生产观念，提升新知识、新技术在农业领域的传播和应用效率，有助于农业生产经营效率的提高，有助于农民收入的提高。因此，建设"爱农村、懂农业、会经营、善管理、能带动"的新型职业农民队伍是有效巩固精准扶贫成果，防止规模性返贫，从根本上解决"三农"问题，实现乡村全面振兴的重要途径。

（二）职业培训是快速提升农民素质的基础性工作

农民素质的高低是影响乡村振兴战略实现快慢的重要因素。我国农民素质问题主要表现在以下四个方面：一是总量不足。随着农村青壮年劳动力外流，留守在农村从事农业生产经营的劳动力数量严重不足，农业现代化发展面临着"农民荒"问题。❶ 二是结构失衡。学者们调研发现，外流的农村劳动力主要为"80 后""90 后"的青壮年男性；❷ 国家统计局《2020 年农民工监测调查报告》数据表明，全国农民工平均年龄为 41.4 岁，40 岁及以下农民工所占比重为 49.4% ；❸ 贺雪峰教授团队在农村地区的实地调研显示，当前我国务农劳动力平均年龄在 50 岁以上❹，这在一定程度上说明了留守在农村从事农业生产经营的农民多为老人与妇女。三是素质堪忧。就现有新型职业农民素质而言，我国小学、初中文化程度的务农劳动力占比接近 70.0% ；获得新型职业农民职业资格证书的农民仅占 12.4% ；具有农业技术人员职称的农民占 15.4% 。❺ 就未来的新型职业农民素质而言，仅有 21.1% 的职业农民正在接受学历教育；农学类专业本科生的招生比例从 20 年前的 6.0% 下降到现在的 1.7% 。❻ 四是后继乏人。在农村成长

---

❶ 陈池波，韩占兵. 农村空心化、农民荒与职业农民培育［J］. 中国地质大学学报（社会科学版），2013（1）：74 – 80.

❷ 张新民，秦春红. "农民荒"与新生代农民培育［J］. 职教论坛，2012（25）：78 – 80.

❸ 2020 年农民工监测调查报告［EB/OL］.（2021 – 04 – 30）［2023 – 01 – 09］. http：//www. gov. cn/xinwen/2021 – 04/30/content_ 5604232. htm.

❹ 贺雪峰. 如何应对农村老龄化：关于建立农村互助养老的设想［J］. 中国农业大学学报（社会科学版），2019，36（3）：58 – 65.

❺ 农业农村部科技教育司，中央农业广播电视学校. 2019 年全国高素质农民发展报告［R］. 北京：中国农业出版社，2020.

❻ 农业农村部科技教育司，中央农业广播电视学校. 2017 年全国新型职业农民发展报告［R］. 北京：中国农业出版社，2018.

起来的许多新生代农村青年对土地非常"陌生",进城务工"跳出农门"已经成为许多农村新生代劳动力结束求学生涯之后的首选。留守在农村务农的农民素质已然成为国民素质的"低洼地带",高科技成果难以转化,高效设施难以得到利用,严重制约了农业农村现代化的发展。

诺贝尔经济学奖获得者舒尔茨的人力资本理论指出,蕴含在人身体内部的知识和能力等人力资本的提高在经济增长中的作用远超土地、劳动力等实物资本数量增加的作用。❶ 随着我国低成本、传统型人口红利的消失,经济学家厉以宁认为,通过职业培训提升劳动者的人力资本是一种新型人口红利。❷ 改革开放以来,我国城镇化进程不断加速,大量农村青壮年劳动力流向城镇和非农产业就业,农业成为"四化同步发展"的洼地,亟须提升农业从业者的知识、技能和素质水平,通过提高农业生产效率来弥补农业劳动者数量的不足,以人力资本红利取代人口数量红利。人力资本红利的开发需要培育一批留得住、用得上、以农业为职业的新型职业农民,职业培训是释放人力资本红利最直接而有效的途径。一般来说,人力资本需要不断地进行教育培训才能获得提高。职业培训作为一种生产性投资,能使隐藏在人体内部的能力得以增长,并能直接贡献于组织生产力的提高,与单纯的物质投资相比会带来更多的利润,产生更大、更长期的经济效益和社会效益。

(三) 效果评价是提高职业培训质量的重要保障

一般来说,职业培训的完整流程包括培训需求分析、培训方案制定、培训教材开发、培训对象和培训师资选拔、培训活动组织实施和培训效果评价等内容。效果评价是培训工作的必要环节,也是提升培训质量的重要途径。新型职业农民培训效果评价是有针对性地改进培训质量、提高农民素质的有效路径。部分学者研究发现政府主导的农民培训效果不佳,❸ 存在培训对象不精准、培训内容不符合农民实际

---

❶ 舒尔茨. 论人力资本投资 [M]. 吴珠华,等译. 北京:北京经济学院出版社,1990:3.

❷ 厉以宁. 经济发展的优势 [J]. 中国流通经济,2012 (12):65−68.

❸ 李静,谢丽君,李红. 农民培训工程的政策效果评估:基于宁夏农户固定观察点数据的实证检验 [J]. 农业技术经济,2013 (3):26−35.

需求、农民被培训、为了完成数量指标走过场等问题❶，主要原因在于人们对新型职业农民效果评价工作尚未引起重视。这主要表现在以下五个方面：一是界定是否需要评价比较随意。效果评价是培训工作的必要一环，但有些地区迄今为止还没有开始对新型职业农民培训效果进行评价。二是评价指标选取的随意性。有些地区评价指标的选取随意性和主观性很强，仅以完成培训的人数作为衡量培训效果的指标。三是评价方法随意。有些评价问卷是根据个人经验编制的，没有利用相关分析、因子分析等规范的分析方法，问卷的信效度低，导致测量结果缺乏可信度。四是评价过程随意。有些地区为了得到较好的评价结果，评价程序不规范，评价过程封闭神秘，缺乏公众监督，评价结果不符合实际情况。五是评价流于形式。一些地区的评价仅仅是为了使材料符合上级的检查要求，并没有将评价结果运用到改进培训方案当中。因此，需要尽快规范培训流程，运用科学的方法建立新型职业农民培训效果评价标准，分析新型职业农民培训效果的关键影响因素，提升新型职业农民培训的实效，切实有效地提高农民素质，为乡村振兴提供高素质人才。

二、研究意义

新型职业农民是乡村振兴、农业农村现代化和"四化同步"发展等国家战略得以实现的主力军。高质量的职业培训是快速提高农民素质、建设高素质农民队伍的关键，本书对新型职业农民培训效果的理性思考和实证分析，具有重要的理论意义和应用价值。

（一）理论意义

1. 完善乡村振兴与农村职业教育的相关理论研究

新型职业农民培训是开发农村人力资源、提升农业从业人员整体素质、实现乡村振兴的重要途径。本书在广泛查阅文献资料和乡村振兴、新型职业农民培育政策文本资料的基础上，基于成人教育学理论分析乡村振兴对农村人力资源开发的具体要求，有助于探索出一条基

---

❶ 马建富，吕莉敏，陈春霞. 留守农民职业教育培训现状的调查及发展建议：基于江苏的调查 [J]. 职教论坛，2016（6）：50－59.

于乡村振兴战略的农村人力资源开发之路，为完善乡村振兴与农村职业教育的相关理论研究提供理论基础。

2. 引领和拓展新型职业农民培育的理论研究

本书在国外现有的培训效果评价模型和培训效果内涵分析的基础上，通过田野调查，对参训农民、培训教师、组织管理人员、研究专家等展开多方位、多层次的深入访谈，获得一手资料和相关数据，构建出本土化的新型职业农民培训效果评价指标体系，测评农民培训效果，探讨影响因素，有助于丰富农民教育培训理论和效果评价理论，推动新型职业农民培育研究的进一步深入与拓展，为进一步的研究提供参考和借鉴。

3. 丰富农民教育培训的实证研究成果

现有新型职业农民培训效果评价研究多为实践经验总结或定性分析，通过实证的方法构建评价标准对新型职业农民培训效果进行测度的研究较为少见。本书采用质性和量化相结合的方法构建新型职业农民培训效果评价指标，有助于丰富我国农民教育培训的实证研究成果。

（二）应用价值

1. 为新型职业农民培训效果评价提供可操作的评价工具

本书在科学严谨的文献研究和深入翔实的田野调查的基础上，严格按照问卷编制的方法，开发具有较高信度和效度的新型职业农民培训效果评价问卷，为评价参训效果提供具有操作价值的工具。

2. 为培训机构优化新型职业农民培训方案提供有力依据

利用本书开发的新型职业农民培训效果评价问卷对新型职业农民培训效果进行测评，有助于判断培训目标的达成度，为各培训主体优化新型职业农民培训方案提供有力依据，为提升培训效果提供参考，促进新型职业农民培训工作科学、有序地开展。

3. 为决策层培育新型职业农民提供新的视角

本书开发的新型职业农民培训效果评价问卷严格按照编制教育测评问卷的流程编制，问卷调查过程科学、规范，可为探讨新型职业农民培训效果的影响因素和优化策略提供科学、客观的数据支持，有助于各级政府准确地了解培训效果，为以后的培训资源有效配置提供决策参考。

第二节 文献综述

就某一主题对现有文献从不同视角进行综述，有助于研究者全面、系统、深入地了解关于该研究的不同观点以及研究的进展与不足，便于在自己的研究与已有研究之间建立联系，真正使自己"站在巨人的肩膀上"进行研究。因此，本书紧扣"新型职业农民"和"培训效果评价"这两个关键词，对国内外相关研究文献进行收集、阅读、整理、分析，以期了解国内外新型职业农民培训效果评价研究的进展，为本书理论框架的构建奠定基础。

一、国外研究现状

（一）国外关于职业农民培训的研究

从世界范围看，各国普遍重视农民培训工作，尤其是发达国家在农民培训方面取得了丰富的理论成果和实践经验。由于各国提法不同，尚未发现国外学者的研究成果中有"新型职业农民"这一提法。但是，总的来说，国外发达国家农业现代化程度较高，关于职业农民的研究起步较早，其在农业现代化发展过程中对农村人力资源开发采取了积极措施，研究成果比较丰富。在国外，与新型职业农民相关的概念有农村人力资源、职业农民、现代农民、农场主等。美国人类学家弗兰克·艾利思将市场化程度作为区别传统农民和职业农民的标志，相对于部分参与市场的规避风险型传统农民，职业农民完全市场化，而且追求利润最大化。❶ 国外职业农民培训相关研究主要聚焦在以下三个视角。

1. 职业农民培训的理论基础

国外学者多以经济学中的人力资本理论作为理论基础研究农民培训问题，认为农村经济的发展关键在于提高农村劳动力的人力资本。英国经济学家亚当·斯密在其经典著作《国富论》中首次提出"人力

---

❶ 艾利思. 农民经济学：农民家庭农业和农业发展 ［M］. 胡景北，译. 上海：上海人民出版社，2006：5.

资本"这一概念，他认为通过对人们进行教育投资，学习某种技能，当学习者利用该技能创造价值时，资本投资价值就得以呈现，即把教育成本变成了社会价值。❶ 新古典经济学家马歇尔指出："对人本身的投资是各种投资中最有价值的。"德国著名经济学家弗里德里希·李斯特在《政治经济学的国民体系》中也指出教育培训对于经济社会发展具有重要意义。❷ 德国农学家约翰·冯·杜能同样肯定了人力资本投资在农业发展中的重要作用。❸ 美国经济学家西奥多·舒尔茨和诺曼厄普霍夫等都认为对农民进行人力资本投资，可以解决农村发展问题。舒尔茨在《改造传统农业》一书中强调通过引进现代生产要素改造传统农业，其中一个非常重要的要素就是具有现代科学知识、能运用新生产要素的人，这就要对农民进行人力资本投资。❹ 舒尔茨还认为，贫穷国家之所以贫穷，一个很重要的原因就是这些国家忽视了对人力资本的投资，国民经济增长主要依靠对人力资本的投资，因为国民素质影响着对教育培训投资的重视程度，进而影响人类未来的发展，所以农民的素质对于改造传统农业具有非常重要的价值，农业国家应当发展农村教育，普遍提高农民的文化程度和科技水平，通过增加对农民的人力资本投资来改造传统农业。❺ 杜能认为，社会问题的核心归根结底是教育问题，如果对农民进行教育培训，就可以使其在农业劳动中提高劳动效率。❻ 西方学者关于人力资本对经济增长和农业发展影响的研究为新型职业农民培育研究提供了重要理论基础。

2. 职业农民培训的要素

虽然自 20 世纪 60 年代美国人类学家沃尔夫首次提出"职业农民"的说法以来❼，学术界对"职业农民"的概念还没有明确的界

---

❶ 斯密. 国民财富的性质和原因的研究 [M]. 郭大力，王亚南，译. 北京：商务印书馆，1972：12.

❷ 李斯特. 政治经济学的国民体系 [M]. 陈万煦，译. 北京：商务印书馆，1997：5.

❸ 韩娜. 我国新型职业农民培育问题研究 [D]. 大连：大连海事大学，2013.

❹ 舒尔茨. 改造传统农业 [M]. 梁小民，译. 北京：商务印书馆，2013：167.

❺ 舒尔茨. 对人进行投资 [M]. 吴珠华，译. 北京：商务印书馆，2017：88 – 102.

❻ 杜能. 孤立国同农业和国民经济的关系 [M]. 吴衡康，译. 北京：商务印书馆，1986：14.

❼ WOLFER. Peasants [M]. Englewood Cliffs：Prentice Hall，1966：25.

定，但基本确立了"农民是职业，职业有标准"的发展理念，对职业农民的认知也从一种社会结构和等级秩序演变成一种理性选择和职业名称。例如，加拿大将农业分为九大类，每一大类又分为六个职业农民等级，并规定了每个等级认定所需要的技能与应接受的相关培训。❶国外学者基于职业培训的视角对农民教育培训的研究比较前沿，在职业农民培训方面取得了丰富的研究成果，主要包括对农民培训的必要性，以及农民培训的模式、对象、内容和方法等方面的研究。

第一，关于农民培训必要性的研究。在国外，职业培训在改造传统农业过程中发挥了不可替代的作用，科尔皮（Korpi）和默滕斯（Mertens）认为职业培训是传统农民向职业农民转变的重要途径。❷德国、日本、美国等发达国家都专注于职业农民的教育培训，它们普遍认为农民知识和技能的提高是农民增收的内在源泉，受过教育的农民要比没有受过教育的农民更愿意接受新技术，更能适应市场的变化，农民接受的教育越好，就越能更好地使用新技术，他们的能力和收益与其接受教育的程度呈正相关关系。例如，普特勒（Putler）和齐尔伯曼（Zilberman）通过对美国农场的实地调研发现，受教育程度越高的农场主使用新技术的频率越高，其收益也越多。❸费克尔（Fielke）和巴兹利（Bardsley）通过调查发现，澳大利亚的农民培训在很大程度上使农民适应了农业发展水平，提高了自身的社会竞争力和收入水平，促进了农业的发展。❹洛克希德（Lockheed）和劳（Lau）通过收集37个低收入国家农场的数据进行回归分析发现，农民的受教育水平影响自身的生产效率，农民接受四年的基础教育，其农业生产效率就能提高7.4%，而且农民教育培训在现代农业发展中的作用比在传统农业中更重要。❺速水（Hayami）和拉坦（Ruttan）通过计算

---

❶ 王亭亭，程路明. 新型职业农民培育研究综述 ［J］. 安徽农学通报，2019（25）：155－157.

❷ KORPI T, MERTENS A. Training systems and labor mobility：A comparison between Germany and Sweden ［J］. Scandinavian Journal of Economics，2003，105（4）：597－617.

❸ PUTLER D S, ZILBERMAN D. Computer use in agriculture：Evidence from Tulare County, California ［J］. American Journal of Agricultural Economics，1988（70）：790－802.

❹ FIELKE S J, BARDSLEY D K. The importance of farmer education in South Australia ［J］. Land Use Policy，2014，39：301.

❺ LOCKHEED M F, JAMISON D T, LAU L J. Farmer education and farm efficiency：A survey ［J］. ETS Research Report Series，1979（2）：37－76.

以色列农业劳动生产率发现，农民职业培训是影响以色列特色农业发展的重要因素之一。[1] 福斯特（Foster）和罗森茨威格（Rosenzweig）的研究同样发现，印度受教育程度较高的农户更愿意接受农作物的新品种。[2]

第二，关于农民培训主体、模式、对象、内容和方法的研究。国外发达国家都呈现出办学主体多元化的趋势，农民培训分别由农业院校、各类培训机构、农业协会、农村经济合作组织、农业技术推广站、农业远程教育机构等负责。关于农民培训模式，国外总结出东亚模式、西欧模式和北美模式三种农民培训的模式（见表1-1）。[3] 福斯特认为，农村职业教育的重点是农业教育，教育对象是农民而不是学生。[4] 美国、日本、韩国等发达国家注重针对不同的培训对象采用不同的培训方式、开展不同内容的培训（见表1-2）。学者们普遍认为，如果农民培训供需结构失衡，就会导致社会对农业教育的支持减少，进而导致农民对培训项目失去兴趣，形成恶性循环。[5] 因此，农民职业培训的内容应该满足培训者的现实需求，农民培训需要具备有效的培训反馈和课程评审制度。[6] 金（Kim）和杨（Pyoung）研究表明，韩国"新村运动"实践成功，在于注重农民"勤勉、合作与自助"培训。[7] 范登班（Van den Ban）和霍金斯（Hawkins）研究得出，

[1] HAYAMI Y, RUTTAN V W. Agricultural Development: An International Perspective [M]. Baltimore: The Johns Hopkins University Press, 1985: 28.

[2] FOSTER A D, ROSENZWEIG M R. Technical change and human capital returns and investments: Evidence from the green revolution [J]. The American Economic Review, 1996 (86): 931-953.

[3] 国外新型职业农民培训的"4大成功模式" [EB/OL]. (2016-06-23) [2022-09-17]. https://www.tuliu.com/read-33004.html.

[4] 石伟平. 比较职业技术教育 [M]. 上海: 华东师范大学出版社, 2001: 187.

[5] GASPERINI L. From agricultural education to education for rural development and food security: All for education and food for all [C] //Proceedings of 5th European Conference on Higher Agricultural Education. Seale-Hayne Campus, University of Plymouth, UK, 2000.

[6] ZINNAH M M, STEELE R E, MATTOCKS D M. From margin to mainstream: Revitalization of agricultural extension curricula universities and colleges in Sub-Saharan Africa [R] // Training for Agriculture and Rural Development 1997-1998. Rome: Fao, 1998.

[7] KIM, PYOUNG Y. New Dynamics for Rural Development: The Experience of Saemaul Undong [M]. Seoul: Kyobo Publishing Inc, 1985: 173-189.

对职业农民培育者来说，最重要的是交流技巧。❶ Jurksaitiene 等研究发现，通过正式和非正式学习等职业资格教育，增加了农民的环境保护知识，并提高了其能力。❷ 罗杰斯（Rogers）认为，对农民进行培训的重点是提高其在农业生产过程中的自我决策能力。❸ 德国的职业农民培训以实践为导向，要求农民每周进行 1~2 天的理论知识学习和 3~4 天的企业实训。❹

表 1-1 国外职业农民培训模式

典型模式	主要特点	代表国家	具体做法
东亚模式	人多地少、政府主导、主体多元、立法保障、体系完备；多层次、多目标、多方向的培训模式；重视培养"农业后继者"	日本	·政府：法律保障、资金扶持 ·培训主体：农业大学、中等农业学校、农科类大学、综合性大学的农学部
		韩国	培训主体：农协、农村振兴厅、农业大学
西欧模式	"双元制"农民培训模式；发达的农业机械和农业职业教育，校企参与、互联网传播；注重培训质量（考核、资格证书）；"持证上岗"	德国	双元制
		英国	培训主体：农业培训网
北美模式	人少地多，规模化、机械化；三位一体、信息化；集农业教育、科研和推广为一体的培训模式，使农民能够规模化经营和机械化耕作	美国	完备的农民培训法律体系和完善的信息化系统

❶ VAN DEN BAN A W, HAWKINS H S. Agricultural Extension [M]. New Jersey：Blackwell Science，1996：113-120.

❷ JURKSAITIENE N, MARKEVICIENE L, MISIUNAS D. The research on environment protection knowledge and competencies in non-formal education [C] // Proceedings of the 9th Internaional Scientific and Practical Conference on Environment, Technology and Resources, 2013：5-15，87-96.

❸ ROGERS E M. Diffusion of Innovations [M]. New York：Free Press, 1995：78-85.

❹ 朱英霞. 德国新型农民培育经验对我国农村区域经济协调发展的启示 [J]. 中国市场，2019（9）：35-36.

表1-2 发达国家农民培训的对象、方式和内容

国家	培训对象	培训方式	培训内容
美国	现有农民❶	夜校培训	农闲时接受技术培训
		补充职业经验培训（Supplementary Occupation Experience，SOE）	农业生产管理和投融资等方面的知识与技巧
	未来农民❷	美国未来农民（Future Farmers in American，FFA）	创业能力、领导能力、团队合作能力
		补充农业经验培训（Supplementary Agriculture Experience，SAE）	通过"做中学"培养农业生产经营技能
		课堂指导	根据当地农业发展情况开设农业课程
日本❸	农业后继者	非学历教育	农业生产技能、生产效率、农业经营管理知识技能
	参加农协农民	长期或短期农业继续教育	农业技术指导，普及农业科学知识
	农业高中学生	学历教育	农业机械、园艺、畜产等专业学习
	农学院大学生	学历教育	农业高科技人才和农民培训教学人员所需的知识与技能
韩国❹	农村青少年	"4H"教育	专业知识和经营理念
	青壮年农民	农渔民后继者教育	
	专业大户	专业农民教育	

3. 职业农民培训的保障

国外十分重视通过出台法律法规、构建政策制度和完善支持体系

---

❶ USA Senate. Agriculture Reform, Food, and Jobs Act of 2012 ［EB/OL］. (2012-05-10) ［2013-10-20］. http：//www. nationalaglaw center. org/farm bills/.

❷ USA House. Federal Agriculture Reform and Risk Management Act of 2012 ［EB/OL］. (2012-05-10) ［2013-10-20］. http：//www. nationalaglaw center. org/farm bills/.

❸ 李瑶，万蕾. 职业农民培育：日本的经验及对我国的启示 ［J］. 农民科技培训，2019 (3)：42-44.

❹ 王丽丽，赵帮宏，吕雅辉，等. 国内外新型职业农民培育的典型做法与启示 ［J］. 黑龙江畜牧兽医 (下半月)，2016 (7)：278-280.

等来确保农民培训工作保质保量地完成。有些国家还设置专门机构每年编制农民发展报告，汇总每年的农村劳动力就业情况、技能和培训情况、农民人力资本变动情况、培训机构和培训经费情况等，客观上保障了政府对各种类型、各种等级农业人力资源开发的长效机制。❶美国为了保障农民培训工作的有序、有效开展，颁布了一系列法律法规，在经费、土地和教育培训等方面提供保障（见表1-3）。❷美国、日本和法国政府在城镇化不同阶段给予农民培训不同方面的支持，保障了职业农民的成长（见表1-4）。❸德国、法国、英国和加拿大则通过构建完善的职业农民资格证书制度保障职业农民的发展（见表1-5），德国针对职业资格证制度还有相关配套政策，即由行业协会负责管理职业农民的认证管理机构，对农场主、农业工人和培训教师进行资格认定管理。

表1-3 美国保障农民培训的主要法律

主要法律及颁布年份	主要内容	发挥的作用
《莫雷尔法案》（1862年）	将出售"赠地"的收益用于建立农工学院	发展农业高等教育，培养农工专门人才
《哈奇法案》（1887年）	联邦政府向各州拨款建立"农业试验站"	发展农民短期培训和继续教育
《史密斯—利弗农业推广法案》（1914年）	联邦政府出资建设农技推广组织和推广站	建立了农业教育、科研、推广"三位一体"的农业合作推广体系
《史密斯—休斯法案》（1917年）	联邦政府通过法律形式规定对中等职业教育的建设与发展拨款	稳定了职业教育的资金来源

❶ 王亭亭，程路明. 新型职业农民培育研究综述［J］. 安徽农学通报，2019（25）：155-157.

❷ 鲍忠杰. 职业农民与农民职业化研究［J］. 当代经济，2012（11）：12-14.

❸ 周洁红，魏珂. 发达国家职业农民培育政策的演变及启示［J］. 农业经济问题，2015（8）：138-144.

主要法律及年份	主要内容	发挥的作用
《美国职业教育法》（1963 年）	不同年龄段的公民平等接受高等教育的权利	职业教育的对象范围扩大、职业教育和培训的发展资金与政策得到法律保障

表 1－4　不同国家、不同阶段农民职业化支持政策

国家	发展阶段	主要特点	政府的主要做法
美国	工业化城镇化起步阶段（1900—1935 年）	提升农业技能的技术推广体系	·通过颁布法律增大财政支持力度 ·通过提供土地建设农业学校，传播农技知识、安排农业实践 ·通过农业项目规划——"4H"青少年发展计划
	工业化城镇化快速发展阶段（1936—1992 年）	提升经营能力的培育支持体系	·推动农民培训内容和方式的多样化 ·农业推广由简单的提高产量发展成全方位的农村支持体系 ·在财政补贴政策、金融信贷政策、农业保险政策等方面保障农民的权益 ·提供专项联邦农场贷款项目
	农业现代化发展阶段（1993 年至今）	实施新型青年农民高素质发展计划	·提出新农民发展计划 ·在赠地大学设立奖学金计划 ·提供特色农作物科研与教育推广经费 ·实行针对新农民的灵活性财政计划
日本	工业化城镇化起步阶段（1946—1960 年）	推进农业教育改革	·在全国范围内普及农业科技知识 ·增加对初中、高中和大学农业职业教育的经费投入 ·改良农业经营方式，改善农民生活条件，增强对农村青少年的培育
	工业化城镇化快速发展阶段（1961—1995 年）	培育规模经营主体	·通过立法重点推动土地合理流转 ·培育和扶持农业经营体，提升农民生产能力 ·通过财政支持、税收优惠等措施吸引工业企业到村镇投资建厂

续表

国家	发展阶段	主要特点	政府的主要做法
日本	农业现代化发展阶段（1996年至今）	建立职业农民社会支持体系	·通过"农地三法"完善相关制度，改善农村环境，引入工商资本，提高社会化服务水平，帮助农民适应市场环境 ·重视农村人才培养，进一步提升职业农民的经营能力 ·重视发挥农协在农民培训中的作用
法国	工业化城镇化起步阶段（1945—1962年）	推动大农户培育改革	·推行土地规模经营的大农业政策，给予大规模农场税收优惠和贷款支持 ·出资对农村剩余青壮年进行培训 ·采用多种办法推动农村剩余劳动力转移
	工业化城镇化快速发展阶段（1963—1993年）	实行农民职业化资格认证制度	·实行严格的职业资格证书制度 ·制定农业生产经营领域职业农民的技术标准
	农业现代化发展阶段（1994年至今）	建立职业农民终身学习制度	·规定农民须根据实际生产需求每年接受两周的农业科技培训 ·提供针对职业农民创业的长期税收优惠政策 ·为青年农民提供农业生产经营活动专业技能帮助和生产经营指导 ·向农学生提供补贴

表 1－5　发达国家职业农民职业资格等级证书制度❶

国家	证书类（级）别	获取要求	从业资格
德国❷	1级：学徒工证书	结业考试	不能从业
	2级：专业工证书	学徒工证书＋3年农业职业教育＋结业考试	可以从业
	3级：师傅证书	专业工证书＋1年农业职业教育＋专科考试	独立经营农场、招收学徒

---

❶ 李宏伟，屈锡华，杨淑婷．西方发达国家职业农民认定管理的经验及启示［J］．世界农业，2016（3）：39－43.

❷ 朱英霞．德国新型农民培育经验对我国农村区域经济协调发展的启示［J］．中国市场，2019（9）：35－36.

国家	证书类（级）别	获取要求	从业资格
德国[1]	4级：技术员证书	师傅证书＋2年农业职业教育＋专科考试	技术员、管理者
	5级：工程师证书	技术员证书＋附加考试＋高等农业院校进修＋毕业考试	农业工程师
法国[2]	农业教育证书	3～5年农业实践＋200小时专业培训	获得国家补助
	农业专业证书	680～920小时专业培训	独立经营农场
	农业技术员证书	2年专业培训	技术服务
	高级技术员证书	2～3年专业培训，农业专科学历	指导农场经营
英国[3]	农业技术教育证书/农民职业培训证书	在一定范围内从事常规的、可预测的工作	半熟练工
		较大范围地从事复杂的非常规工作	熟练工
		广泛从事复杂的非常规工作	技术员/初级管理人员
		广泛从事复杂、专业、多变的工作	高级技术员/中级管理人员
		独立运用基本原理和复杂技术	高级工程师/高级管理人员
加拿大[4]	农业生产技术员	独立完成种养殖过程中的各种作业程序和规范	独立经营农场
	农业生产指导员	具有较强的综合判断和评估能力	指导农场经营
	农业生产管理员	协调管理农业生产、营销和日常财务工作	——

[1] 朱英霞. 德国新型农民培育经验对我国农村区域经济协调发展的启示［J］. 中国市场，2019（9）：35－36.

[2] 胡静，闫志利. 中外新型职业农民资格认定标准比较研究［J］. 职教论坛，2014（10）：57－62.

[3] 李宏伟，屈锡华，杨淑婷. 西方发达国家职业农民认定管理的经验及启示［J］. 世界农业，2016（3）：39－43.

[4] 马建富，吕莉敏，陈春霞. 职业教育视阈下的新型职业农民培育研究［M］. 北京：科学出版社，2015：34.

（二）国外关于培训效果评价的研究

国外学者对培训效果评价进行了广泛的研究，纵观国外相关研究，主要集中在培训效果评价的意义、培训效果评价的内涵及培训效果评价模型等方面。

1. 关于培训效果评价意义的研究

关于培训效果评价的重要性，国外学者已经形成比较一致的观点，其认为职业培训效果评价的意义主要包括两个方面：一是检测培训目标的达成度。例如，凯利（Kelley）和摩托罗拉（Motorola）认为职业培训效果评价是判断培训价值和目标达成度，明确改善方向和做出决策的重要依据。❶ 二是发现培训中存在的问题，便于改进后续培训项目的设计。例如，戈德斯坦（Goldstein）认为职业培训效果评价是系统地收集必要的信息，帮助做出选择、使用与修改职业培训项目的决策过程。❷

2. 关于培训效果评价内涵的研究

关于培训效果评价的内涵，西方管理学界由于应用领域与观察视角的不同，主要有"效果行为观"、"效果结果观"和"效果能力观"三种不同的观点。墨菲（Murphy）认为效果是与其工作的组织或目标有关的行为❸；贝尔纳丹（Bernardin）认为效果就是与组织目标、顾客满意度和资金投入相关的工作结果❹；斯宾塞（Spencer）认为效果即能力。❺ 随着人们对效果内涵认识的不断深入，效果的概念也越来越丰富，雷蒙德·诺伊（Raymond Noe）认为效果可分成五大类，即认知效果、技能效果、情感效果、绩效效果及投资回报率。其中，认知效果是指受训者对事实、原理、程序和技术的熟悉程度；技能效果是指技能的获得与应用；情感效果是指受训者对培训师资、内容和设

---

❶ KELLY, MOTOROLA. Training for the Millennium［J］. Bussiness Week, 1994（3）: 147－152.

❷ 徐芳. 培训与开发理论及技术［M］. 上海：复旦大学出版社，2005.

❸ MURPHY. The allocation of talent: Implications for growth［J］. The Quarterly Journal of Economics, 1991, 106（2）: 503－530.

❹ 孙茂竹，范歆. 绩效管理［M］. 北京：中国人民大学出版社，2018：25.

❺ 徐倩. 绩效评价［M］. 北京：中国标准出版社，2008：77.

施等方面的感性认识，以及受训者的动机和态度的改变；绩效效果是指生产成本的降低、产量的提高、产品质量的提高以及服务的改善；投资回报率是指培训成本与经济收益的比较。❶ 斯旺森（Swanson）认为效果包括认知效果、学习效果和绩效效果。其中，认知效果是指参与者与利益相关者的认知；学习效果是指受训者的知识和技能的提升；绩效效果是指培训产出、培训成果的转化带来的经济效益和组织效益。❷

关于培训效果的内涵，至今尚未形成统一的认识。罗宾逊（Robinson）基于培训迁移视角，认为培训效果可以通过受训者知识和技术的提升表现出来。❸ 诺埃尔（Noel）认为职业培训的效果受组织因素的影响；鲍德温（Baldwin）和福特（Ford）则认为职业培训的效果受工作环境的影响。❹❺ 戈登（Gordon）认为培训效果需要通过培训之后绩效的改变才能体现出来。❻ 雷丁（Redding）认为培训效果是指获得解决问题的技能，并且这些技能能够被迁移和运用。❼ 罗伯特·布瑞史夫认为职业培训效果受环境的影响。❽ 有学者基于对影响培训过程、培训结果和培训转化的因素的考察，提出了培训效果评价的过程观、结果观和影响因素观。例如，菲利普斯（Phillips）认为职业培训效果评价是确定活动价值和意义的系统过程。❾ 布拉姆利（Bramley）

❶ 诺伊. 雇员培训与开发 [M]. 徐芳，译. 北京：中国人民大学出版社，2001：108－113.

❷ 斯旺森，霍尔顿三世. 人力资源开发效果评估 [M]. 陶娟，译. 北京：中国人民大学出版社，2008：13－17.

❸ ROBINSON D G, ROBINSION J G. Breaking barriers to skill transfer [J]. Training and Development Journal, 1985, 39 (1): 82－83.

❹ BALDWIN T T, FORD J K. Transfer of training: A research [J]. Personnel Psychology, 1998, 41: 63－105.

❺ KELLY, MOTOROLA. Training for the millennium [J]. Bussiness Week, 1994 (3): 147－152.

❻ GORDON J. Transfer of training [J]. Training, 1989, 26 (11): 72－75.

❼ REDDING R E. Metacognitive instruction: Trainers teaching thinking skills [J]. Performance Improvement Quarterly, 1990, 3 (1): 27－41.

❽ BRINKERHOFF R O, APKING A M. High－impact Learning: Strategies for Leveraging Business Results from Training [M]. Cambridge: Perseus Publishing, 2011: 7－9.

❾ PHILLIPS J. Return on Investment－Beyond the Four Levels [C] //. Academy of HRD Conference Proceding E Nolton (ED), 1995.

认为职业培训效果评价是为制定职业培训活动而进行信息收集的过程，目的是评价培训项目的价值和实施效果。❶ 根据英国管理服务委员会（MSC）的定义，职业培训效果评价是对培训项目、培训内容与培训收益等方面进行评价，判断是否达到培训目标的过程。❷ 约克斯认为培训效果评价是根据预期结果判断培训带来的价值。❸

3. 关于培训效果评价模型的研究

对培训效果评价模型的研究在国外起步较早，研究内容也比较丰富，出现了很多不同的模型。总体来说，根据不同的分类标准和依据，学者们将现有效果评价模型分成了不同的类别。笔者认为，国外的培训效果评价模型应用最为广泛的主要有两类：一类是以美国学者唐纳德·L. 柯克帕特里克（Donalda L. Kirkpatrick）于1959年提出的柯氏四级评价模型为首的层级评价模型；另一类是以美国学者斯塔弗尔比姆（Stufflebeam）于1966年提出的CIPP评价模型为代表的过程性评价模型。

柯氏四级评价模型作为职业培训效果评价模型研究的起点，是国内外最经典、影响力最大、应用最为广泛的模型之一。柯克帕特里克认为柯氏四级评价模型从第一级学员反应层到第四级业务结果层每个级别都很重要，每一级都有不同的评估重点，而且上一级会影响下一级的评价，它们之间存在层次关系，从第一层到第四层越来越复杂，所需评价时间也越来越多，但是可以获得更多重要信息。柯氏四级评价模型包含学员反应层、学习层、行为改变层和业务结果层四个层级。反应层主要衡量参训学员对培训的反应，也称顾客满意度测量；学习层主要测试培训学员在培训前后的态度转变、知识扩充和技能提升；行为改变层主要表现在行为转变的欲望、知道该做什么、该怎么做、培训回报等方面，这一层的目的是弄清楚学员参加培训后在工作

---

❶ BRAMLEY P. Evaluating Training ［C］//. Institute of Personnel and Development（IPD），1996.

❷ 莱斯利·瑞. 培训效果评估 ［M］. 牛雅娜，吴孟胜，张金普，译. 北京：中国劳动社会保障出版社，2003：22.

❸ 约克斯. 战略人力资源开发 ［M］. 胡英坤，孙宁，译. 大连：东北财经大学出版社，2007：144.

行为上会发生怎样的变化；业务结果层的评估上升到组织的高度，表明培训为组织带来的产量增加、质量提高、成本降低、事故发生频率下降、事故严重程度减轻、销售收入增加、员工流动减少、企业利润增加等方面的发展。❶ 在柯氏四级评价模型的基础上，评价模型得到了不断的继承与发展，学者们纷纷加入成本—收益分析逻辑、组织效益评价和社会效益评价等，并引入量化分析，形成了五级甚至更多层级的评价模型，例如，1974 年的汉姆布林（Hamblin）五层次评价模型、1991 年的菲利普斯（Phillips）五层次投资回报率模型、1995 年的考夫曼（Kaufman）五级评价模型和 1996 年的霍尔顿（Holton）模型等。

还有学者提出对培训效果层级模型进行修正，主张将评价贯穿于整个培训过程，即出现了以 CIPP 培训效果评价模型为代表的过程性评价模型。❷ CIPP 评价模型是 1966 年美国学者斯塔弗尔比姆在泰勒（Tyler）的目标导向评价模型不能满足实践需要的背景下提出的。CIPP 表示该模型中的四个评价：内容背景评价（context evaluation）、输入评价（input evaluation）、过程评价（process evaluation）和结果评价（product evaluation）的英文首字母缩写，也是该模型实施的主要步骤。CIPP 评价模型将背景、输入、过程和结果看成是一个系统，有效地解释了受训者的需求评定、培训质量控制与培训结果之间的关系，使评价活动有章可循，提高了人们对教育评价重要性的认识。❸ CIPP 评价模型与柯氏四级评价模型被称为培训评价的两个基础模型，CIPP 评价模型在实践中也在不断完善和发展，主要是斯塔弗尔比姆对自己模型的反思完善和沃尔（Warr）等的 CIRO 评价模型。斯塔弗尔比姆将结果评价分成影响、成效、可持续性和可应用性四个方面，构成七步评估模式，体现了评价的全程性、过程性和反馈性，增强了模型的适用性。沃尔等人在 CIPP 评价模型的基础上，提出包含背景、输入、反应、输出四个阶段的评价，其中背景阶段还提出了最终目

---

❶ 唐纳德·L. 柯克帕特里克，詹姆斯·D. 柯克帕特里克. 如何做好培训评估：柯氏四级评估法［M］. 3 版. 林祝君，冯学东，译. 北京：电子工业出版社，2015：22 – 29.

❷ 边文娟. 企业培训效果评估理论综述［J］. 商业文化，2011（3）：69 – 70.

❸ 肖远军. CIPP 教育评价模式探析［J］. 教育科学，2003（3）：42 – 45.

标、直接目标和中间目标三个目标层次。

二、国内研究现状

自 2012 年中央一号文件提出"大力培育新型职业农民"以来，我国先后在 2012 年和 2013 年出台了《新型职业农民培育试点工作方案》和《关于新型职业农民培育试点工作的指导意见》，在全国范围内展开试点工作，"新型职业农民"在我国不论是理论上还是实践中都成为时髦名词和热门话题。一方面，教育学、经济学、人类学等各个领域的学者都开始关注新型职业农民培育问题，对其展开研究，并取得了丰富的研究成果。笔者以"新型职业农民"为主题词，在中国知网上进行模糊检索，相关研究主要开始于 2005 年，发文量从 2012 年开始快速增长，这些研究主要集中在对新型职业农民的认识、新型职业农民培育的现状、新型职业农民培育的国际经验和新型职业农民培育的路径等方面。另一方面，各地在实践中不断总结经验、发现问题，形成了许多具有特色的地方实践和培育模式。这些理论建构与经验调查之间的相互对话，无疑促进了新型职业农民培育工作的开展，为农业农村的发展培育了一批新型职业农民。那么，已经取得的成果呈现出怎样一种整体面貌？还存在哪些问题或者不足？还有哪些研究的空间？进一步的研究应该朝哪些方向去深化与拓展？对这些问题的回答显得重要而紧迫，因此有必要对新型职业农民培育的相关研究进行系统回顾，以了解未来研究的方向。

（一）关于新型职业农民内涵的研究

人们对新型职业农民的认识始于 2012 年的中央一号文件，2013 年颁布的《农业部办公厅关于新型职业农民培育试点工作的指导意见》将"以农业为职业、具有一定专业技能、收入主要来自农业的现代农业从业者"界定为新型职业农民，并将其分为生产经营型、专业技能型和社会服务型三类。学术界对于新型职业农民的认识主要集中在新型职业农民的来源、内涵、特征和类型等方面。在新型职业农民类型方面，学者们的观点比较一致，认同生产经营型、专业技术（技能）型和社会（专业）服务型的分类方式。而对于新型职业农民的来源、内涵和特征，理论界则尚未达成共识。就新型职业农民的来源而言，有的学者（如王国庆，2011；朱启臻，闻静超，2012）认为新型职业农民来源于传统农民；有些学者（如蒋平，2012）认为新型职业农民是一种自主选择的职业类型，任何人都可以"自由选择"成为新型职业农民。关于新型职业农民内涵和特征的研究，很少有文章专门论述，一般都穿插于其他主题的研究中，主要围绕"新型"和"职业"两个关键词进行研究，普遍认为新型职业农民这一群体是有别于传统身份和社会地位意义上的世袭制农民，他们是有知识、善经营、懂管理的新型农民和具有充分进入市场、获取最大报酬的职业特性的职业农民的结合。目前，研究者从不同的研究角度对新型职业农民的内涵和特征进行了阐述，笔者通过阅读分析相关文献，认为现有文献归纳起来主要是基于以下四个视角。

1. 基于农业现代化背景的视角

随着我国农业现代化的不断发展，对农业从业者提出了越来越高的要求，学者们从农业现代化对农民的具体要求出发研究了以下问题：农业转型升级对农民提出了哪些要求？什么样的农民适合农业现代化发展？他们与传统意义上的农民有哪些不同？例如，曾一春从农业发展所处阶段、农民收入来源、农业分工分业等角度，提出我国新型职业农民的概念具有时代性、阶段性、区域性特征，是新型农民和职业农民的有机结合，是适应我国农村劳动力结构变化和现代农业发展的新形势，体现农民从身份向职业转变、从兼业向专业转变、从传统农业生产方式向现代农业生产经营方式转变的新要求。❶ 庄西真基于农业现代发展对农民提出新诉求的视角，指出新型职业农民是以市场化为导向、专业化为手段、规模化为基础、高素质为特征的群体。❷

2. 基于与传统农民、兼业农民比较的视角

有些学者通过对传统农民、兼业农民与新型职业农民进行对比分析，得出新型职业农民观念意识、专业技能和综合素质等方面的核心

❶ 曾一春. 完善制度设计　强化实践探索：关于培育新型职业农民的几点认识 [J]. 农机科技推广，2012（7）：10-13.
❷ 庄西真. 从农民到新型职业农民 [J]. 职教论坛，2015（10）：23-28.

素养。例如，王国庆认为新型职业农民是随着产业的调整升级从传统农民中分离出来的，但又与传统农民有着明显区别，他们有更丰富的种养经验，更容易在农业生产中接受和应用新技术，并具有一定的市场经营能力，他们不再仅仅为了追求生计，而是将农业作为产业，追求创业与发展，选择一切办法使报酬极大化。❶ 郭智奇等认为新型职业农民超越了传统农民的身份概念，强调产业结构，是经济学意义上的理性人。新型职业农民与传统农民的主要区别就是他们具有职业的选择性、流动性和享受职业保障的权益。他们将农业生产经营作为职业，科技文化素质高、专业技能强、职业道德好、自我发展能力和竞争意识强、工作和收入比较稳定，主要包括农村生产经营人才、农业产业化组织带头人和农技服务人员。❷ 朱启臻和闻静超认为新型职业农民首先必须是农民，与传统农民不同的是，新型职业农民还应该是市场主体，具有高度的稳定性和社会责任意识。❸

3. 基于职业特性的视角

职业是社会分工的产物，职业具有社会性、稳定性、规范性、目的性和群体性等特征。学者们纷纷从职业特征出发，分析新型职业农民的内涵与特征。例如，李文学认为新型职业农民必须具备全职务农、高素质、高收入、获得社会尊重四个特征。❹ 周一波和储健从职业的目的性界定，新型职业农民作为一种独立的职业，必须从事农业生产经营，以获取经济利润为目的。❺ 蒋平认为新型职业农民可以在农业一二三产业自主选择就业，收入主要来源于农业生产，且高于当地城镇居民平均收入水平，可分为生产型、经营型和服务型三类。❻ 康红芹从职业的存在、审美、道德和教育四个维度，阐释新型职业农

❶ 王国庆. 加快培育新型职业农民　努力提高营农收入 [J]. 新农村, 2011 (5): 14-15.

❷ 郭智奇, 齐国, 杨慧, 等. 培育新型职业农民问题的研究 [J]. 中国职业技术教育, 2012 (15): 7-13.

❸ 朱启臻, 闻静超. 论新型职业农民及其培育 [J]. 农业工程, 2012 (3): 1-4.

❹ 李文学. 新型职业农民须具有四大特质 [J]. 农村工作通讯, 2012 (7): 35.

❺ 周一波, 储健. 培养新型职业农民的途径及政策保障 [J]. 江苏农业科学, 2012, 40 (12): 403-405.

❻ 蒋平. 新型职业农民培育的几点思考 [J]. 农民科技培训, 2012 (4): 6-8.

民是兼具个体价值与社会价值的社会存在，追求创新是其关键特质，恪守职业道德是其基本守则，树立榜样是其重要己任。❶

4. 基于职业胜任素质的视角

有些学者借鉴管理学中的胜任素质模型，从胜任新型职业农民这一职业的角度出发，构建新型职业农民胜任素质结构模型，分析胜任这一职业所需的基本素质。例如，王乐杰和沈蕾运用层次分析法构建了包含基本素质、经营能力、职业认同和生态素质 4 个一级维度和 17 个二级维度的新型职业农民素质模型。❷ 马建富等基于 KSAIBs 模型与国内外认定标准，构建了包含 3 个一级指标、17 个二级指标、47 个三级指标的新型职业农民素质模型。❸ 陈春霞通过对 35 位新型职业农民的行为事件访谈和工作任务分析，运用扎根理论，通过三级编码构建了包含"元素质""过程性素质"和"整体化设计素质"3 个一级维度、14 个二级维度的新型职业农民胜任素质模型。❹ 廖开妍等在借鉴胜任素质理论和已有成果的基础上，结合《四川省新型职业农民认定办法（暂行）》，构建了一个包含心理素质、文化素质、技术技能、管理技能 4 个一级指标和 15 个二级指标的新型职业农民胜任素质模型。❺

（二）关于新型职业农民培训的研究

国内学者对新型职业农民培训问题的研究主要集中在培训对象、培训存在的问题与对策、地方探索经验总结、他国经验借鉴和社会支持体系等方面。

1. 关于新型职业农民培训对象的研究

多数学者认为培训新型职业农民是社会主义新农村建设❻、现代

---

❶ 康红芹. 新型职业农民：概念辨析与内涵新解 [J]. 当代职业教育，2018 (5)：4 – 8.

❷ 王乐杰，沈蕾. 城镇化视阈下的新型职业农民素质模型构建 [J]. 西北人口，2014，35 (3)：90 – 95，101.

❸ 马建富，吕莉敏，陈春霞. 职业教育视阈下的新型职业农民培育研究 [M]. 北京：科学出版社，2015：34.

❹ 陈春霞. 新型职业农民胜任素质模型构建及培育路径研究 [D]. 上海：华东师范大学，2019.

❺ 廖开妍，杨锦秀，刘昕禹. 新型职业农民培训效果评价及其影响因素：对四川省成都市 812 位参训农民的调查 [J]. 职业技术教育，2019，40 (36)：45 – 50.

❻ 卞文志. 新农村呼唤更多的知识型"新农人"[J]. 当代农村财经，2018 (2)：57 – 58.

农业发展❶、四化同步发展❷、乡村振兴❸等国家战略实现和解决农村空心化❹、"农民荒"❺、农业后继乏人❻、农产品持续供给和粮食安全❼等问题的关键。针对"谁来种地""谁来建设新农村""谁来振兴乡村"等问题，学者们进一步对培训对象进行了研究。曾一春认为要把有限的培训资源用在刀刃上，将农村务农青年、返乡农民工、农村"两后"生作为重点培育对象，保障培育质量和效果。❽ 米松华等认为应将农业企业老板、农民合作社理事长、家庭农场主等农业经营管理者（农业白领），种养能手（农业蓝领）和农机手，植保员，农民经纪人等农技农服人员作为新型职业农民培育的重点对象。❾ 罗俊波认为加强基层干部队伍建设，发挥基层干部的引领作用是有效补齐乡村振兴人才短板的关键。❿ 赵培芳等认为引导具有较高文化素质的大学生入职新型职业农民能够满足现代农业对农业人才的素质要求，提升务农人员的整体素质。⓫ 吕莉敏认为随着大量农村青壮年男性劳动力外出务工和现代农业的机械化程度提高对体力要求的降低，留守在

❶ 吕莉敏. 基于新型农业现代化发展　培养新型职业农民［J］. 中国职业技术教育，2013（30）：73 - 76.

❷ 陈春霞，石伟平."四化同步"战略下农村职业教育发展的适应性反思：症结与转型［J］. 现代教育管理，2018（7）：79 - 83.

❸ 吕莉敏. 乡村振兴背景下新型职业农民培育策略研究［J］. 职教论坛，2018（10）：38 - 42.

❹ 陈池波，韩占兵. 农村空心化、农民荒与职业农民培育［J］. 中国地质大学学报（社会科学版），2013（1）：74 - 80.

❺ 张新民，秦春红."农民荒"与新生代农民培育［J］. 职教论坛，2012（25）：78 - 80.

❻ 蒋和平，王克军，杨东群. 我国乡村振兴面临的农村劳动力断代危机与解决的出路［J］. 江苏大学学报（社会科学版），2019（21）：28 - 34.

❼ 陆燕春. 保障粮食安全须大力培养新型职业农民［J］. 科教文汇，2011（12）：5 - 6.

❽ 曾一春. 完善制度设计　强化实践探索：关于培育新型职业农民的几点认识［J］. 农机科技推广，2012（7）：10 - 13.

❾ 米松华，黄祖辉，朱奇彪. 新型职业农民：现状特征、成长路径与政策需求　基于浙江、湖南、四川和安徽的调查［J］. 农村经济，2014（8）：115 - 120.

❿ 罗俊波. 推动乡村振兴需补齐"人才短板"［J］. 人民论坛，2018（30）：72 - 73.

⓫ 赵培芳，李玉萍，姚晓磊. 大学生成为新型职业农民的意愿调查分析［J］. 浙江农业科学，2015，56（6）：933 - 936.

农村的妇女可以承担起发展现代农业的重任。❶ 由于国家支持农民工返乡创业的政策优势、城乡推拉作用的环境优势和返乡创业农民工独特的人力资本优势有利于其成长为新型职业农民，返乡创业农民工也是新型职业农民培育的重点对象。❷

2. 关于新型职业农民培训存在的问题与对策的研究

现有的关于新型职业农民培训存在问题的研究主要包括外部政策机制问题、培训自身存在的问题和农民素质问题三个方面。郭智奇等认为在外部政策机制层面，现有的新型职业农民培训覆盖面小、投入不足、层次偏低，现行政策未惠及农民；在培训层面，培训层次不够丰富，高层次的培训不多；培训能力不足，优秀师资匮乏、教学手段落后、实训基地缺乏等现象普遍存在；各地不同程度地存在培训能力不足的问题，对培训需求把握不准、培训内容缺乏针对性、培训方式陈旧单一等，不能充分满足大规模新型职业农民培育需求；缺乏科学的评价培训效果的方法和长期有效的跟踪服务，培训质量难以得到保证。❸ 高波通过对广西南宁市新型职业农民培训工作的实地调研发现，政府层面存在培训成本高、规模小、考评机制不健全、培训资源分散等问题；而培训机构没有精准地选择培训对象和培训师资、培训内容和培训时间存在供需矛盾、培训基地匮乏、培训设施落后等问题较为普遍。❹ 李文忠和焦爱英认为我国新型职业农民培训的主要问题是培训机构提供的培训内容不能满足现代农业发展的要求、培训师资缺乏实践经验、被动应付式的培训效率不高等，以及农业劳动力的低素质化与现代农业对高素质农民需求的结构性矛盾。❺

------

❶ 吕莉敏. 人力资本视角下农村留守妇女职业教育培训研究 [J]. 职教通讯，2017 (4)：36 – 39.

❷ 吕莉敏. 基于返乡创业农民工培育新型职业农民的社会支持体系构建 [J]. 当代职业教育，2019（1）：35 – 41.

❸ 郭智奇，齐国，杨慧，等. 培育新型职业农民问题的研究 [J]. 中国职业技术教育，2012（15）：7 – 13.

❹ 高波. 新型职业农民培训现状与对策研究：以南宁市为例 [D]. 南宁：广西大学，2017.

❺ 李文忠，焦爱英. 新型职业农民培育过程中存在的问题与对策研究 [J]. 农村经济与科技，2013，24（10）：192 – 194.

　　针对当前培训存在的问题，学者们纷纷提出了改进策略。郭智奇等针对政策机制问题建议完善运行机制、强化政策扶持、加速制定优惠政策、加大财政投入、加快实施农民职业资格准入制度等。❶ 曾一春提出实施和完善绿色证书制度、实行技能服务行业持证上岗制度、建立培育目标责任制、落实投入保障机制等新型职业农民培育制度设计。❷ 高波从政府、培训机构和农民三个方面分别提出建议，建议政府加强政策宣传、扩大培训规模、健全考评机制；培训机构精准遴选培训对象和师资，加强管理；参训农民提高认识，端正态度。❸ 李文忠和焦爱英认为政府应该根据现代农业和产业结构调整的需要做好顶层设计，制定新型职业农民准入制度，加大资金、项目、技术、保险和贷款方面的投入力度，加快户籍制度、土地流转制度和社会保障制度的改革。农民培训机构则应以大农户为重点培育对象，不仅对其进行技术培训，还应开展学历教育，改革现有的培训课程和培训方式。❹ 蔡云凤和闫志利在比较分析了我国的政府工程、院校培育、远程教育、合作组织和推广服务五种新型职业农民培育模式后，提出健全培育体系、强化投入机制、扶植多元主体、创新培育形式、丰富培训内容、加强法律保障等优化措施 。❺ 童洁等认为我国新型职业农民培育工作要根据区域特征进行分区域、分层次、分对象的专业化培育；依托地方特色农业，以市场为导向的产业化培育；组建农业经济组织的组织化培育。❻ 王东强和田书芹通过对比分析学分制银行、城乡统筹、校企深度合作、区域协作四种典型农民培育模式，提出提高政府治理能力、完善职

　　❶ 郭智奇，齐国，杨慧，等．培育新型职业农民问题的研究［J］．中国职业技术教育，2012（15）：7－13.
　　❷ 曾一春．完善制度设计　强化实践探索：关于培育新型职业农民的几点认识［J］．农机科技推广，2012（7）：10－13.
　　❸ 高波．新型职业农民培训现状与对策研究：以南宁市为例［D］．南宁：广西大学，2017.
　　❹ 李文忠，焦爱英．新型职业农民培育过程中存在的问题与对策研究［J］．农村经济与科技，2013，24（10）：192－194.
　　❺ 蔡云凤，闫志利．中外新型职业农民培育模式比较研究［J］．国外职业教育，2014（3）：31－33.
　　❻ 童洁，李宏伟，屈锡华．我国新型职业农民培育的方向与支持体系构建［J］．财经问题研究，2015（4）：91－96.

业教育培训体系、结合实践因地制宜和鼓励农民积极参与等现实路径。❶

3. 关于新型职业农民培训地方探索经验总结的研究

农业农村部科技教育司副司长在全国新型职业农民培育经验交流暨信息化工作推进会上提出，应从制度建设、创新思路、推进信息化、加强宣传、抓实管理五个方面推进新型职业农民培育工作提质增效。❷ 各地根据中央和各地部署要求进行积极探索和大胆实践，形成了一批典型的新型职业农民培育模式。例如，上海浦东新区探索出包含模块培训和学历教育两个层次，利用互联网平台为不同学员开展个性化服务的"2 + 1 + X"培育模式。❸ 此外，还有河北省平泉市的产教融合、校社（村、园）联动模式，湖北省武汉市的创业兴业推动模式，浙江省湖州市的"七位一体"模式，江苏太仓校地联动教产衔接模式，安徽省青年农场主培育模式❹，山西"榆次模式"，福建"龙岩六个一模式"，陕西凤翔"五位一体"模式，陕西安康村（社）校合作的"忠诚模式"、园（场）校合作的"隆科模式"、企校合作的"阳晨模式"，山东"三段式"新型职业农民创业培育模式，四川崇州"双培训"模式，等等。

目前，国内许多学者从试点省市入手总结地方新型职业农民培训的经验。例如，经过多年的探索，江苏省基本确立了符合省情的培育机制、公益性经费投入保障格局、"一主多元"的培育体系，以及多元化、区域性的培育模式。❺ 陕西省建立了组织推动机构，出台了一系列政策措施，制定了认定管理办法，界定了新型职业农民范畴，构

❶ 王东强，田书芹. 统筹城乡发展中新生代农民职业教育培训模式比较研究 [J]. 教育发展研究，2015（9）：70 – 77.

❷ 从五方面推进新型职业农民培育工作提质增效：农业农村部科技教育司副司长李波在全国新型职业农民培育经验交流暨信息化工作推进会上的讲话 [J]. 农民科技培训，2019（1）：6 – 8.

❸ 张大鹏，张伯平，于艳洁. 试点地区新型职业农民培育模式及经验研究 [J]. 天津电大学报，2018，22（1）：61 – 64.

❹ 文承辉，魏亚萍，胡越. 新型职业农民培育典型模式研究 [J]. 中国农业教育，2016（6）：35 – 39.

❺ 齐乃敏，蒋平. 江苏新型职业农民培育的经验探索与发展建议 [J]. 江苏农村经济，2017（9）：43 – 45.

建了认定管理体系，规范了资格证书，建立了退出机制。上海浦东新区和福建龙岩分别从组织保障、培育模式、认定管理体系、扶持政策和队伍建设等方面总结了经验。❶山西省的经验是加强政府领导，推进土地流转，加大资金投入，整合培育资源，创新培育模式。❷

有些学者根据参训主体的不同，介绍不同主体的经验。例如，河北省承德市农广校通过实践总结出优选培育对象、创建阶梯型师资队伍、创新教学实习基地和加强跟踪管理服务四条经验。❸周芳玲等以山西农职院校为例，总结农职院校培养新型职业农民的经验，分析存在的问题，并提出建议措施。❹浙江嘉兴根据产业发展对创业型人才需求的目标，依托高职院校的农村创业人才教育培训基地、农村青年学院、农业农村部特有工种鉴定平台等，积极开展创业型新型职业农民培育。❺杨璐璐通过分析浙江湖州农民学院参与新型职业农民培育的驱动力、运行机制、影响因素和绩效评价，总结了农民学院参与新型职业农民培育的经验，分析了面临的机遇与挑战，并提出了对策建议。❻

4. 关于新型职业农民培训的他国经验借鉴的研究

他山之石，可以攻玉。许多研究者从发达国家和地区农业现代化与农村人力资源开发的经验出发，总结了可供我国新型职业农民培育借鉴的经验。例如，杨柳等通过分析美国在立法支持、经费保障、培育体系、服务指导等方面的具体做法，得出构建制度框架、制定资金

---

❶ 张大鹏，张伯平，于艳洁. 试点地区新型职业农民培育模式及经验研究 [J]. 天津电大学报，2018，22（1）：61 – 64.

❷ 周瑾，张景林，齐国，等. 山西省新型职业农民培育经验与启示 [J]. 黑龙江畜牧兽医，2016（16）：254 – 257.

❸ 张建文. 承德市新型职业农民培育经验做法 [C] //依法监管、科学防控、有效保障畜牧业健康发展：第48届三省区七市盟兽医联防协作论文集. 承德市畜牧兽医局：河北省畜牧兽医学会，2015：237 – 238.

❹ 周芳玲，肖宁月，刘平. 农职院校参与新型职业农民培育研究 [J]. 职教论坛，2016（28）：47.

❺ 章康龙. 高职院校培养"本土化、高端性、创业型"新型职业农民的探索与实践 [J]. 中国农业信息，2013（11）：27 – 30.

❻ 杨璐璐. 乡村振兴战略视野的新型职业农民培育 [M]. 北京：中国社会科学出版社，2018：144 – 213.

扶持政策、建立培育体系、创新培育模式的启示。● 纪丕霞通过对美国俄勒冈州立大学小型农场项目的成功经验进行分析，为我国青岛市新型职业农民培育路径选择提供了借鉴。● 李瑶和万蕾通过分析日本的农业和农民培训基本情况，发现日本的农民教育培训体系由文部科学省系统的培育部门、农林水产省和各县所管辖的培育部门、地方农业技术普及教育部门组成；日本有环境保全型农业认定制度和认定农业者制度支持农民培育的政策措施；日本还有农民教育培训支持措施支持青年农民务农，这给了我们注重法律制度建设、注重青年农民培育、重视农民资格认定、完善政策扶持等启示。● 邹光盛通过比较两岸现代农民教育培训的措施和闽台两地农民教育培训的主要做法，提出完善大陆培育新型职业农民的思路。● 冯春欢和吴晓林发现荷兰为了吸引年轻学生投身农业，加强政策导向，提供优越环境，鼓励新生农民踊跃参与；为了推动农民的知识更新换代，积极开展教育培训；为了保证质量安全，使农民有农产品安全的高度自律，大幅提高违法成本。● 就国外的教育模式而言，学者们都比较赞同赵正洲等的研究，认为国外典型的农民培育模式有北美模式、西欧模式和东亚模式三类。●

5. 关于新型职业农民培训的社会支持体系的研究

新型职业农民培育是一项长期而复杂的系统工程，涉及面很广，不仅需要依靠健全教育培训体系，也需要良好的社会氛围，还离不开各级政府的政策和资金支持。不少学者建议构建一套健全的社会支持体系促进新型职业农民培训的发展。朱启臻认为新型职业农民的成长需要有稳定的土地使用权、充分的社会尊重、良好的学习氛围和城乡

● 杨柳，杨帆，蒙生儒. 美国新型职业农民培育经验与启示 [J]. 农业经济问题，2019 (6)：137 – 144.

● 纪丕霞. 青岛市新型职业农民教育培训路径研究：俄勒冈州立大学小型农场项目成功经验借鉴 [J]. 青岛农业大学学报（社会科学版），2018, 30 (3)：6 – 10.

● 李瑶，万蕾. 职业农民培育：日本的经验及对我国的启示 [J]. 农民科技培训，2019 (3)：42 – 44.

● 邹光盛. 借鉴台湾经验 培育新型职业农民 [J]. 海峡科学，2017 (5)：62 – 67.

● 冯春欢，吴晓林. 学习借鉴荷兰经验 培育金山高素质新型职业农民 [J]. 上海农业科技，2014 (4)：13 – 14.

● 赵正洲，王鹏，余斌. 国外农民培训模式及特点 [J]. 世界农业，2005 (6)：51 – 54.

一体化要素流动环境四大特定社会环境的支持。❶ 马建富和黄晓赟认为新型职业农民培训的公益性、跨界性特征要求构建一个包括政府、涉农企业和职业院校在内的社会支持体系，各主体应各司其职：政府要明确定位，职业院校要研究市场，涉农企业要积极参与，社会组织努力做好舆论宣导。❷ 吕莉敏认为新型职业农民培育离不开农村基础设施、培训经费、农村教育医疗、社会保障制度、惠农政策、农村职业教育和培训跟踪服务等软硬环境的支持。❸ 童洁等认为需要构建一个包含现代农业产业支持体系、城乡一体化制度支持体系、农业社会化服务支持体系、农业经济组织支持体系和农民教育培训支持体系的社会支持体系。❹ 罗统碧等认为需要依据共享、开放、因地制宜和协同发展的原则，构建一个由政府负责顶层设计、涉农院校提供专业技术支撑、涉农企业调节市场、培训机构策划内容、社会组织宣传舆论的社会支持系统。❺

（三）关于新型职业农民培训效果的研究

1. 关于新型职业农民培训效果评价指标体系的研究

国内关于新型职业农民培训效果评价指标构建方面的研究起步较晚，成果暂且不多（见表1－6），主要存在三种视角和三种研究方法。在研究视角方面，研究者主要根据评价主体的不同制定不同的评价指标，有些研究从以政府为投资主体的视角来计算投入和产出，通过投入和产出的比较来判断该项目是否应该继续实施，这类研究目前主要集中在农村转移劳动力培训方面❻，对新型职业农民培训项目的

---

❶ 朱启臻. 新型职业农民的成长需要特定环境 [J]. 农村工作通讯, 2012 (7)：35.

❷ 马建富, 黄晓赟. 新型职业农民职业教育培训社会支持体系的建构 [J]. 职教论坛, 2017 (16)：19 – 25.

❸ 吕莉敏. 基于返乡创业农民工培育新型职业农民的社会支持体系构建 [J]. 当代职业教育, 2019 (1)：35 – 41.

❹ 童洁, 李宏伟, 屈锡华. 我国新型职业农民培育的方向与支持体系构建 [J]. 财经问题研究, 2015 (4)：91 – 96.

❺ 罗统碧, 屠明将, 王汉江. 对新型职业农民培育社会支持系统的思考 [J]. 教育与职业, 2020 (4)：93 – 97.

❻ 翁杰, 郭天航. 中国农村转移劳动力需要什么样的政府培训：基于培训效果的视角 [J]. 中国软科学, 2014 (4)：73 – 82.

绩效测评还比较少。有些研究从参训农民的视角出发，因为新型职业农民不论是出于什么目的参与培训，其主要目标之一均是提高收入，所以学者们多用培训前后农业收入差异来衡量培训绩效。❶ 有些研究从培训主体的视角出发，为了优化培训，了解参训农民对培训的满意程度，从而构建新型职业农民培训满意度指标。❷ 在研究方法上，有些学者通过归纳实践经验来构建指标体系❸；有些学者运用问卷调查和统计分析的方法构建指标体系❹；有些学者通过借鉴现有的绩效评价管理理论和文献来构建评价指标体系❺。

表 1 - 6　新型职业农民培训效果评价指标的代表性研究

作者	调研区域	指标来源	效果评价指标
张景林、刘永功❻	浏阳市、临洮县、东台市、大理市	—	农业生产收入
高翠玲等❼	广西	实地调查	·构建了一个包含 1 个一级指标、3 个二级指标、7 个三级指标的 3 个层次、11 个指标的指标体系 ·人才效益：知识理解度、行为改变率 ·经济效益：单位产量增长率、单位收入增长率、劳均产量增长率 ·社会效益：组织化程度提高率、参与度

❶ 张景林，刘永功. 农民培训效果及其影响因素研究 [J]. 中国农业教育，2005 (4)：1 - 4.

❷ 温菊萍. 职业农民教育培训模式的比较与选择：基于培训绩效的视角 [J]. 成人教育，2017 (8)：71 - 75；陆泉志，陈明伟，王邑，等. 满意度视域下广西现代青年农场主培训绩效研究 [J]. 中国农业教育，2019 (1)：51 - 59.

❸ 黄耀如. 农民培训工程绩效评价体系建设初探 [J]. 江苏农村经济，2013 (3)：52.

❹ 高翠玲，郭松朋，张琳. 中国农民培训效果评估研究：基于广西平南县家庭规模瘦肉型猪培训的实证研究 [J]. 全国商情（理论研究），2010 (12)：58 - 60；徐金海，蒋乃华，胡其琛. 新型农民培训工程实施绩效评估研究：基于江苏省的实证 [J]. 农业经济问题，2014 (10)：46 - 54.

❺ 李阳. A 市农民培训效果及改进策略研究 [D]. 苏州：苏州大学，2014；耿墨浓，杨盛灿，李健，等. 新型职业农民教育培训绩效管理考核体系研究与设计 [J]. 农民科技培训，2016 (9)：23 - 29.

❻ 张景林，刘永功. 农民培训效果及其影响因素研究 [J]. 中国农业教育，2005 (4)：1 - 4.

❼ 高翠玲，郭松朋，张琳. 中国农民培训效果评估研究：基于广西平南县家庭规模瘦肉型猪培训的实证研究 [J]. 全国商情（理论研究），2010 (12)：58 - 60.

作者	调研区域	指标来源	效果评价指标
宋玉兰等❶	新疆	文献研究+"AHP-FCG"模型综合评价方法+实地调研	·构建了一个包含6个准则层和17个要素层的指标体系 ·农业生产技术水平：家庭农业总收入、农业生产费用支出占家庭总支出的比重 ·非农产业就业能力：农民主要职业、家庭打工收入占总收入的比重 ·经营管理水平：是否受过农业经营管理培训、农民参加专业合作社的积极性 ·现代文化意识：家庭成员平均受教育水平、农民未来增收途径、农民每个月的文教娱乐消费额、盖房争议的解决方案 ·农民收入水平：上年农民家庭总收入、上年农民家庭年末收支结余 ·农民培训工作满意水平：是否接受过培训、对项目的了解程度、培训效果与期望的差距、是否被询问过培训需求
黄耀如❷	—	经验总结	绩效评价体系建设的内容包括组织评价、农民评价和专家结论；绩效评价体系从表现形式大体分为书面材料、账册报表和视频材料三大类
汪卫霞、汪雷❸	安徽	数据统计+因子分析	·合作社认识能力：提高对农业政策法规的认识、提高对合作社的认识、转变管理观念、转变创业理念和提高信息分析能力 ·决策能力：提高决策能力、风险识别能力和收入水平 ·管理能力：改善管理水平、增加生产经营管理知识、转变营销观念、采用新产品和新技术、增加财务管理知识 ·生产经营能力：有助于农业生产、非农生产和掌握农业实用技术
李阳❹	A市	柯克帕特里克的四级评价模型	开发了培训反应评估表（11个题项）、培训学习和行为评估表（10个题项）、培训结果评估表（6个题项）三份评估问卷

❶ 宋玉兰，綦群高，蒋志清．新疆少数民族农民培训绩效及改进策略：基于南疆地区1045份的农户问卷调查［J］．湖南农业大学学报（社会科学版），2012，13（4）：35-40.

❷ 黄耀如．农民培训工程绩效评价体系建设初探［J］．江苏农村经济，2013（3）：52.

❸ 汪卫霞，汪雷．建立长效机制　提升培训绩效：关于安徽省农民专业合作社经管人员培训绩效问题的调研［J］．中国合作经济，2013（11）：47-50.

❹ 李阳．A市农民培训效果及改进策略研究［D］．苏州：苏州大学，2014.

作者	调研区域	指标来源	效果评价指标
徐金海、蒋乃华❶	江苏	绩效评估理论+实地调研+专家评分法	经营能力提升、新技术采用项数、农业收入提高、组织化程度提高
赵奎皓、张水玲❷	—	布鲁姆的教育目标分类理论	态度、知识、职业技能和自我发展
耿墨浓等❸	—	KPI绩效管理、外部导向管理、综合平衡管理、360°绩效管理	组织评价、过程评价、能力评价、效能评价
温菊萍❹	—	文献研究+调研数据+层次分析法	收入变化状况、就业改善状况、培训满意度
姚景瀚❺	定性分析	霍尔顿的培训迁移系统模型	根据培训迁移效果开发了含有13个题项的调查问卷
陆泉志等❻	广西	满意度理论+结构方程模型	感知绩效、感知成本、信任、培训满意度以及培训忠诚

❶ 徐金海，蒋乃华. 新型农民培训工程实施绩效评估研究：基于江苏省的实证 [J]. 农业经济问题，2014（10）：46-54.

❷ 赵奎皓，张水玲. 新型职业农民教育培育评估指标体系设计研究 [J]. 中国成人教育，2015（17）：190-192.

❸ 耿墨浓，杨盛灿，李健. 新型职业农民教育培训绩效管理考核体系研究与设计 [J]. 农民科技培训，2016（9）：23-29.

❹ 温菊萍. 职业农民教育培训模式的比较与选择：基于培训绩效的视角 [J]. 成人教育，2017（8）：71-75.

❺ 姚景瀚. 新型职业农民培训评价体系构建探索 [J]. 农民科技培训，2018（3）：31-33.

❻ 陆泉志，陈明伟，王邑. 满意度视域下广西现代青年农场主培训绩效研究 [J]. 中国农业教育，2019（1）：51-59.

2. 关于新型职业农民培训效果影响因素的研究

现有的关于新型职业农民培训效果影响因素的研究还比较少，大多数研究都是通过问卷的形式调查影响新型职业农民培训的因素，农民作为具有主观能动性的培训对象，其参训动机、理解能力、学习能力等都会影响培训效果。受教育程度是农民理解能力和学习能力最直接的表现，对农民参训效果具有显著影响[1]；政府出台的支持新型职业农民培训的配套政策，尤其是资金支持和对通过培训取得新型职业农民资格证书的农民的扶持政策的落实度，能够有效地吸引其他农民参与培训，增强他们的学习热情；培训内容、时间安排、培训方式、培训师资、培训教材和组织管理对新型职业农民培训效果都有显著影响，培训内容的契合度、培训方式的多样化和农民对培训教师的满意度对培训效果具有正向影响。但是，现有研究在很多问题上还没有形成共识，例如，有的研究认为年龄对培训效果没有显著影响，而另一些研究却发现年龄显著影响培训效果。得出不同的结论可能与学者们调查时抽样的对象有关，也正是由于受到数据方面的限制，现有相关文献多偏向于描述分析和理论分析，很少有研究文献对新型职业农民培训效果的影响因素进行实证分析（见表 1-7）。

表 1-7   新型职业农民培训效果影响因素的代表性研究

作者	调研区域	维度来源	影响因素
张扬[2]	河南	问卷调查；描述性统计	·个人因素（＋）：受教育程度、对培训内容的接受程度、培训时间、资金条件、土地规模、生产工具 ·培训因素（有影响）：适用程度、教学方法、时间安排、教材、教师、培训设施、组织管理 ·外部因素（影响因人而异）：配套政策、市场因素、基础条件因素

---

[1] 周杉，代良志，雷迪. 我国新型职业农民培训效果、问题及影响因素分析：基于西部四个试点县（市）的调查 [J]. 农村经济，2017（4）：115-121；张亿钧，朱秋分，曹延姗. 新型职业农民培训效果的影响因素分析及政策建议 [J]. 职教论坛，2018（3）：108-112.

[2] 张扬. 农民职业培训效果的影响因素与对策：基于河南省农民职业培训的调查数据 [J]. 郑州航空工业管理学院学报，2008，26（6）：112-115.

作者	调研区域	维度来源	影响因素
甘俊祎等[1]	邳州	问卷调查＋实地调研＋专家座谈；描述性统计	农户采用新技术的能力（不显著）、农作物产量增加（显著）、农户家庭收入（显著）、生态效益（不显著）、农民组织化程度（显著）
汪卫霞、汪雷[2]	安徽	问卷调查；描述性统计	培训内容、培训方式、培训环境以及培训的愿望与需求
徐金海等[3]	江苏	结构方程模型；实证研究	·个人因素和家庭因素（不能通过检验） ·培训供给因素：培训时间（＋）、培训硬件设施和软件服务水平（＋）、培训方式（＋）、对培训师资的满意程度（＋）、对培训内容的适用程度（＋）
朱奇彪等[4]	浙江	问卷调查；描述性统计	培训内容的针对性、培训师资质量、现场考察活动安排、培训教材与课件制作、学员生产技能与经营管理水平、学员个人文化教育程度、培训日程安排、分类分层次培训、培训机构的管理服务质量、培训场所设施设备及食宿条件
傅雪梅、庄天慧[5]	成都	层次分析法＋模糊综合评价法	构建了包括个人因素、培训因素、政策因素3个一级指标和16个二级指标的影响因素指标体系

❶ 甘俊祎，颜丙昕，蔡新波. 农户需求因素对农民培训绩效影响的调查分析：以江苏省邳州市农民培训工程调查为例［J］. 农民科技培训，2011（2）：6－8，10.

❷ 汪卫霞，汪雷. 建立长效机制 提升培训绩效：关于安徽省农民专业合作社经管人员培训绩效问题的调研［J］. 中国合作经济，2013（11）：47－50.

❸ 徐金海，蒋乃华，胡其琛. 新型农民培训工程实施绩效评估研究：基于江苏省的实证［J］. 农业经济问题，2014（10）：46－54.

❹ 朱奇彪，米松华，黄莉莉，等. 新型职业农民培训的绩效评估与分析：基于浙江省农村中高级"两创"人才培训的调查［J］. 江苏农业科学，2014，42（2）：407－411.

❺ 傅雪梅，庄天慧. 成都市新型职业农民培训模式及其效果影响因素［J］. 贵州农业科学，2016（44）：171－176.

作者	调研区域	维度来源	影响因素
周杉等❶	四川、陕西、甘肃	二值 Probit 模型估计结果及边际效应	·个人特征：性别（不显著）、年龄（不显著）、学历（显著） ·生产经营状况：收入水平（显著）、是否雇工（不显著）、是否参加合作社（不显著） ·对政府支持措施的满意度：对政府宣传的满意度（不显著）、对政府奖励的满意度（显著）、对政府资金支持的满意度（显著）、对政府拓展销售渠道的满意度（显著）
张亿钧等❷	安徽、湖南	Logistic 模型	·个体特征：性别（显著）、年龄（不显著）、学历（＋）、从事农业年限（－） ·家庭特征：（不显著） ·培训供给状况：培训教师（＋）、培训形式（＋）、培训时间（－）
廖开妍等❸	四川成都	逐步回归	·农民情感特征：继续从事农业的意愿（＋）、周围人的鼓励（不显著）、对农民身份的满意度（不显著） ·农民非情感特征：干部身份（－）、年龄、性别、健康状况、受教育程度、获取证书情况、农业兼业情况、参训次数（不显著） ·政府行为：政府对培训的支持（＋）、政府对培训的组织和宣传（不显著） ·培训设计：培训内容契合度（＋）、培训时间和地点的契合度（不显著）、对培训授课方式的满意度和对培训授课教师的满意度（不显著）

注：＋表示正相关，－表示负相关。

❶ 周杉，代良志，雷迪．我国新型职业农民培训效果、问题及影响因素分析：基于西部四个试点县（市）的调查［J］．农村经济，2017（4）：115－121．

❷ 张亿钧，朱秋分，曹延姗．新型职业农民培训效果的影响因素分析及政策建议［J］．职教论坛，2018（3）：108－112．

❸ 廖开妍，杨锦秀，刘昕禹．新型职业农民培训效果评价及其影响因素：对四川省成都市 812 位参训农民的调查［J］．职业技术教育，2019，40（36）：45－50．

三、文献述评

1. 研究总结

通过文献回顾发现，有关"新型职业农民"的研究呈现点多面广、主题多元的特征。学者们围绕"什么是新型职业农民""谁来当新型职业农民""如何通过培育壮大新型职业农民队伍""如何提高新型职业农民教育培训质量"等问题不断进行深入的探讨。通过讨论，相关研究取得了丰富的成果，学者们在新型职业农民的内涵、特征、来源、培训意义、社会支持等问题上已经基本达成了共识。

2. 研究存在的不足

第一，在研究视角上，现有研究多是围绕农业现代化发展、乡村振兴等国家战略诉求和农民培训政策支持等政府宏观视角展开，关于新型职业农民个体特征和培训工作具体操作层面的研究相对较少。

第二，在研究内容上，现有研究内容点多面广，但多为点到为止，不够深入和系统。主要表现在以下三个方面：一是雷同化，现有研究雷同较多，信息量较小；二是宽泛化，研究不够聚焦，尤其是对于问题产生的原因、机理和理论依据研究得不多，缺乏新型职业农民"精准培训"实施的相关研究；三是粗浅化，缺乏就某一问题深刻而全面的理论研究，研究的学理性不足。

第三，在研究对象上，培训效果评价研究主要集中在企业员工和教师这两类群体，对于新型职业农民这一新群体的培训效果评价还未引起重视，既有的少量研究多为对各地实践经验的总结。

第四，在研究方法上，现有研究主要是以定性分析为主，缺少实证研究，尤其是通过深入访谈和个案深描进行的质性研究更是少之又少。现有新型职业农民培训效果研究多为"自说自话"式的经验总结，通过构建认可度高的培训效果评价指标体系客观测评培训效果的实证研究极少，且多为基于经济学的"投入—产出"视角或者政府绩效的"满意度"视角的单指标研究。

3. 研究空间

针对上述不足，本书期望在以下三个方面有新的突破：一是在研究视角上，加强中观和微观视角的新型职业农民培训研究，有效提升新型职业农民培训实践的质量；二是在研究内容上，深化新型职业农民培训经验和问题背后机理的理论研究，促进职业教育培训助力新型职业农民"精准培训"；三是在研究方法上，注重新型职业农民培训的实证研究，强调量化与质性方法的综合运用，推动新型职业农民教育培训理论发展。

第三节　核心概念和研究范围界定

一、核心概念

在研究中，对基本术语和核心概念的内涵达成共识是构建理论基础与进行学术对话的基本条件，但是不同学科领域的研究者可以从不同的视角对同一概念有"见仁见智"的理解，加上一些概念也在不断"与时俱进"，在不同的背景下呈现"今非昔比"的内涵。然而，如果对学术研究中的基本术语与核心概念内涵认识不清，就会导致各执一词、自说自话，不利于学术研究的发展与实践应用。因此，在研究开始之前，首先需要对本核心概念进行科学的界定。本研究主要涉及以下核心概念。

（一）新型职业农民

自中央一号文件首次提出"新型职业农民"这一概念以来，学者们尝试从不同视角界定新型职业农民的内涵和特征，但仍未形成统一共识。综合已有研究（见文献综述部分）和自身理解，本研究把"新型职业农民"定义为：一种自由的职业选择，以现代农业的生产、经营、加工、管理和服务为稳定职业，并充分利用市场机制和规则获取最大经济利益的高素质农业从业人员。新型职业农民包括生产经营型、专业技术型和社会服务型三类，每种类型又有初、中、高三个级别。新型职业农民有以下典型特征：①职业性，以从事现代农业为稳定职业，收入主要来源于农业；②高素质，具有较高的从事现代农业生产经营或管理服务的素质，"有文化、懂技术、会经营、善管理"，能适应市场经济发展需求；③高收入，能从现代农业生产、经营或管理活动中获得较高回报，农业经营收入不低于城镇居民；④有地位，以现代农业从业者为其职业身份，能够获得广泛的社会尊重和社会认同。

2019 年第二届全国新型职业农民发展论坛首次以"高素质农民"代替"新型职业农民"这一表述，此后政府相关文件及农民培训通知也都改用了"高素质农民"的表述。笔者在实地调研中发现，虽然从2020 年开始，各级政府下发的通知中都已经用"高素质农民"替代"新型职业农民"这一说法，但各培训主体都表示培训对象、培训内容、培训要求与新型职业农民培训没有区别。因此，本研究仍然沿用"新型职业农民"这一表述。

（二）新型职业农民培训

1. 职业培训

作为职业教育的重要组成部分和人力资源开发最直接、最有效的形式，职业培训为我国社会经济快速发展培养了大批人才。发达国家普遍将职业培训作为提高人们职业素质的重要手段，1999 年国际标准化组织制定的教育培训管理质量指导性文件将职业培训定义为提供及开发知识、技巧和行为以使其符合要求的过程。在我国，职业培训经历了创立与探索、破坏与重建、改革与发展、调整与提升、深化与完善五个阶段。[1] 在《教育大辞典》中，职业培训被定义为："使从业人员获取某种职业所需专业知识或技能而进行的培训工作。"[2] 顾明远认为职业培训的内容包括专业知识、专业技能、职业道德和安全卫生等，培训结束通过考核能够取得相应的培训合格证书和技能等级证书，一般以短期培训为主。关裕泰认为职业培训是根据职业岗位对从业者的政治文化和技术业务素质需求进行的培养与训练，旨在培养适应职业岗位需要的合格劳动者。职业培训是教育和经济部门的重要事

———————

[1] 贾旻，王迎春. 新中国七十年成人职业培训发展历程、特征及启示 [J]. 中国成人教育，2019（24）：66 - 71.

[2] 顾明远. 教育大辞典：第三卷（高等教育、职业技术教育、成人教育、军事教育）[M]. 上海：上海教育出版社，1991：232.

业，与就业紧密结合，主要是培养、训练工人和其他熟练劳动者。❶欧阳河认为职业培训是非学历性的短期职业教育，包括就业培训、岗位培训、转岗培训以及其他多种形式的实用技术和技能培训。❷学者们从不同角度，对职业培训的概念、特点、内容等进行界定，虽然不完全统一，但有其共性，主要表现在都以传授职业知识和技能为主，强调培养受训者的职业素养，强调满足岗位需求的特征。

2. 培训、培养与培育

我国农民培训工作从"培训"到"培养"再到"培育"，是党和政府基于我国基本国情做出的部署，体现了党和国家从注重农民单一知识技能的提升到注重农民综合素质的提升，再到通过"环境"与"扶持"全方位地保障农民素质的提升。从对农民的短期培训到长期系统培育，体现了从关注农民的生存到关注农民的发展，同时也不断地丰富"农民培训"这一概念的内涵。❸"培训"是人力资源开发的重要方式，是有组织地向受训人员传递知识、技能和信息等的行为，因此本研究认为，"培训"是农民成长和发展过程中的一种重要方式，与"培养"和"培育"既有区别又有联系，培养、培训和外在环境的支持共同构成培育，如图1-1所示。"培训"主要是针对在职农民和成年农民的教育活动，"培养"主要是针对职前学生的教育活动，"培训"与"培养"在社会环境和政策的支持下共同构成"新型职业农民培育"的主要手段。与"培养"相比，"培训"最大的特点就是"需""变""快""新"，即及时提供符合受训农民的工作需求与环境变化所需的新知识、新技能和新理念等。农村社会和农业发展需要什么样的培训，培训机构就以快速高效的方式，及时调整与改进培训内容，提供适应市场变化的新知识、新技能，使先进的科技成果以最快的速度得到推广，有效地提高科技转化为现实生产力的效率。

---

❶ 关裕泰. 职业培训50年［J］. 中国培训，1999（10）：12-15.

❷ 欧阳河. 职业教育五十论［M］. 长沙：湖南教育出版社，1999：216.

❸ 闫志利，蔡云凤. 新型职业农民培育：历史演进与当代创新［J］. 职教论坛，2014（19）：59-64.

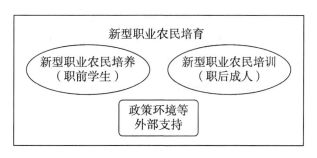

图 1 - 1　新型职业农民培养、培训、培育的关系

3. 新型职业农民培训

新型职业农民培训作为新型职业农民培育的重要一环，是其从业能力和综合素质提升的主要途径。基于以上分析，本研究涉及的培训是针对专业大户、家庭农场主等在职农民和返乡创业农民工、退伍军人等成年人进行的教育活动，属于农民继续教育的范畴，不包括职前培养环节，以短期培训为主。因此，本研究中的新型职业农民培训是一种以继续教育为主、不以学历文凭获得为目的的教育活动，具有一般培训活动的"短、平、快"特点。当然，在终身教育背景下，并不反对学习者通过培训获得学历文凭，但本研究在此强调的是获取学历并不是新型职业农民培训的首要任务和目的。本研究所涉及的新型职业农民培训主要指农业职业院校和农广校所承担的、政府主导的生产经营型新型职业农民培训，不包括社会培训机构组织的农民职业培训。

（三）培训效果评价

1. 培训效果

从中文字面分析，"效果"一词中的"效"指成效、效益、效率，包括产生的影响和效益、成本的降低程度，以及投入与产出的关系等，侧重反映质；"果"指结果、成果，侧重反映量。由此可见，效果既是产出（结果）与影响（过程）的统一，也是量与质的统一。西方管理学界由于应用领域与观察视角的不同，主要有"效果行为观""效果结果观"和"效果能力观"三种不同的观点。例如，墨菲认为效果是与其工作的组织或目标有关的行为❶；贝尔纳丹认为效果就是与组织目标、顾客满意度和资金投入相关的工作结果❷；斯宾塞认为效果即能力❸。由此可见，效果是一个多维建构的复合概念，要想全面衡量活动效果，既要看过程又要看结果，既要看行为也要看能力，还要对比资源投入与活动产出以及给组织带来的影响。基于以上分析，培训效果是指受训者通过系统的培训可以掌握新的知识和技能，学习新的技术和方法，改变工作态度和行为，从而提高工作效率和产品（服务）质量，获得更好的经济效益和社会效益。本研究在参考国内外相关研究的基础上，将培训效果测量的重点维度定为农民参训之后真实的感知变化，同时加入情感维度考察培训的设计和实践过程。因此，本研究提及的培训效果不仅包括培训结束后的即时效果，还包括培训一段时间后的延时效果。具体而言，本研究对新型职业农民培训效果的测量包括情感维度（农民对培训的满意度）、认知维度（农民对培训知识和技能的掌握程度）和发展维度（农民对培训的吸收和应用程度，以及吸收应用培训所学之后带来的效益）三个方面。

2. 评价

评价是对人或者事物的价值判定，是主体的意识标准与客体的信息相结合的产物。评价的目的是总结经验，判断主体的期望与客体的实际是否存在偏差，如果存在偏差，则为纠正偏差提供依据。❹ 根据评价侧重点的不同，可以将评价分为不同的种类。从培训时间的角度，评价可分为培训前、培训中、培训后评价；从经济效益的角度，评价可分为投入评价和产出评价；从评价层级的角度，评价可分为反应层、学习层、行为层和结果层评价。❺

---

❶ MURPHY K M, SHLEIFER A, VISHNY R W. The allocation of talent: Implications for growth [J]. The Quarterly Journal of Economics, 1991, 106 (2): 503－530.

❷ 王怀明. 绩效管理 [M]. 山东：山东人民出版社，2004：16.

❸ 徐倩. 绩效评价 [M]. 北京：中国标准出版社，2008：77.

❹ 白文杰. 财政支出绩效评价内涵解析 [J]. 地方财政研究，2011 (1)：42－46, 59.

❺ 张俊亮. 企业技能型员工培训效果评估及影响因素研究：来自河南省 A 机械产业集聚区企业的例证 [D]. 重庆：西南大学，2014.

3. 培训效果评价

　　国内外学者在培训效果内涵研究的基础上，分别从流程、层级、投入—产出等方面对培训效果进行评价，并构建效果评价模型。我国政府主导的生产经营型新型职业农民培训具有以下特点：一是现有培训多为短期分阶段培训，难以采用充分互动的形式将评价活动切入某一次培训过程中，无法及时、全面地收集信息来反映培训效果、改进培训，也就无法发挥过程性评价的优势。二是政府主导的新型职业农民培训不同于企业员工培训，政府作为培训服务的主要供给者，不能仅仅追求成本收益的最优解，常常需要通过经济上看似无效的支出来换取社会管理效益，而且考虑到教育培训效果的滞后性，政府公共财政支出的效益可能在短时间内无法显现，这就加大了投入—产出的分析难度，因而注重经济效益的投入—产出投资回报率评价也不适合新型职业农民培训效果评价。三是新型职业农民培训也不同于一般的农民技术培训，作为衔接巩固脱贫攻坚成果和乡村振兴的重要举措，其主要目的是改变农民"素质低""收入低""地位低"的现状，提高农民综合素质，进而促进农业农村现代化发展。而参训农民作为培训的"消费者"和主要"受益者"，他们对培训的主观感受和实际收获最能够表征培训的实际效果。考虑以上特点，本研究的新型职业农民培训效果评价强调以参训农民为主要评价主体，以培训活动的实际效益为评价重点，运用科学的测量工具对新型职业农民培训效果进行测评。

二、研究范围

1. 研究对象

　　第一，从新型职业农民的类型来看，本研究涉及的新型职业农民是指生产经营型新型职业农民，包括种养大户、家庭农场主、合作社带头人等。

　　第二，从新型职业农民的层次来看，由于目前我国一些地区还未开始对生产经营型新型职业农民进行认定，已经开始认定的地区也并非逐级递升。因此，考虑到许多地区的新型职业农民培训并未分层，本研究涉及的生产经营型新型职业农民包括初、中、高三个层次。

第三，从新型职业农民培训项目来看，我国农民培训项目种类繁多，教育、人社、农委、科技等各部门都承担相关项目培训。本研究涉及的培训主要包括青年农场主培训、农民创业培训、生产经营型新型职业农民带头人培训、农村实用技能培训等，不包括农村劳动力转移培训。

第四，从新型职业农民培训实施机构来看，本研究主要调查农委（新型职业农民指导站）负责的政府主导型公益项目，涉及的新型职业农民培训供给机构包括农业职业学校、农广校、乡镇农民技能培训中心等。

综上，本研究的研究对象是政府主导的，农业职业院校、农广校等组织实施的生产经营型新型职业农民培训效果。因此，本研究的调查对象包括规划、管理、组织和具体承担新型职业农民培训活动的政府职能部门、农业职业院校、农广校、乡镇成人教育机构、农业公司或农村经济组织、农业科研机构、农村专业合作社，以及参与新型职业农民培训活动的培训对象。

2. 研究区域

我国幅员辽阔，限于时间和精力，难以深入全国各地进行调研。笔者选择江苏作为研究区域，这主要是基于以下三点考虑：第一，江苏处于我国东部地区，经济发达，是全国新型职业农民培训的排头兵，江苏的新型职业农民培育工作走在全国前列，对江苏的研究能起到引领作用。第二，部分学者认为江苏发达的经济可以有效支持新型职业农民培训工作的开展，这使欠发达地区难以模仿和复制，然而，苏南、苏中、苏北经济存在明显梯度，可以说是我国东部、中部和西部地区的缩影。因此，对江苏新型职业农民培训效果进行研究有助于形成"江苏模式"，具有一定的可借鉴性和可复制性。第三，笔者出生在江苏农村，而且一直在江苏读书和工作，与江苏的职业学校、社区教育中心、农业职业院校一起合作过课题，对江苏的新型职业农民培育工作比较熟悉，有利于深度调研。

第四节　研究设计

一、研究目标

（1）通过新型职业农民培训的应然价值分析和实然效果评价现状的调查，发现新型职业农民培训效果的实然与应然差异，为构建科学的新型职业农民培训效果评价标准奠定理论基础。

（2）通过实证方法开发一套效益导向、科学规范的多指标新型职业农民培训效果评价标准。

（3）基于构建的新型职业农民培训效果评价标准，自编问卷，测评江苏新型职业农民培训效果，了解江苏新型职业农民培训的实效。

（4）通过深度访谈和案例剖析分析影响新型职业农民培训效果的关键因素，并有针对性地提出优化新型职业农民培训效果的策略。

二、研究思路

本研究将乡村振兴背景下的新型职业农民培训效果评价现状作为逻辑起点，以诺尔斯的成人教育学和层级评价模型为理论基点，以新型职业农民培训的价值追求与价值实现的差距为切入点，在科学界定核心概念，划清研究边界，全景化、客观地展现我国新型职业农民培训效果评价存在的问题的基础上，采用"建模"的方式构建效果评价指标体系，测评新型职业农民培训效果，探究影响效果的因素，提出提升新型职业农民培训效果的针对性建议。本研究的具体技术路线如图 1 - 2 所示。

三、研究内容

基于上述研究思路，本研究的内容主要包括以下三个部分。

第一部分，基础理论研究。一是通过对研究背景和文献综述的梳理，提出研究问题，明确研究价值，厘清研究边界；二是通过对新型职业农民培训政策文本、文献资料的分析和培训效果评价现状的调

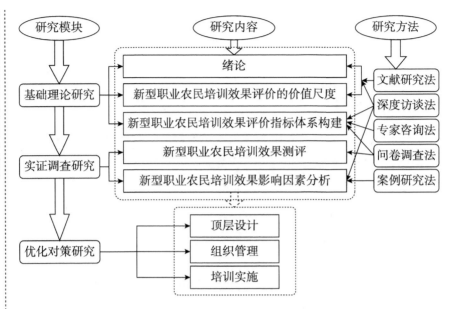

图 1－2　本研究的技术路线

查，发现新型职业农民培训价值的应然追求与价值实现的实然差距，阐明开发效益导向的新型职业农民培训效果多指标评价体系的必要性。三是通过文献研究法、深度访谈法、专家咨询法、问卷调查法等多种质性和量化研究方法，构建新型职业农民培训效果评价指标体系的框架和指标，并为各指标赋权。

第二部分，实证调查研究。一是通过自编问卷，调查测评新型职业农民培训效果；二是通过访谈和个案剖析，分析影响新型职业农民培训效果的因素。

第三部分，优化对策研究。根据实证研究的结果，提出优化新型职业农民培训效果的针对性建议。

四、研究方法

基于上述研究目标，本研究运用定性和定量相结合的混合研究方法。具体来说，在资料收集和分析的过程中，主要用到以下八种研究方法。

（一）资料收集方法

（1）文献研究法。本研究通过对中国知网和 Web of Science 等中英文数据库的检索，广泛查阅培训效果评价理论和新型职业农民培训的研究成果，在为本研究提供研究思路的同时，厘清新型职业农民培训效果评价要素。

（2）深度访谈法。本研究在进行新型职业农民培训效果评价指标构建和影响因素分析时，通过与评估专家、新型职业农民研究专家、培训组织者、培训教师和新型职业农民的深度访谈，不断完善评价指标和影响因素。

（3）专家咨询法。本研究通过各领域的专家咨询或者专家座谈，完善新型职业农民培训效果评价指标体系，同时对研究者提出的初始问卷进行讨论，积极、广泛地吸取专家意见，以确保问卷编制的科学性和可操作性。

（4）问卷调查法。本研究拟在理论研究的基础上根据问卷编制的原则，自编问卷，对参与过江苏省生产经营型新型职业农民培训的农民进行实地问卷调查，收集相关数据。

（5）案例研究法。考虑到研究者的精力和研究开展的可行性，本研究以江苏省为例，在苏南、苏中、苏北重点选取几个区（县）的农广校和农业职业院校进行调研，收集相关数据。

（二）资料分析方法

（1）文本分析法。本研究通过对各个层面现有的新型职业农民政策文本和新型职业农民培训通知进行文本分析，明确新型职业农民培训的价值，为本土化评价标准的开发提供政策依据。

（2）层次分析法。本研究在确定新型职业农民培训效果评价指标的权重时运用层次分析法，这是运筹学中常用的一种评价方法，它是将专家打分的主观赋值和统计分析的客观赋值相结合的一种方法。

（3）统计分析法。本研究基于问卷调查，借助社会学统计分析软件 SPSS，对问卷调查数据进行频数统计分析、项目分析、因素分析等操作，测评新型职业农民培训效果。

第二章 目标取向：新型职业农民培训效果评价的价值尺度

任何评价都包含四个基本环节：①确定评价目标，选择评价对象；②选取评价指标，确定评价标准与方法；③收集信息；④形成价值判断。❶ 找准新型职业农民培训效果评价的应然与实然差距，是构建科学适切的新型职业农民培训效果评价标准的前提和基础，也是设计科学合理的新型职业农民培训项目、改进新型职业农民培训方案的依据。本章主要通过对新型职业农民培训效果评价进行应然和实然层面的分析，确定开发新型职业农民培训效果评价标准的理想尺度。

第一节 价值追求：新型职业农民培训效果评价的目标取向

价值关涉"应该是"的问题，与应然层面密切相关。价值作为应然存在，具有一定的未来指向性，价值选择是人应然存在的起点，价值实现则是人应然存在的过程与终点。❷ 评价是对价值实现的评判，价值是评价的标准与依据。因此，厘清新型职业农民培育的价值，确定新型职业农民培训的目标定位是制定新型职业农民培训效果评价标准的依据。

---

❶ 徐金海，蒋乃华，胡其琛. 新型农民培训工程实施绩效评估研究：基于江苏省的实证 [J]. 农业经济问题，2014（10）：46－54.

❷ 赖美妮，曹飞，邱根江. 论价值的生成性及其相关的几个问题 [J]. 社会科学辑刊，2009（3）：28－31.

一、新型职业农民培训的价值追求

（一）价值的内涵

在哲学意义上，价值是指现实的人与满足某种需要的客体属性之间的一种关系，价值不仅具有各种物质或者精神现象等客体固有属性的客观基础，而且标志着这种属性对人和社会的积极意义。❶ 从价值的定义可以看出，价值包含以下四个方面的内容：第一，价值与人密切相关，具有人的专属特征。价值源于人的主观能动性与超越性，离开了人的主观能动性、需要和情感等的纯自然世界不会产生价值。第二，价值是产生和存在于主、客体之间的一种关系，它既是一种客观的状态，又是一种主观的反映，是主体对具有固定属性客体的主观认识与表达。❷ 任何客体是否有价值或者有什么价值，都是相对于一定的主体来说的，所以想要知道某一客体的价值所在，就必须明确与这一客体相互作用的主体以及主、客体相互作用的情景。第三，价值是具有固定属性的客体对主体的积极效应。客体对主体的积极效应主要表现在客体对于主体需要的满足情况以及满足程度，其目的是促进主体更好地生存与发展。第四，价值的本质是对应然层面的追求。当人们没有把实际中存在的可能性作为追求目标时，它只是一种可能性而不是价值，只有当这种可能性被人们作为追求的目标时才能称之为价值，价值是人们所追求、期待和向往的东西。

（二）新型职业农民培训的价值取向

价值取向是指价值主体在处理或面对各种关系、冲突和矛盾时的基本立场与态度，在价值活动中支配主体价值选择，反映主体价值观念变化发展的方向，使价值活动指向价值目标。❸ 新型职业农民培训的价值取向遵循特定历史时期和发展阶段的逻辑，是特定社会经济发展的必然选择，新时代乡村振兴战略要求新型职业农民培训具备多元价值。

---

❶ 萧鸣政，刘迫．人力资源开发［M］．2 版．北京：北京大学出版社，2017：19.
❷ 李德顺．价值论［M］．2 版．北京：中国人民大学出版社，2007：23.
❸ 阮青．价值哲学［M］．北京：中共中央党校出版社，2004：160.

1. 政治价值：优化资源配置，实现社会公平

新型职业农民培训已经上升为国家战略并被许多政策文件提及。农民培训问题能进入决策主体的视野被研讨并最终形成政策，是一个利益博弈、整合与表达的过程。新型职业农民培育作为新时期乡村振兴背景下农民教育培训的一项重要政策，所面对的不是纯粹的自然现象或客观事实，而是这些现象或事实背后的利益关系、价值冲突与价值选择。❶ 政策制定者的价值观对政策的制定过程和实施效果都会产生重要的影响。政策所体现的价值取向是政策的不同参与主体在面对政策所涉及的各种矛盾关系与冲突时所持的价值立场、价值态度和表现出的价值倾向等价值观念的整合与表达。❷ 作为一项促进农村社会经济发展的重要工程，是政府借助合法的权力进行社会资源配置和价值重塑的过程，是社会政治行为在农业领域的集中表现。❸ 新型职业农民培训实际上体现了政府保护弱势群体、促进社会公平、解决新时期人民日益增长的美好生活需要和不平衡不充分的发展之间的矛盾的职责。因此，从属性上来说，新型职业农民培训不是受训农民的个体福利，也不是培训机构的盈利来源，而是新农村建设、现代农业发展和乡村振兴等国家政策的政治决策，具有一定的政治性。

2. 经济价值：提高农民收入，发展农村经济

人力资本理论认为，教育培训是社会经济发展的重要动力，舒尔茨通过对发展中国家的农业发展进行研究发现，教育培训在改造传统农业过程中起到了至关重要的作用。也有学者通过对丹麦、英国和葡萄牙等国的研究发现，与全日制教育相比，短期培训的回报更高。❹随着信息技术与科技的发展以及在农业领域的应用，推动了农业产业

❶ 单志艳. 中小学教师培训政策的价值取向变迁：基于 1986 年和 2011 年国家关于中小学教师培训《意见》的文本分析 [J]. 教师教育研究，2013（5）：42-46.

❷ 孙绵涛. 教育政策学 [M]. 北京：中国人民大学出版社，2010：35.

❸ 范斯科德，克拉夫特，哈斯. 美国教育基础：社会展望 [M]. 北京师范大学外国教育研究所，译. 北京：教育科学出版社，1984：71.

❹ HAELERMANS, BORGHANS. Wage effects of on-the-job training：A meta-analysis [J]. British Journal of Industrial Relations, 2011（3）：502-528；BASSANINI. Workplace Training in Europe [M]. Oxford：Oxford University Press, 2007：56-63.

结构的调整与升级。我国农民的素质结构难以适应现代农业对从业者的素质要求，将来"谁来种地""如何种地"等问题引起了全社会的关注，农民培训项目顺应时代发展趋势，在"阳光工程"的基础上实施新型职业农民培训项目，通过创新培训模式，在短时间内培训了大批符合现代农业发展需求的新型职业农民。农业农村部 2017 年发布的《全国新型职业农民发展报告》数据显示，截至 2017 年年底，我国新型职业农民总量已经超过 1500 万人，人均农业经营收入超过城镇可支配收入的新型职业农民占 27.70%，农产品销售总额超过 10 万元的新型职业农民占 51.60%，对周边农户起到辐射带动作用的新型职业农民占 68.79%，平均一个新型职业农民带动 30 户农民增收。农民整体素质的提高不仅提高了农民个体的收入，还带动了周边农户，有效推动了农村整体社会经济的发展。新型职业农民培训项目通过提高农民的综合素质，集聚农村发展的内生动能和助力农村经济的长期持续增长，具有明显的经济价值。

3. 文化价值：加强文化治理，实现"以文化人"

费孝通先生认为乡土社会秩序的维护，在很多方面与现代社会秩序的维护是不同的，乡村社会是一个"无法"的"礼治"社会，因为它不是依靠有形的权力机构，而是依靠无形的文化传统来维持社会秩序。❶ 文化治理在乡村社会的"礼治"社会秩序中显得尤为重要。乡村文化是传统乡村社会秩序的基础，它在以地缘和血缘为基础的农民社会生活与实践中产生并不断发展。然而，在市场经济的冲击下，农民开启了"离土离乡"的务工生活，农民在乡村社会生活中的"不到场"现象导致内生于乡村社会生活的文化生态日渐衰微，失去了内在均衡与自我调节的动力机制，难以保持以往自我维持与自我发展的状态。随着大量青壮年农民的外流，各种乡村社会资源不断流向城镇，乡村的空心化使乡村文化随着资源的减少越发凋敝，这就导致优质的资源要素和人员更加难以从城镇回流到乡村。因此，党和国家应通过政策的吸引与扶持，对返乡农民工、大中专毕业生、退伍军人等开展

---

❶ 费孝通. 乡土中国［M］. 上海：华东师范大学出版社，2018：50-52.

农民创业培训，拓展新型职业农民的来源，重振乡土文化，解决乡村文化被动边缘化的困境与挑战，通过"以文化人"的软治理功能推动政治、经济和社会等领域的协调发展。

4. 社会价值：加快队伍建设，重塑乡村生态

乡村振兴战略提出"产业兴旺、生态宜居、乡风文明、治理有效、生活富裕"的总要求，新型职业农民作为乡村振兴的主力军，肩负着重塑乡村生态、建设美丽乡村的重任。新型职业农民培训是新型职业农民队伍建设的主要途径，虽然也具备普通培训"短、平、快"的特点，但其不同于普通员工培训侧重于满足经济方面的需求。新型职业农民培训作为政府主导的服务乡村振兴战略的农村人力资本提升工程，政府作为培训服务的主要供给者，不能仅仅追求成本收益的最优解，常常需要通过经济上看似无效的支出来换取社会效益。因而，注重经济效益的投入—产出投资回报率不是新型职业农民培训的唯一价值追求，新型职业农民培训作为乡村人才培育的重要内生力量，在技术积累、生产转化、产业带动、生态重构等方面的优势越来越明显。在现代农业文明向生态文明转型的时期，新型职业农民培训除了追求农村经济发展，还侧重于培养农民的绿色经济、循环经济、可持续发展等理念，提高农民的社会责任意识和现代观念。农民通过培训成为具有生态文明意识的美丽乡村建设参与者与引领者，因而新型职业农民培训也具有重塑乡村生态的社会价值。

5. 教育价值：提升农民素质，促进职业发展

杜威将教育价值分为"内在价值"与"工具价值"：所谓内在价值，是指某个事物本身具有的意义；所谓工具价值，则是指为了达到一定的目的，教育所起的作用。实用主义重视教育的工具性价值，而马克思主义则强调教育促进人的生命的全面协调和可持续发展，认为教育的任何价值都是基于对人的培养这一最终价值基础。人的价值是教育的内在价值、根本性价值和元价值，教育的工具性价值是通过内在价值的实现而间接实现的。农村经济社会发展的关键在人，随着大量青壮年劳动力流向城市和非农产业，"新型职业农民队伍总量超过2000万"的发展目标是在我国现代农业劳动力严重短缺状况下提出

的"效率优先"的政策措施，其目的就是在短时间内培养出大量现代农业产业所需的人才。随着新型职业农民培育工程、现代青年农场主培训计划和新型农业经营主体带头人轮训计划的实施，我国新型职业农民培训的重心又由数量满足转向了质量提高，注重完善新型职业农民的素质结构。不同于传统的农民技能培训，新型职业农民培训强调受训农民文化素质、技能水平、经营能力的全面提升，这些要求都体现了新型职业农民培训以农民的可持续发展为本的价值追求。

新型职业农民培训的价值取向表现出一定的政治性、经济性、社会服务性和人才塑造性，可以说，新型职业农民培训的价值其实是政治价值、经济价值、文化价值、社会价值与教育价值相互博弈的结果。基于以上分析，本研究认为，以"教育价值"中的"人的发展"价值为主导的多元价值共存是目前我国新型职业农民培训的价值追求。通过新型职业农民培训活动提升农民素质，促进个体发展、全面发展和可持续发展，最终达到服务产业发展、经济发展和社会发展的目的。因此，教育价值是乡村振兴背景下新型职业农民培训最直接的价值，是新型职业农民培育的元价值，其他价值的实现都要依赖教育价值的实现。

二、新型职业农民培训的目标定位

政府一般通过制定和执行公共政策的途径来实现社会管理。[1] 公共政策是特定公共权力机构制定并实施的满足社会需求、实现公共意志等公意选择与公共理性的措施，是引导和规范社会群体的行为准则与行动指南。[2] 作为一项政府主导的农村人力资本开发项目，新型职业农民培训政策具有"价值负载"的特征，它对决策主体的价值方向起着支配作用，决定着决策主体对政策目标的理解、政策实施方式的选择和实施效果的评价等。国家制定的新型职业农民相关政策作为新型职业农民培训的纲领性文件，是各级地方政府制定和落实培训任务

---

❶ 宁国良，罗立. 公共政策公信力：构建政府信任的重要维度 [J]. 政治学研究，2012（6）：108－114.

❷ 陈潭. 公共政策学 [M]. 海口：海南出版社，2002：7.

的基础，也是各培训实施主体单位制定并实施具体培训方案的依据和方向。因此，通过梳理和分析新型职业农民培训政策的内容，可为新型职业农民培训效果评价标准的选取提供依据。

（一）新型职业农民培训政策的演变

从 2012 年中央一号文件提出大力培育新型职业农民至今，几乎每年的中央一号文件都会提及相关内容（见表 2-1）。中央一号文件是党和国家对我国"三农"问题的总体规划与顶层设计，对一号文件中新型职业农民培育相关政策进行系统梳理，有助于从整体上全面把握新型职业农民培训的价值追求，对于新型职业农民培训实践的价值判断具有现实意义。

表 2-1　历年中央一号文件中新型职业农民培育的相关内容

年份	文件名	主要内容	主要阶段
2012	《中共中央　国务院关于加快农业科技创新　持续增强农产品供给保障能力的若干意见》	大力培育新型职业农民	探索阶段
2013	《中共中央　国务院关于加快发展现代农业　进一步增强农村发展活力的若干意见》	大力培育新型农民和农村实用人才	
2014	《中共中央　国务院关于全面深化农村改革　加快推进农业现代化的若干意见》	加大对新型农业经营主体领办人的教育培训力度	规模扩张阶段
2015	《中共中央　国务院关于加大改革创新力度　加快农业现代化建设的若干意见》	大力培养新型职业农民	
2016	《中共中央　国务院关于落实发展新理念　加快农业现代化实现全面小康目标的若干意见》	加快培育新型职业农民	
2017	《中共中央　国务院关于深入推进农业供给侧结构性改革　加快培育农业农村新动能的若干意见》	深入推进新型农业经营主体带头人轮训计划，探索培育农业职业经理人	
2018	《中共中央　国务院关于实施乡村振兴战略的意见》	新型农业经营主体不断发展壮大	质量提升阶段

年份	文件名	主要内容	主要阶段
2019	《中共中央　国务院关于坚持农业农村优先发展　做好"三农"工作的若干意见》	培养懂农业、爱农村、爱农民的"三农"工作队伍	质量提升阶段
2020	《中共中央　国务院关于抓好"三农"领域重点工作确保如期实现全面小康的意见》	培养更多知农爱农、扎根乡村的人才	
2021	《中共中央　国务院关于全面推进乡村振兴加快农业农村现代化的意见》	培育高素质农民	
2022	《中共中央　国务院关于做好2022年全面推进乡村振兴重点工作的意见》	实施高素质农民培育计划、乡村产业振兴带头人培育"头雁"项目、乡村振兴青春建功行动、乡村振兴巾帼行动	
2023	《中共中央　国务院关于做好2023年全面推进乡村振兴重点工作的意见》	实施高素质农民培育计划，开展农村创业带头人培育行动；大力发展面向乡村振兴的职业教育，深化产教融合和校企合作	

在中央一号文件的引领下，各级部委也纷纷发文落实一号文件的精神，通过对国家和部委层面关于新型职业农民培训的政策文件进行梳理，本研究将我国新型职业农民培训工作的发展分为探索阶段、规模扩张阶段和质量提升阶段。

第一阶段（2012—2013年）为新型职业农民培训工作的探索阶段。2012年中央一号文件首次提出大规模培训以科技素质、职业技能和经营能力为核心的农村实用人才，培育新型职业农民。同年，农业部颁布的《新型职业农民培育试点工作方案》指出要在全国范围内确定100个试点县市，由点及面地开展新型职业农民培训试点工作，探索新型职业农民认定管理办法。这个阶段，人们对"什么是新型职业农民？""新型职业农民有何特征？""如何开展新型职业农民培训？"等问题尚不清晰。要做好新型职业农民培训工作，必须明确培训目标、培训对象、培训内容和培训方法。经过近一年时间的探索，2013

年农业部印发的《关于新型职业农民培育试点工作的指导意见》明确指出了新型职业农民的内涵和类型，为试点地区的新型职业农民培训工作和各地探索认定管理办法指明了方向。

第二阶段（2014—2017 年）为新型职业农民培训规模扩张阶段。随着现代农业的调整升级对农业从业者的要求不断提高和我国新型职业农民培训试点工作与研究工作的不断深入，我国新型职业农民培训政策指出通过创设良好的政策环境，聚焦特定的培训对象，快速形成一支新型职业农民队伍。2014 年中央一号文件提出加大对新型农业经营主体领办人的培训力度，在继续扩大新型职业农民培训试点范围的基础上，开始为新型职业农民培训工作的顺利开展创设相应的政策环境，探索建立新型职业农民信息管理系统，健全新型职业农民培训体系。2015 年的政府工作报告也指出支持新型农业经营主体的发展。为了吸引青壮年人才到农村创业兴业，农业部、教育部、共青团中央办公厅等部门于 2015 年共同颁布实施了《关于组织实施现代青年农场主计划的通知》，对在全国范围内遴选出的 1 万名具有高中及以上学历、年龄为 18～45 周岁、有一定产业基础的返乡创业人员、专业大户、家庭农场主、农民合作社骨干等进行为期三年的系统培训。同年，中央农广校在深入挖掘各地围绕区域特色产业、主导产业培养人才的基础上，总结提炼了全国十大新型职业农民培训典型模式，以期各地能根据自身特色，有选择地借鉴成功模式，形成符合本区域产业发展需求的新型职业农民培训模式。随着现代农业的不断升级调整、新型职业农民理论研究的不断深入和培训实践工作的不断细化开展，2016 年中央一号文件再次提出"加快培育新型职业农民"。为了落实一号文件精神，农业部、财政部发布《关于做好 2016 年新型职业农民培育工作的通知》，提出以新型职业农民培育工程为依托，立足产业，以重点人群为培育对象，根据其产业规模、从业年限、培训需求、政策要求、技能水平等，采用分段集中培训、实训实习、参观考察与生产实践相结合的方式，提升其生产技能和经营管理水平，在不少于一个产业周期中，全程培育高素质新型农业经营主体。2016 年 6 月，农业部办公厅颁布的《关于开展全国新型农业经营主体带头人轮训计划的通知》指出"大力开展面向新型农业经营主体带头人的培训，用 5 年时间，将新型农业经营主体带头人轮训一遍"。随后，中央农广校印发了《现代青年农场主指导性培训方案》和《新型农业经营主体带头人指导性培训方案》，各地开始实施新型农业经营主体带头人培训。2017 年农业部颁布了《"十三五"全国新型职业农民培育发展规划》，指出遴选重点培育对象、科学设置培训内容、分类分层培训，同时制定了到 2020 年新型职业农民总量超过 2000 万人的发展目标。

第三阶段（2018 年至今）为新型职业农民培训质量提升阶段。2017 年 10 月召开的党的十九大是新型职业农民培训工作的重要转折点。2018 年的中央一号文件标志着我国农村社会经济发展进入新常态，农业生产也逐渐步入提质增效与转型升级的重要拐点，现代农业发展面临许多新问题与新挑战，对农业从业者提出了许多更新、更高的要求。为了深入实施乡村振兴战略，有效落实《国家职业教育改革实施方案》和《高职扩招专项工作实施方案》，为乡村振兴培养带头人，2019 年颁布的《关于做好高职扩招培养高素质农民有关工作的通知》正式启动实施"百万高素质农民学历提升行动计划"。《中国共产党农村工作条例》也提出以"一懂两爱"为基础，培养高素质农民队伍和乡土人才。在各级政府的政策和资金支持下，我国新型职业农民的数量和质量都有所提升，高素质新型农业经营主体在农业转型升级和带动小农户发展中起到了一定的引领示范作用，加速了新品种、新技术、新装备的应用及农业的规模化经营。针对我国新型农业经营主体区域性不平衡、基础设施普遍落后、经营规模仍然偏小、集约化水平依旧不高、产业链条尚不完整、经营理念不够先进等发展不平衡、不充分的短板问题，有效发挥新型农业经营主体带头人的示范带动作用，实现党的十九大"小农户与现代农业发展有机衔接"的政策部署，2020 年又将"重点培育家庭农场、农民专业合作社等新型农业经营主体""深入实施创新创业带头人行动"写入当年的中央一号文件。2020 年 3 月，农业农村部编制的《新型农业经营主体和服务主体高质量发展规划（2020—2022 年）》提出了"提升各类主体质量和效益"的新型农业经营主体发展目标。2020 年 6 月，农业农村部办公厅发布了《关于做好 2020 年高素质农民培育工作的通知》，强调各地区要"以促进现代农业高质量发展为导向，以满足农民理念、知识、技能需求为核心，以提升培育质量效能为关键，深入推进农民教育培训提质增效三年行动"。为了深入贯彻乡村振兴战略的重要精神，促进各类人才投身乡村建设，2021 年《关于加快推进乡村人才振兴的意见》明确提出："坚持把乡村人力资本开发放在首要位置"，重点面向从事适度规模经营的农民，分层分类地开展全产业链培训。

（二）新型职业农民培训政策的主要特征

我国新型职业农民培训项目的公益性决定了政府在新型职业农民培训工作中的引领作用。对各级政府相关政策的整理与分析是新型职业农民培训工作有序实施并取得成效的重要前提。本研究通过对国家相关政策进行梳理，发现我国新型职业农民培训工作存在以下主要特征。

1. 新型职业农民培训导向：由注重"规模扩张"转向"内涵发展"

通过对国家层面政策的梳理发现，经过几年的探索，我国新型职业农民培训工作已经从追求规模转向了内涵发展。改革开放以来，随着我国城镇化的快速发展，农村青壮年劳动力向二三产业和城镇转移，农业劳动人口红利的机会窗口逐渐关闭，这就需要寻找农村社会经济发展的新增长点。我国经济学家厉以宁认为，教育培训大批熟练劳动者就是替代传统人口红利最直接、最有效的方法。[1] 为了培育一支有文化、懂技术、会经营的新型职业农民队伍，解决"谁来种地"等问题，国家和各级地方政府高度重视新型职业农民培育工作，自2012 年起，几乎每年的中央一号文件和农业农村部的文件都聚焦新型职业农民培育问题，各级政府也及时制定相应的具体实施政策，在这些政策文件的指引下，截至 2017 年，在短短 6 年时间内，我国新型职业农民总量就已经突破 1500 万人。[2]

从 2012 年的"试点工作方案"到 2017 的"发展规划"，再到

2019 年的"高素质农民培育工程",体现了新型职业农民培训制度从顶层战略部署转化为顶层制度设计。经过几年的培育,新型职业农民在推动创新创业、衔接小农户与现代农业发展、提升产业效益等方面起到了明显的引领示范作用,新型职业农民已然成为乡村振兴的重要力量。如果说新型职业农民培训工作最初的动力来源于政府解决"三农"问题的"政治任务",农民被动地、无目的地参与培训,那么时至今日,新型职业农民培训工作已经从保障农民生存的单一技能培训转变为促进农民发展的综合素质提升,农民参与职业培训不再是"被迫凑数",而是基于自身职业发展需要而做出的职业理念培养的转变。新型职业农民为了应对农业产业结构的转化升级、机械化、智能化、机器换人、资本替代劳动等"资本深化"过程,亟须通过"教育深化"的方式解决生产实际中遇到的各种问题。❶ 党的十九大报告就教育优先发展和加大职业培训力度问题提出了一系列政策举措。职业培训作为一种继续教育的手段,与正规教育一样,都是积累人力资本的重要途径,必须发挥其在农业从业人员人力资本积累中不可或缺的职能。因此,通过职业培训延长人口红利是现代农业发展的关键措施,职业培训作为"教育深化"的供给侧,在扩大农民培训规模的基础上加强农民素质的提升,为新型职业农民提供符合他们实际需求的培训服务,使农民具备更高的人力资本禀赋,适应农业经济发展方式的转变,已经成为新型职业农民培训的重要目标追求。

2. 新型职业农民培训对象:由面向"传统农民"转向"重点人群"

从最初的将传统农民培养成农村实用人才到大力培育以专业大户、家庭农场、农业合作组织、农业企业等新型农业经营主体领办人、带头人,再到新型农业经营主体和新型职业农民"两新"融合机制的建立促进小农户与现代农业的衔接,无不体现出我国新型职业农民培训对象遴选工作的不断细化和精准化。新型农业经营主体作为新型职业农民的组织形式,其带头人是最了解农民的实际需求,联系农民、发展农业、带动农民增收致富的"牛鼻子",对小农户起着示范

---

❶ 蔡昉. 如何开启第二次人口红利?[J]. 国际经济评论,2020(2):9-24.

带头作用。因此，新型职业农民通过领办新型农业经营主体，有助于促进新型职业农民与新型农业经营主体"两新"并行、"两新"融合、一体化发展，而加强对新型农业经营主体带头人等"重点人群"的综合素质和职业能力培训，充分发挥他们的示范带动作用，是加快构建现代农业生产经营者队伍的有效措施。中央农广校发布的《2019年全国高素质农民发展报告》和《2019年全国高素质农民发展指数》指出，2018年我国重点对农业经理人、新型农业经营主体带头人和现代创业创新青年开展培训，共培养高素质农民约90万人。高素质农民队伍中31.10%的人文化程度在高中及以上；16.80%的人年龄在35岁以下，72.11%的人年龄为35~54岁；农业经营纯收入相当于同期城镇居民人均可支配收入的80.00%，是农村居民人均可支配收入的2.16倍；绿色生产技术和信息化技术的应用得到逐步推广，大约77.00%的高素质农民通过手机或计算机开展农业生产经营活动；高素质农民规模农业经营户占比达62.03%，100亩以上的为36.14%；高素质农民在促进小农户与现代农业有机衔接，带动农民共同致富中发挥了积极作用，对周边农户起到辐射带动作用的高素质农民占比高达84.37%。

3. 新型职业农民培训内容：由侧重"专项技能"转向"综合素质"

从大规模培训农村实用人才到重点培育家庭农场主等新型农业经营主体带头人，再到青年农场主培训、新型农业经营主体带头人轮训、大中专毕业生创业培训、农民学历提升等针对不同培训对象的分类分层培训，不仅是培训对象的不断聚焦，培训内容也从以提高科技素质、职业技能、经营能力为核心转变为有较强的市场意识、较高的生产技能、一定的管理能力。针对专业大户、家庭农场主、合作社负责人等不同类型的新型职业农民的培训内容也在不断细化，例如，2013年江苏省农委出台的《关于积极稳妥发展家庭农场的通知》（苏农经〔2013〕6号）明确提出积极开展专门培训，提升家庭农场主的生产技能、经营管理、法律意识、市场观念等素质水平；2020年出台的《江苏省家庭农场名录管理暂行办法》和《江苏省省级示范家庭农场评定及监测办法》则取消了对农场的雇工数量、收入占比和户籍要求，同时放宽了对农场规模的要求，而对农场主职业道德和职业能力方面的要求有所提升，要求农场主具备与经营规模和行业产品要求相匹配的能力水平与农产品质量安全意识。乡村振兴战略提出推进农业绿色发展，加强农产品品牌建设，作为乡村振兴的主力军，绿色环保意识和品牌建设能力必然成为新型职业农民培训的重要内容。

（三）新型职业农民培训的目标

基于以上分析可知，我国新型职业农民培训导向明显从注重"规模扩张"转向了"内涵发展"，培训对象从"传统农民"转向了"重点人群"，培训内容从"专项技能"转向了"综合素质"，这就要求新型职业农民培训效果评价也从以前的"培训者中心"转向关注"受训者的有效需求"。

首先，职业培训作为职业教育系统的重要组成部分，蕴含着"职业性"和"教育性"双重逻辑，体现了培训对"职业人""社会人"与"生命人"的多维度价值观照。新型职业农民既能解决农业生产实践中的具体问题，又能对问题背后的深层内核进行理性挖掘和充分把握。因此，新型职业农民培训既要顺应农业产业转型升级、农业生产技术更迭，培养符合农村社会发展需求的"职业人"，又要培养"理实一体""知行合一""顶天立地"的"社会人"，还要培养能够感知生命温度、体现生命厚度的"生命人"。❶

其次，新型职业农民作为一类职业，需要掌握一定的技术。技术的获得需要依靠教育培训，而"职业""技术"和"教育培训"都要通过依附"人"才能实现，并最终指向"社会"的发展。❷ 新型职业农民培训作为教育活动的一部分，同样具备教育促进个人发展与社会发展的功能。❸ 新型职业农民培训作为一种横跨"职业领域""技术领域""教育领域"和"社会领域"的教育类型，服务乡村振兴的逻

❶ 朱德全，石献记. 职业教育服务乡村振兴的技术逻辑与价值旨归［J］. 中国电化教育，2021（1）：41 - 49.

❷ 朱成晨，闫广芬. 精神与逻辑：职业教育的技术理性与跨界思维［J］. 教育研究，2020（7）：109 - 122.

❸ 樊改霞. 教育与公共性：公共教育的现代转型［M］. 福州：福建教育出版社，2012：132.

辑起点是对"人"进行技术赋能，通过培养乡村技术技能人才来助力乡村振兴。也就是说，新型职业农民培训既关注个体知识与技术技能输入、使用和输出过程中工具理性的实现，也关注个体的自由、全面发展等人文理性，是一个整合的概念体系，包含"工具性"和"人文性"两个重要范畴，既强调对效率的追求，又彰显生命的意义，是工具理性与价值理性的协同共生。❶

最后，新型职业农民培训通过对"人"的技术赋能助推乡村振兴。技术作为知识的基本含义，具有知识的固有属性❷，在不同的社会存在形态中呈现不同的知识样态，且随着社会产业发展呈现出从"低阶知识"向"高阶知识"递进的规律。从技术生存形态看，人类经历了自然化技术生存、手工性技术生存、机器化技术生存、信息化技术生存四个阶段❸，分别呈现出技术知识、经验性（默会性）知识、程序性（规则性）知识和原理性（陈述性）知识样态。❹ 同时，伴随着对技术实践活动反思而产生的技术理性是"一种追求合理性、有效性、规范性、理想性、功能性、条件性的人类智慧和能力，是扎根于人类物质需求及对自然界永恒依赖的实践理性和技术精神"❺。技术作为一种社会存在，既包含有形的物化形态，也包含无形的文化形态，它改变着人们的思维方式，推动着社会经济的发展。

综上所述，新型职业农民培训是厚植于乡村技术基因，但又不囿于技能培训的一项复杂的、长期的工程，主要通过技术赋能为乡村振兴培养具有职业能力和技术精神追求的乡村技术技能型人才，促进乡村的可持续发展。因此，新型职业农民培训工作的目标定位应该是通过促进受训农民个体的发展，促进农村社会经济的发展，即新型职业

---

❶ 朱德全，熊晴. 技术之器与技术之道：职业教育的价值逻辑 [J]. 教育研究，2020（12）：98 – 109.

❷ 朱葆伟，赵建军，等. 技术的哲学追问 [M]. 北京：中国社会科学出版社，2012：181，308.

❸ 徐宏伟. 现代职业教育的技术哲学基础探究 [J]. 教育发展研究，2019（6）：57.

❹ 朱德全，石献记. 职业教育服务乡村振兴的技术逻辑与价值旨归 [J]. 中国电化教育，2021（1）：41 – 49.

❺ 赵建军. 超越"技术理性批判" [J]. 哲学研究，2006（5）：107 – 113.

农民培训具有促进个人和社会发展的双重目标定位（见图2-1）。

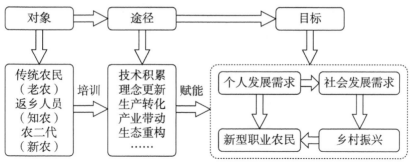

图 2-1 新型职业农民培训的目标定位

三、新型职业农民培训效果评价逻辑

新型职业农民培训应该遵循通过对"人"的赋能实现个体知识技能的提升和全面发展，进而推动社会经济发展的基本逻辑。因此，本研究认为在测评新型职业农民培训效果时，要注重效率，更要注重效益。新型职业农民培训效果评价应该充分考虑培训在农民个体的体面工作与美好生活以及乡村社会发展谋福祉两个层面取得的实际效果，因而可从目标管理和职业培训两个视角加以考察。

（一）基于目标管理视角的新型职业农民培训效果评价

"目标管理"概念提出者美国管理大师彼得·德鲁克（Peter F. Drucker）认为，任何领域的工作都需要有目标，管理者通过目标对下级进行管理、考核和评价。我国的新型职业农民培训属于政府项目，政府作为新型职业农民培训的重要投资者，需要通过效果评价了解培训目标的达成度。政府层面的评价主要包括以下两个方面的目标管理。

1. "投入—产出"的目标管理

自2014年启动新型职业农民培育工程以来，中央财政每年安排专项资金支持新型职业农民培训（见表2-2）。在中央财政的大力支持下，各省市财政也纷纷加大投入力度，例如，2016年江苏省财政投入1亿元，各级地方财政投入0.7亿元用于新型职业农民培训。❶ 在

---

❶ 齐乃敏，蒋平.江苏新型职业农民培育的经验探索与发展建议［J］.江苏农村经济. 2017（9）：43-45.

如此大规模的经费投入下，各级政府都迫切需要准确地知道新型职业农民培训的实际效果，用于判断培训目标的完成情况，为今后培训资源的优化配置提供决策参考。

表2-2　历年中央财政投入新型职业农民培训的经费

年份	政策来源	主要事件	经费/亿元
2014	《农业部启动实施新型职业农民培育工程》	正式启动新型职业农民培育工程	11.0
2015	《2015年国家深化农村改革、发展现代农业、促进农民增收政策措施》	推进新型职业农民培育工程	11.0
2016	全国新型职业农民培育经验交流会暨农广校工作会议	培育新型职业农民100万人以上	13.9
2017	全国新型职业农民培育工作推进会	培育新型职业农民100万人以上	15.0
2018	全国新型职业农民培训管理培训班暨农民教育培训工作现场会	培育新型职业农民100万人以上	20.0
2019	《农业农村部2019年人才工作要点》	培育新型职业农民100万人以上	20.0
2020	《2020年全国高素质农民发展报告》	启动实施高素质农民培育计划	23.0
2021	《对十三届全国人大五次会议第0033号建议的答复摘要》	高素质农民培育计划	23.0

　　政府作为新型职业农民培训最主要的投资者，首先希望通过对成本—收益进行分析，了解项目是否有必要继续进行。管理学的四分图模型（见图2-2）对培训成本和培训效果的分析表明，一般而言，对于低成本、高质量的高性价比项目，政府可以多开设一些，以便让更多的新型职业农民受惠；而对于那些高成本、低质量的项目，如果没有开发价值就应该停止；少开发低成本、低质量的项目；对于高成本、高质量的项目，应该分析有无降低成本的可能，从而决定是否需要保留。

　　其次，政府可以通过效果评价优选培训机构。培训机构的培训能力是影响培训效果的关键因素，相同的培训项目在不同的培训机构取得的培训成效不同，培训投资主体肯定希望认真负责、组织规范的培训机构来承担培训任务。有些地方的培训机构存在软硬件设施不达标、培训场地和培训师资匮乏、培训内容陈旧等问题，培训效果可想而知。因此，政府通过培训效果评价可以促进各培训机构提高竞争意识，从而提高培训质量。

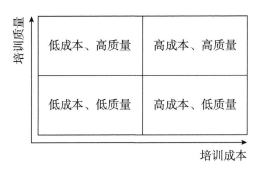

图 2 - 2　管理学的四分图模型

2. 社会效益的目标管理

新型职业农民培训作为政府主导的公益性项目，其价值实现的评价还应该与乡村振兴、现代农业发展等国家战略和农村社会经济发展等社会效益的实现紧密相关。政府希望通过提供高质量的新型职业农民培训项目，为乡村经济发展、农产品供给和生态环境保护培养人才，解决城乡、区域发展失衡问题，最终实现社会的全面发展。因此，在进行新型职业农民培训效果评价时，还要看新型职业农民培训活动是否能够为农村社会经济发展和生态保护提供人才支撑。具体而言，新型职业农民培训的社会效益包括以下三个方面。

第一，人才价值，即评价新型职业农民培训活动是否有助于新型职业农民队伍的形成。新型职业农民是现代农业发展和新农村建设的主力军，是农民增收致富的"领头雁"。我国新型职业农民培训的公益性表明，国家出资培训农民不仅是为了追求经济效益，更多的是希望通过培训提高我国农民的整体素质，使其成为新型职业农民，通过领办家庭农场、农民专业合作社、涉农企业等新型农业经营主体，带领更多农民共同富裕。因此，新型职业农民培训的数量、培训考核通过率、新型职业农民职业资格证书获取率、新型农业经营主体的创办情况等都是新型职业农民培训社会价值的具体体现。

第二，社会价值，即评价新型职业农民培训活动是否有助于促进社会经济的发展。我国长期的城乡二元经济结构导致城乡经济发展不平衡，而且随着经济的快速发展，城乡经济差距有进一步拉大的趋势。要解决城乡经济发展失衡问题，关键是补齐乡村发展的这块"短板"，实现乡村振兴。乡村振兴关键在于人才的振兴，人才的振兴需要依靠教育培训，而新型职业农民作为乡村振兴的带头人，通过培训能够提升社会责任感，能够将原子化的农民组织起来抵御市场冲击，带动更多的小农户对接现代农业，促进农民农村的共同富裕应该成为新型职业农民培训效果评价的表征。

第三，生态价值，即评价新型职业农民培训活动是否有助于美丽乡村建设。经济的快速发展在一定程度上超出了环境、资源和生态的承载能力，导致了环境污染。随着人民生活水平的提高，对农产品品质的要求越来越高，"绿色有机"概念深入人心，这为新型职业农民培训工作赋予了新的使命和要求。作为乡村振兴推动力量的新型职业农民培训，肩负着为乡村社会环境的发展和绿色有机农产品的供给培养人才的使命。应该将能否以生态环境和社会责任为培训要求，通过培养具有生态意识、改善农村生态环境和提供生态农产品的新型职业农民来建设美丽乡村，作为新型职业农民培训效果评价的重要内容。

（二）基于职业培训视角的新型职业农民培训效果评价

培训是应对人才竞争，有效开发和利用现有人力资源，获得竞争优势的有效方式。在各种各样的培训中，组织越来越倾向于从非结构式的培训转变为正式的结构化培训。[1] 通过有目的、有计划、有组织地实施与受训者工作相关的知识与技能培训，可以促进受训者对培训内容的理解、吸收与应用，使受训者的行为发生持久的变化。培训以提高工作绩效为终极目的，有意义的培训是能够将学习转化为绩效的

---

[1] 吴怡，龙立荣. 培训迁移影响因素研究述评［J］. 心理科学进展，2006，14（5）：749－756.

培训，否则学习将仅仅是一种手段，所以培训效果应该强调工作绩效。[1] 因此，培训是否有价值除了强调培训的学习收益，更应该关注受训农民参加培训以后在实际工作中应用培训内容的收益。

从受训农民个体层面来看，既可以将新型职业农民培训看作手段，也可以将其看作目的。农民通过培训不仅能够获得谋生所必需的知识和技能，增加农业生产经营收入；还能通过职业能力的提升更自如地应对未来科技发展的挑战，实现职业的可持续发展。因此，新型职业农民培训作为一种以"人"为中心的教育活动，对其价值实现进行评判时，既要关注农民的"生活世界"，又要服务农民"更好的生活"，还要体现农民的生命成长。

1. 农民的农业经营收入

作为理性经济人，职业农民参与培训主要是为了追求收益的最大化，他们希望通过培训来提升自身的职业能力从而提高收益。随着科学技术在农业领域的渗透，农业产业需要围绕市场需求和价值规律进行内部重新选择与优化，通过对农业生产资源的优化配置，实现由传统农业向现代农业的转变。根据市场需求和比较优势发展农业，势必要求通过农业规模化、专业化和产业化生产或者延长农业产业链的方法发挥出最大的经济效益。随着农业产业结构的调整升级，对农业从业人员的素质需求也将发生改变，现代农业要求农业从业者是具备纵横交错、博专结合的知识技能结构的"T形结构"人才，农业产业结构的调整引领着农业从业人员从"经验本位"向"方法本位"、从"技术应用"向"技术创新"、从"低阶一元"向"高阶多元"发展的趋势。因此，农民想要增加从农收入、提高生活质量，最直接有效的方法就是通过参加培训学习符合现代农业需求的科学、文化、管理知识和技能。研究表明，培训投资能有效地提高收益，虽然最初因为参加培训需要耗费一些时间成本，使初始收益低于没有参加培训的农民，但是随着培训时间的延长，受训者自身能力的提升将使其更能有

---

[1] YAMNILL S, MCLEAN G N. Theories supporting transfer of training [J]. Human Resource Development Quarterly, 2001, 12 (2): 195 – 208.

效地应用资源与信息，最终收入要高于未接受培训的农民，如图 2－3 所示。

2. 农民的职业发展

在终身教育背景下，培训学习应贯穿于农民的生命始终，是农民基于已有经验不断创生，适应改变面向未来的过程，新型职业农民培训应实现从"办班"到"育人"的创新。在知识爆炸时代，新型职业农民培训要超越单一的谋生性技能训练，应面向未来，提供多元化的教学内容，尤其是有助于农民思维产生和能力形成的教学内容，以实现农民职业生涯的可持续发展。随着科技的快速更新，社会横向分工差异越来越小，而纵向分工差异则越来越大，农民培训要从"适应"转向"引领"，因为如果仅仅是盲目追赶，容易造成人的主体意识和主观能动性的隐退，从而导致无法应对未来复杂社会的挑战。

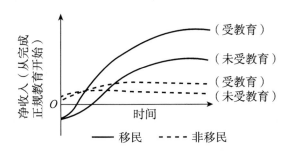

图 2－3　培训投资与收益的关系❶

3. 农民的生命成长

基于价值理性的视角，农民培训具有一定的功利性目的，但并不唯功利是举，在追求以"效率"与"自我增值"为中心的"工作世界"的同时，也关注以"发展"与"自我成长"为中心的"生活世界"，强调培训对生命滋养的价值承诺。农民通过培训获得系统的知识和技能，塑造正确的价值观、劳动态度和职业道德。农民培训作为教育的重要组成部分，始终遵循教育的质的规定性，作为一种培养"人"的活动，始终将鲜活的人作为教育培训的出发点和落脚点，以

---

❶ 金华宝. 新农村建设进程中开展农民职业培训的价值解读与路径选择［J］. 探索，2006（5）：133－137.

促进农民职业生涯发展和生命的自由生长为价值旨归。根据农民生命成长规律，充分发挥农民的主观能动性，使其从为了"活着"转变为"更好地活着"，体现了农民培训"生存本能""生活所需""生命自由"的价值位阶❶，旨在使农民通过培训赋能最大限度地适应现代农业发展，增强幸福感，充盈精神世界，构建生命的意义。

第二节　实然之困：新型职业农民培训效果评价存在的问题

新型职业农民培训效果作为价值实现的表现形式，在一定程度上反映了新型职业农民培训价值的实现程度。通过对新型职业农民培训效果评价存在的问题进行调研，为新型职业农民培训效果评价标准的构建奠定实践基础。

一、调查研究的设计与实施

调查研究设计是开展调查研究活动的行动指南，为了深入了解新型职业农民培训效果评价的现状，笔者于 2019—2021 年多次在江苏省的苏州、无锡、常州、南京、镇江、扬州、泰州、盐城等地进行实地调研，收集反映新型职业农民培训效果评价的实证资料。

（一）调研目的

新型职业农民培训效果问题在学术界存在分歧，有些学者认为新型职业农民培训提升了农民的知识与技能，增加了农民的收入，取得了较为显著的效果。❷ 有些学者认为覆盖面广、数量大的政府主导型培训项目由于培训对象选择错位❸、人均培训投入少而很难取得实质

---

❶ 朱德全，熊晴. 技术之器与技术之道：职业教育的价值逻辑［J］. 教育研究，2020（12）：98 – 109.

❷ 朱奇彪，米松华，黄莉莉，等. 新型职业农民培训的绩效评估与分析：基于浙江省农村中高级"两创"人才培训的调查［J］. 江苏农业科学，2014，42（2）：407 – 411.

❸ 耿丽敏，孙秀新. 新型职业农民培训现状与对策：以河北省为例［J］. 人民论坛，2015（A12）：216 – 217.

性的效果❶。为了探究新型职业农民培训效果到底如何，本研究围绕"各级各类培训主体是如何对新型职业农民培训效果进行测评的？""新型职业农民培训效果评价的现状如何？""现行的评价方式存在哪些问题？"等问题对新型职业农民培训的各类主体进行访谈，为构建科学合理的新型职业农民培训效果评价指标体系奠定实践基础。

（二）调研对象

首先，不管是政府、培训机构还是农民，都迫切需要准确地了解培训效果。对于政府而言，培训效果一方面可以帮助其判断培训目标的完成情况，另一方面可以为后续培训资源的优化配置提供决策依据。对于培训实施主体而言，培训效果是其后续有效组织培训、设计更为有效的培训方案、开发更具针对性和实用性的培训内容、更好地开展培训工作的有力依据。对于农民而言，培训效果的改善可以提高其参训积极性，增强其学习意识，激发其参训热情。鉴于此，笔者认为本研究的调研对象应该包括政府部门、培训机构和受训农民。

其次，由于我国农民培训项目种类繁多，教育、人社、农委、科技等各部门都承担相关项目培训工作，本研究主要调查农委（新型职业农民指导站）负责的政府主导的公益性项目，培训供给机构主要为农广校和农业职业学校；培训内容为涉农培训，主要包括青年农场主培训、农民创业培训、生产经营型新型职业农民带头人培训等。

最后，我国新型职业农民主要分为生产经营型、专业技能型和社会服务型三类，由于专业技能型和社会服务型两类的职称晋升与职业技能鉴定标准都较为明确，而生产经营型是现代农业发展中新出现的一个群体，是我国农业农村发展的主力军，我国正在对生产经营型新型职业农民进行大规模培训，积极探索生产经营型新型职业农民的认定标准和社会保障制度。因此，本研究仅调查政府主导的生产经营型新型职业农民培训效果。

---

❶ 翁杰，郭天航. 中国农村转移劳动力需要什么样的政府培训？：基于培训效果的视角 [J]. 中国软科学，2014（4）：73-82.

（三）调研方法与过程

根据受访对象的数量，访谈可分为个别访谈和团体访谈。个别访谈与团体访谈都是通过语言交流收集实证资料的方法，各有优势。个别访谈由于可以减少受访者对保密性问题的担忧，从而可以收集到更多真诚的意见，而且时间相对充裕，可以了解更多的细节；而团体访谈中通过受访者之间的讨论，有助于一次性收集到更丰富的甚至是意想不到的信息。根据谈话结构的控制程度，访谈又可分为无结构化访谈、结构化访谈和半结构化访谈。无结构化访谈是指事先并未设计问卷与访谈程序，只是就某一主题与被访者进行自由交谈，边谈边形成问题，遇到研究者感兴趣的问题可以随时追问；结构化访谈是指完全按照事先设计的访谈提纲按顺序进行访谈；半结构化访谈则介于两者之间。本阶段的研究主要采用个别访谈和团体访谈相结合的形式，到受访对象培训现场进行无结构化访谈，了解江苏省新型职业农民培训总体状况以及培训组织、实施过程和效果评价现状，同时为后续访谈提纲的设计和新型职业农民培训效果评价指标体系的构建提供实践基础。

笔者于2018年11月到2019年3月先后到江苏省新型职业农民指导站、江苏农林职业技术学院、江苏农牧科技职业学院、滨海农广校、泰兴农广校、武进湟里社区教育中心、金坛农广校等培训机构进行座谈、访谈和跟班听课，调研基本信息见表2－3。本次调研主要采用无结构化访谈形式，座谈时间控制在1小时左右，个别访谈每人40分钟左右，在征得受访者同意的前提下进行了录音，以便于后面转文字分析。此次调研为后续研究奠定了一定的基础。

表2－3　调研基本信息

代号	性别	职务	单位	区域
TI	男	校长	农广校	苏中
T2	男	主任	农广校	苏中
T3	男	副局长	人社局	苏中
T4	男	主任	人社局	苏中

代号	性别	职务	单位	区域
F1	男	农场主	—	苏中
F2	男	农场主	—	苏中
T5	男	院长	农业高职	苏中
T6	男	主任	农业高职	苏中
T7	男	助教	农业高职	苏中
T8	男	主任	农业高职	苏南
T9	男	站长	省新型职业农民指导站	苏南
T10	男	教师	省新型职业农民指导站	苏南
T11	男	校长	农广校	苏南
T12	男	校长	成人学校	苏南
F3	男	合作社负责人	—	苏北
F4	女	农场主	—	苏北
T13	男	副院长	农业高职	苏中
T14	男	副院长	农业高职	苏中
T15	男	校长	农广校	苏北
T16	女	主任	农广校	苏北
F5	男	合作社负责人	—	苏北
F6	男	合作社负责人	—	苏北
T17	男	科长	农民科技教育培训中心	苏南
T18	男	书记	农业高职	苏中
T19	男	站长	农业科技服务站	苏南

注：T 表示培训实施主体，F 表示参训农民。

二、新型职业农民培训效果评价存在的问题

从调查情况来看，江苏省新型职业农民培训效果评价工作已经引起各个层面的重视，在座谈和个别访谈过程中，多位培训机构负责人和培训教师都表示新型职业农民培训效果评价工作非常重要，只有认真地对每次培训的效果进行有效的评价和反思，才能推进培训工作更

好地开展。然而，通过对江苏省的走访发现，现行的新型职业农民培训效果评价机制主要存在以下问题。

（一）重"培训组织"轻"培训实效"

调研发现，目前江苏省的新型职业农民培训效果评价工作主要包括两方面内容：一是各级政府通过检查档案材料的形式对培训实施主体的培训开展情况和任务完成情况的评价。政府部门一般在每年年终要求各培训机构报送考核材料，包括培训通知、培训学员签到表、培训讲义和材料、培训照片、培训典型材料、学员满意度、考试试卷及成绩、培训总结材料等，通过培训机构提供的培训材料，了解培训工作的组织和实施效果。二是培训实施主体通过受训农民的满意度调查对受训者参训感受的评价。培训实施主体一般在每次培训结束后会对参训学员进行满意度测评，了解学员对培训组织的看法，在完成"政府任务清单"的同时，也能促进培训方案的改进与完善。然而，现有的新型职业农民培训效果评价存在重"培训组织"轻"培训实效"的现象，主要表现在以下两个方面。

一是重视对"培训者"的评价，忽视了对"参训者"的评价。调研发现，目前实践中的新型职业农民培训效果评价主要是政府对培训实施主体的评价，是对培训工作的组织、实施情况的评价，针对培训最大受益者的参训农民的评价还比较缺乏。例如，江苏省新型职业农民培育工作绩效考核指标体系分为工作落实、工作效果和加分3个一级指标，工作方案、工作部署、制度体系建设、工作创新、基础工作、信息查询、满意度评价、宣传工作、社会影响、加分项、未完成任务、违规违纪12个二级指标，其中仅有一项满意度评价指标是针对参训农民的，其他均为针对培训主体的。某市下发的《新型职业农民培训通知》中也明确将新型职业农民培训效果考核目标确定为"任务完成率100%、培训合格率90%以上、农民满意度80%以上、小农户占比60%以上"。访谈中，当笔者问及"是否组织针对农民的效果评价时"，多位培训主体表示没有专门针对农民的效果评价，其中有一位培训负责人说道："限于人手、精力等，我们对农民的考核就是在培训过程中了解一些情况，培训结束后，有些培训班会发放一些满意度评价表。"

二是重视对培训教师的"评教",忽视了对参训农民的"评学"。调研发现,政府和各培训机构大多重视对培训教师的评价,几乎所有的培训机构都会针对培训教师的备课和上课内容开展评价,内容包括培训内容的准备、教学态度、教学效果等方面。而对于参训农民培训之后的收获或者行为发生的改变则缺乏检测措施,多以参训农民的培训感想或者对培训的满意度评价培训质量,这种主观评价往往无法全面、真实地反映培训效果。例如,访谈中培训主体 T8 说道:"我们非常注重教师的选择,对教师实施动态管理。对于农民的评价主要是用全省统一的满意度评价,代表性不高,测评指标不具有针对性,不能反映学员的真实情况。"参训农民 F3 也说道:"培训结束有一个满意度测评,满意度一般都是百分之百。"

这种缺少与培训对象交流沟通,主要通过培训机构提供的文档材料了解农民培训效果的途径,不但无法真正全面了解新型职业农民培训的质量和效果,而且容易导致培训机构"对上不对下"负责的现象,导致培训偏离满足参训学员收益最大化的宗旨。参训农民作为培训的直接参与者和最大受益者,如果在新型职业农民培训效果评价中参与度不高,不利于政府和培训机构了解新型职业农民培训的真实效果,也不利于新型职业农民培训人本价值的实现。

(二) 重"绩效管理"轻"职业发展"

现行的新型职业农民培训效果评价还未将新型职业农民培训的人本价值作为最主要的目标,仍然存在重"绩效管理"轻"职业发展"的倾向,主要表现在以下两个方面。

第一,考核评价重"数量"轻"质量"。调研发现,虽然各级各类新型职业农民培训目标有所差异,但大致都可以概括为增进知识、提高技能、发展能力,为深化农村改革、促进现代农业发展培养骨干力量。例如:M 校的现代青年农场主培训班将培训目标定为"培养一支创业能力强、技能水平高、带动作用大的青年农场主队伍";Z 校的新型农业经营主体带头人培训班则将培训目标定为"提升生产经营水平和带动小农户发展能力"。从各校的培训目标来看,新型职业农民培训应该十分注重参训农民能力和素质的提升。然而走访发现，各级各类新型职业农民培训机构仍然更注重培训任务的完成度，其在考核评价中将培训任务完成情况作为衡量培训工作是否取得成效的重要指标，很少有能够体现农民对培训的真实看法、农民个人成长和带动能力的增强、农场发展等方面的指标。访谈中也有培训机构负责人说道："现在的考核指标不科学，不应该把完成培训人数作为一项重要的考核指标，而应该重视培训后的创业率，对新知识、新技术、新模式的应用程度，生产经营效率提高情况和农场发展情况等指标。"这种不关注多少农民通过培训可以提高就业技能和素质，实现创业梦想等问题，而过分注重"数量指标"的评价观影响了新型职业农民培训效果的真实性。正如访谈中 T9 说道："政府对我们的考核主要看完成数量情况，说实话我们为了完成培训任务有时候会拉壮丁、凑人数。"新型职业农民培训工作过浓的"行政味"导致培训主体往往存在追求"对上"完成"行政命令"的现象，而忽视了"对下"提升受训农民的素质水平；重视完成每年的培训数量和考核指标，而轻视培训质量。

第二，考核评价重"考核通过率"轻"培训应用率"。调研发现，有些地方政府规定培训机构根据新型职业农民培训结业证书取得情况向政府申请专项培训经费及补贴。有些承训单位会在新型职业农民培训结束后进行结业考试，农民通过考试即可获得结业证书；有些培训机构则是在培训结束后直接发放结业证书。不论是否为通过考试后发放的证书，受训农民考核通过率几乎都是 100%。笔者在一次对培训班的观察中发现，所谓的结业考试只是一种形式，受训农民只需要对照培训机构提前发放的"标准答案"抄下来即可，至于农民通过培训掌握了多少知识、技能，是否有所提高，是否会在工作中应用培训所学，这些都不是培训机构考核的内容。访谈中，有一位培训负责人说道："以前培训结束我们会有一次考试，因为这两年省里面文件上没有明确提出一定要考试，我们也就不再要求了。这个考试按照道理应该是根据课程内容来出试卷，但是说实话，我们做农民培训的也就这么几个人，没有太多的精力去弄试卷，大多数是用一些以前的比较通俗的试卷，不一定就是针对课堂上讲的内容。其实考试只是一个形式，没有起到真正的作用。"过度重视考核通过率的评价导致培训结业考试、结业证书成为培训机构换取培训经费的工具，培训机构过度注重经济效益，较少考虑参训农民的实际需求。农民通过结业考试获得的结业证书对培训机构来说"十分有效"，而对于受训农民来说却没有实质性作用。对于新型职业农民获得证书之后是否能涉农就业或者创业，培训对新型职业农民解决生产实际问题有多大的效果，这些都不是证书能够反映的内容。

（三）重"培训满意度"轻"职业能力提升"

培训质量是培训效果的重要体现，质量在社会学领域主要是指客体的价值或使用要求与主体感受的满足程度。新型职业农民培训质量就是对新型职业农民培训需求满足程度的价值判断。满意度评价是一种民意投射工具，是党和政府获取广大人民群众对其工作真实看法的手段。然而，在实践中，新型职业农民培训效果评价普遍采用满意度测评的方式。满意度测评在一定程度上能够反映新型职业农民培训是否满足了受训农民的需求，但是仅仅依靠满意度测评指标测量新型职业农民培训效果是值得商榷的，主要原因如下。

第一，满意度指标无法全面反映新型职业农民培训的效果。培训主体对培训课程安排、师资水平、组织管理和食宿情况等方面的满意度调查对培训课程的调整、师资的遴选和组织管理服务的改进无疑有一定的作用，但难以回答农民通过培训是否有效地提升了职业能力和素质，培训为个人的职业生涯发展以及农场、合作社、农业企业和区域农业经济社会的发展带来了多大的效益等问题。

第二，我国新型职业农民培训往往采取"被安排"的方式，在确定了培训主题、培训时间、培训地点、培训内容、培训方式等要素后直接通知参训农民，"被动培训"成为新型职业农民培训的常态。让"被安排"的培训客体来主观评判"培训满意程度"的悖论，导致参训农民对培训的理解存在偏差，对培训效果的评价过于依赖以个人喜好为标准的感性层面做出判断，而得出不够科学、客观的评价结果，

从而误导培训组织者、设计者和实施者对培训项目的改进方向。❶

第三，过分强调满意度测评可能会造成"我喜欢""使我开心"的培训才是"有效的培训"，使培训主体忽略了培训目标，偏离了"能力素质是否提升""哪些能力和素质得到提升"等培训本质问题的"正常轨道"。一些培训机构为了得到理想的满意度测评结果，采用暗示、引导、劝说、送礼等"非正常"的手段，这种背离满意度测评初衷、掺杂作假的"水货民意"容易导致新型职业农民培训工作"偏离轨道"，获得的加以"修饰"的"被满意"评价结果也无法全面客观地反映培训效果的真实情况。❷

第四，满意度测评主体选择和测评过程的科学性影响评价结果的客观性。由于我国新型职业农民培训多为政府主导的公益性项目，目前我国新型职业农民培训满意度评价工作主要由各培训机构完成。一些培训机构出于经济利益或者声誉的目的，为了获得受训者良好的反馈信息，以便其获得后续培训项目，在培训结束时，以"礼品"或"误工补贴"等"利诱"方式，让学员当面填写培训效果测评问卷，参训学员出于情面，并未认真如实作答，如此效果评价反馈信息的有效性将大打折扣。另外，培训单位作为新型职业农民培训的主要实施者同时也是评价者，既当"运动员"又当"裁判员"，容易因为利害关系人的影响导致评价结果失真。由于评价主体和评价流程的不规范，评价结果难以反映客观事实，从而使满意度测评流于形式，使评价结果成为没有任何参照意义和指向功能的"圈圈和勾勾"，培训中的失误和漏洞无法根据评价结果得到有效的匡正与弥补。

第五，满意度指标内容设置的科学性也是影响评价结果可信度的重要因素。指标的具体内容设计是满意度评价工作有效开展的重要环节，科学地设置满意度评价指标有助于增强评价工作的针对性与可操作性，弥补培训工作的失误和漏洞，推动培训工作的可持续发展和创新。然而，在实践中，新型职业农民培训满意度指标主要以定性指标

---

❶ 李欢欢，黄瑾．"高素质善保教"幼儿教师培训模型之构建［J］．中国教育学刊，2019（2）：11 – 17.

❷ 陆恒．勿让满意度测评结果沦为"假"民意［J］．人民论坛，2018（15）：50 – 51.

为主、定量指标为辅，定性指标的主观随意性强，评价结果的科学性和代表性不高。由于缺乏相关分析、因子分析、层次分析法等科学的统计分析方法，在数据收集阶段简单地以"满意""一般""不满意"等作为评价选项，在统计分析时也没有根据新型职业农民培训各要素的重要程度、参训农民需求强烈程度分配权重，导致缺乏科学客观的数据支撑，从而影响了评价结果的可信度。

（四）重"即时效果"轻"延时效益"

培训在农村人力资源开发中的重要作用已经被广泛认可，培训是快速增进受训农民知识和技能、更新农民观念、提升农民素质的有效途径。农民职业素养的养成并非一朝一夕的事情，提升农民的综合素质也不是一次培训就能立刻见效的，这是由教育培训效果的滞后性决定的。调研中有培训主体表示："农民培训并不是培训一次就行了，是一个长期积累的过程。比如，之前有一个学员，开始叫她参加培训她不愿意，说这个有什么好培训的啊，我自己把茶叶种好不就行了，后来她通过两三年的培训，改变了理念，开阔了眼界，现在搞三产融合越做越好，成了培训班的老师，给学员讲课，现在有培训她的积极性不要太高啊。"还有一位合作社社长也说道："开始我认为我作为村干部要起到带头作用，每次培训我都不迟到不早退，认真听课，其实静下心来听听，你会发现每个老师讲的都有可听之处。老师可能会有一句话触动我，比如讲到种植结构调整，我回来也思考这个问题，搞了葡萄架下的秧田。从每次培训的点点滴滴中积累，积累很重要，每次学到一点，那么几年下来就能学到不少了。"然而，由于实践中延时效益难以测量，而且参训农民能够取得较好的职业发展也是多因素共同作用的结果。因此，很多培训机构仍然仅仅把新型职业农民培训当作"办班"，重视培训方案的设计、师资的选聘等培训班的组织、实施和服务等前期工作，对于训后跟踪还未引起重视。几乎还没有培训机构将受训农民的职业发展状况作为培训效果的评价考核指标。

（五）重"经济效益"轻"发展效益"

农民培训作为一种公共产品，不同于一般的企业培训，它始终坚持公平公正和非营利的理念，具有公平分配教育资源、服务大众、共享教育发展成果的价值。公益性的农民培训减少了农民的成本支出，帮助作为社会弱势群体的农民弥补了部分教育空白，是农民获取知识和提升能力的重要途径，也是帮助农民破除经济屏障、实现知识效益最大化的可靠途径。公益性培训与学校教育有着相似的教育目的，从长远来看，其根本目的是提升人的文化素养和综合素质，从而服务于社会生产力发展以及物质文明和精神文明建设。公益性的培训作为科学文化知识传播的重要形式，可以成为学校教育的有效补充，并与其构成完善的教育体系，为社会贡献智力成果。然而，在实践中，由于部分农民受到自身文化程度和综合素质的影响，难以对培训效果做出理性的评判。有些参训农民往往把培训当作致富的"速效药"，如果培训之后经济效益没有立刻改善就认为培训没有效果。这主要表现在部分农民急功近利的心态和不切实际的期望，认为一次培训结束就能立即创业成功，提高农业生产收益。这种仅仅将培训效果等同于短时间内获得高回报、高成就而忽视自身人力资本提升以及培训长期效益的非理性行为导致了对培训效果的认知偏差。正如访谈中一位培训主体说道："现在的新型职业农民培训和传统农民培训不一样，它其实是一个全方位升级的培训。它是从整体素质提高来培养新一代农民，不是教你一些专业知识，你就种起来了，就是成功的农民了，就是培训好了。它是国家培养新一代农民，不是原来的技术培训了，不光教你技术，还有销售等很多内容，有点儿像素质教育。但是，农民最后还是要讲经济效益的，对于农民来说，其实其他的都无所谓，说到底还是一个经济效益的问题。"

三、新型职业农民培训效果评价存在问题的原因分析

通过完成的培训数量、获取的证书、文档材料的检查和农民对培训满意度的测评评定新型职业农民培训效果的方式，不能客观反映培训在参训农民的全面可持续发展中的作用。究其原因，是新型职业农民培训效果评价没有突出农民在整个价值评价中的主体地位，衡量新型职业农民培训效果的"尺子"缺乏科学性。

（一）忽视参训农民的主体性

新型职业农民培训作为政府主导的公益项目，是政府通过对农民素质的提升来实现乡村振兴的重要举措。因此，对新型职业农民培训效果的评价要将受训农民作为重要的评价主体，重点评价农民通过培训"素质是否有所提高""提高的程度如何""对农村发展的贡献"等方面。这就不仅需要评价参训农民在培训中学习和获得农业生产、经营、管理的知识与技能，更为重要的是要评价参训农民是否能够在实际生产中有效地应用培训所学，给农业生产劳动带来一定的效益。正如访谈中当问及"您认为怎样的培训是有效的"时，F4 说道："主要要看农民是否想学，培训讲的内容对农民的工作是否有用，那些签完到就走了的培训肯定没啥效果啊。要做有针对性的培训，要讲实质性的内容。培训要讲到农民的心灵深处，比如你讲的我都知道，或者我根本听不懂，那我还学什么啊。"然而，实践中过度注重"数量指标"和"培训满意度"的评价标准容易导致对培训价值的片面认识，从而阻碍新型职业农民培训工作的顺利进展。因此，本研究认为在对新型职业农民培训效果进行评价时，除了强调参训人数、培训合格率等指标，更应关注作为重要的参与主体和培训最大受益者的参训农民在参加培训后是否学有所获，是否能够在实际工作中应用培训所学以及应用的程度。

（二）缺乏科学的评价工具

科学的效果评价在投资主体了解投资效果、组织机构提升管理绩效、培训主体提高培训质量、参训者提升人力资本等方面都能起到积极的作用。但是，由于地区差异、文化差异、个体差异、培训差异等因素，很难找到一套评价标准能够满足所有培训效果评价的要求。因此，科学有效地实施效果评价一直是教育培训链条中的薄弱环节，也是最难操作的一环。目前各培训主体除了完成任务指标，对参训农民培训效果评价的主要依据就是参训农民对培训的满意度，这主要缘于虽然满意度数据获取相对容易，但其是否能够作为评判参训农民培训效果的唯一指标？虽然参训农民对培训满意是其能够学到知识和技能的前提条件，但是否能等同于培训有效呢？答案显然是否定的。因此，需要构建一套既能够反映参训农民对培训组织、实施和服务的满意度，又能表征参训农民参训所学以及应用所学带来的收益的多指标评价标准，检测新型职业农民培训的效果。

第三节　理想尺度：新型职业农民培训效果评价的要素确定

效果评价是新型职业农民培训的重要环节，也是新型职业农民培训质量的重要保障。作为衡量新型职业农民培训效果的"尺子"，评价标准的开发至关重要。在开发新型职业农民培训效果评价标准之前，首先需要明确评价目的、评价主体、评价标准、评价指标等基本问题。

一、评价目的：人本性与工具性的统一

评价具有改进、监督、检查和导向等功能，对项目实施所取得的效果及其价值影响测评是一种十分有效的控制和规划手段。[1] 评价研究是管理学的重要内容，运用恰当的、科学的评价方法对项目实施情况进行评价，可以为投资者提供资金使用方向、进程和效率的全程监督，以便做出科学的决策；可以了解目标绩效与实际绩效的差距，帮助管理者协调和平衡意见、采取纠正措施、改进决策、改善服务质量。

就新型职业农民培训而言，国家和各级地方政府投入大量资金开展培训，急切需要了解项目价值是否实现。一方面，可以通过评价的工具价值了解新型职业农民培训工作的组织实施情况、人才培养数量等；另一方面，新型职业农民培训作为教育培训的一部分，也需要通过评价的人本价值了解受训农民知识和技能的提升情况、职业发展情况等。因此，对新型职业农民培训进行效果评价时要做到工具性与人

---

[1] 洪春蓉，刘克勤. 新型农民学院绩效评价体系构建［J］. 教育发展研究，2016（7）：52－58.

本性相统一，既有助于政府了解项目开发的绩效和目标的达成度，又有助于促进新型职业农民职业的可持续发展。

二、评价主体：受训者与培训者协同

由价值的概念可知，价值是对客体的一种主观认识，因而不同的主体对客体的价值认识也会有所差异。就新型职业农民培训效果这一价值客体而言，主要涉及政府、培训机构和参训农民三个价值主体，他们出于不同的目的对新型职业农民培训的价值有着不同的认识。例如，政府作为项目的设计者如果主要想了解项目是否应该继续实施，那么评价对象就是项目本身，评价内容则侧重于成本和收益的计算；如果是为了选择项目实施机构，那么评价对象就是各培训机构，评价内容就是项目实施过程中的组织管理绩效；如果是为了了解人才队伍建设情况，那么评价对象就应该是参训农民，评价内容就是其知识、能力和素质的获得情况。培训机构作为项目实施主体，如果为了改进培训方案或者提升受训者的人力资本，那么评价对象就应该是项目实施的对象，即受训者，评价内容就是培训的内容、师资、受训者的行为改变以及收益等；如果是为了完成上级任务，那么评价内容就是培训的数量。

实践中过度注重"培训者"的评价偏离了新型职业农民培训工作以人本价值为主导、多元价值共存的价值追求。新型职业农民培训效果应该主要反映参训农民的培训收获及其对培训所学的应用情况。因此，受训农民作为新型职业农民培训最直接的参与者和最大受益者，理应成为评价培训效果的重要主体，通过设计科学的评价指标体系对参训农民参训的真实感受、实际收获以及带动效应进行测量，能够准确、有效地反映新型职业农民培训的价值。

三、评价标准：即时效果和延时效益并举

关于评价标准的问题，不同的评价主体、不同的学者有不同的看法。有些学者从受训者对培训是否满意的视角对培训效果进行测量；有些学者通过测试受训者培训前后对知识的掌握情况测定培训效果；

有些学者通过对比受训者在培训前后思维、行为的改变和生产效率的提高程度评定培训效果；也有学者根据受训者的收入增长情况来评价培训效果。总体来说，学者们从不同的视角、选择不同的标准对培训效果的一个或多个方面进行分析，总结培训在质量、速度、成本和创新等方面取得的效果。

第一，考虑到培训作为教育的一种形式，对教育的投资不同于其他形式的投资，其效果显现通常无法立竿见影，而是在一段时间之后，尤其是当受训者的工作内容与培训学习产生交集时才能逐渐显现，培训效果的滞后性特点也使受训者更多地将注意力放在即时效应上而容易忽视延时效益。因此，培训作为一种作用于人的活动，要保证质量、取得成效，既要重视培训的即时效果，又要重视其延时效益，将两者结合起来。

第二，新型职业农民培训作为公益性培训，政府作为培训服务的主要供给者，不仅追求成本收益的最优解，而且常常需要通过经济上看似无效的支出来换取社会管理效益。因此，培训效果评价不仅关注参训农民个人收入提升等直接的经济效益，更关注培训作用于个人而产生的农民群体地位的改变、农村社会组织的发展等间接的社会效益。经济效益的投入—产出投资回报率相对容易计算，并且在一个农业生产周期内即可得知，然而农民群体地位和社会环境的改变等社会效益并非一朝一夕能够表现出来，需要长期的、持续的投入才能显现。因此，作为政府主导的公益性培训项目，新型职业农民培训的效果评价标准应该既包括培训给农民带来的即时性经济收益，也包括培训给农民和农村带来的延时性社会效益。

四、评价指标：效率和效益兼顾

评价指标和指标权重能有效回答"哪些内容能准确反映培训的效果""这些内容能在多大程度上反映培训效果"等问题。评价指标的设计是培训效果评价的重要环节，指标的选取体现着评价内容的科学性，制约着评价的信效度。就现有研究来看，为了体现评价的客观性、公正性和实用性，评价指标逐步由单一指标向多样化指标发展，定量指标和定性指标相结合，动态指标和静态指标相结合。❶ 在制定指标时，一般需要根据评价目的选择合适的评价对象，从多角度、多层次确定评价内容，制定评价指标，收集数据，合理确定各指标的权重等。

以上研究表明，新型职业农民培训效果评价指标设计既要注重目标管理层面的效率，又要注重职业培训层面的效益。注重效率就要关注培训任务完成率、培训考核通过率、结业证书获取率等量化指标，同时也要关注教育教学规律和人才成长规律，根据规律对培训组织、实施和制度建设等非量化指标进行评价，通过不断调整资源配置方案来提高培训质量。注重效益则要求注重培训的结果，关注经过培训的新型职业农民是否能够符合现代农业发展的需要，培训是否有助于参训农民个人职业的发展、能否促进社会经济的发展等。然而，在实践中，注重效率而忽视效益的现状难以全面展现新型职业农民培训的真实效果。因此，要了解新型职业农民培训价值的实现程度，亟须开发一套能够体现实际效益的新型职业农民培训效果评价指标体系。

（一）以"效率"为中介

效率是指单位时间内完成的工作量。从教育经济学的视角来看，教育通常被视为一种生产活动或经济活动，教育效率即为教育资源的投入与直接产出之比，常用毕业率、升学率、设施设备使用率等量化指标测量；从教育管理学的视角来看，教育效率除了考虑教育经济学中的教育资源投入与直接产出之比，更多地考虑教学组织、实施和制度保障等方面的投入以及学习者学业成就方面的产出。❷ 新型职业农民培训作为农村人才队伍建设的公益性项目，必然注重效率，关注培训过程中资源的投入与产出。但新型职业农民培训活动也不同于一般的生产活动或经济活动，人才的培养有着自身的规律，并且具有一定的滞后性。因此，新型职业农民培训不能简单地追求单位时间培养人

---

❶ 胡芳，唐仲平，黄文杰. 项目后评价方法综述 [J]. 中国电力教育，2005（S3）：150 – 152.

❷ 张馨予. 基于 CIPP 模式的卓越教师培养评价指标体系建构 [D]. 杭州：浙江师范大学，2019.

才的数量，而要通过改善教学组织、教学实施和制度保障等途径对有限的培训经费与资源进行优化配置，以期实现培训效果的最大化。

（二）以"效益"为目的

效益是指效果和收益。根据有效教学理论对"有效培训"内涵的理解，本研究认为"培训效益"可以从培训结果与预期培训目标的吻合度、投入和产出（效果）之比、培训活动的收益和价值的实现程度等方面理解。具体而言，就是从培训实践与价值追求是否吻合、培训实践与个人及社会发展的吻合程度三个方面加以界定。我国学者把教育效益分为外部效益和内部效益，外部效益强调教育对社会政治、经济、文化等方面的长远影响，内部效益强调教育对教育活动参与者（教学管理者、教师、学习者等）自身生存与发展的影响。❶ 由新型职业农民培训的价值可知，新型职业农民培训不仅要满足参训农民个人的生存与发展需求，还要通过对参训农民知识与技能的培训、职业理念的改变、职业道德的培养、社会责任意识的增强，使其能够带动更多小农户与现代农业有效衔接，促进整个农村社会经济的全面发展。

由于实践中依然存在是"争效率"还是"看效益"的迷思，新型职业农民培训工作仍然存在"效率优先"的实践导向，过分强调"培训任务完成率"而忽视了"培训实际效益"。因此，我们需要转变以"效率"为导向的评价观念，构建一个能够兼顾效率和效益，重点考察效益的多指标评价标准测评新型职业农民培训实践效果。

❶ 胡艺龄，顾小清，罗九同，等. 教育效益的追问：从学习分析技术的视角 ［J］. 现代远程教育研究，2014（6）：41－48.

第三章 标准开发：新型职业农民培训效果评价的指标体系

新型职业农民培训在农村人力资源开发、现代农业发展和乡村振兴战略的实现中扮演着重要的角色。经过多年的实践，我国新型职业农民培训效果到底如何？为了了解新型职业农民培训的效果，更好地明确农民培训工作的方向，构建科学的新型职业农民培训效果评价标准对农民培训实践效果进行测评就显得尤为重要。

第一节 新型职业农民培训效果评价指标体系构建的思路与方法

新型职业农民培训效果评价指标体系是科学评价新型职业农民培训效果的重要载体，也是后续问卷编制的重要依据。指标的构建并非一蹴而就的事情，需要不断地完善和修正。新型职业农民培训效果评价指标体系构建，需要根据一定的思路、遵循特定的原则、采用合适的方法。

一、构建思路

本研究构建新型职业农民培训效果评价指标体系的基本思路：首先通过对相关理论和现有文献的研究，对被评价对象进行操作化定义，确定评价维度；然后根据评价维度设计半结构化访谈提纲，选取访谈对象进行深入访谈，分析访谈资料并结合文献研究的结果构建测量指标，邀请专家对所构建指标体系的完整性和逻辑性进行检验，形成初步的培训效果评价指标体系。

二、构建原则

构建一套科学的新型职业农民培训效果评价指标体系，全面考察新型职业农民培训的实践效果，一方面有助于了解新型职业农民培训项目的实际效果，为政府部门资源的优化配置提供政策建议；另一方面有助于及时发现培训存在的问题，便于调整完善培训设计与实施。为了构建切实可行的新型职业农民培训效果评价指标体系，本研究在构建过程中遵循以下四个原则。

（一）科学全面性原则

新型职业农民培训工作是一项复杂的系统工程，其既涉及培训前的需求调研、目标制定、方案设计、资源准备等，又涉及培训中培训内容的讲解、培训方法的运用和培训模式的选择等，还涉及培训后的跟踪服务、技术指导和成果转化等多方面的内容。因此，本研究所确立的新型职业农民培训效果评价指标要能准确、客观地反映新型职业农民培训的全过程，新型职业农民参与培训的收获，培训给新型职业农民带来的行为、态度、价值观的改变，以及培训成果转化带来的经济收益、农业收益和社会收益等的真实情况，这就要求按照一定原则划分评价指标，做到结构合理、层次分明。科学、系统的评价指标体系是全面衡量新型职业农民培训效果的有效工具。

（二）动态精准性原则

我国新型职业农民培训效果评价还处于起步阶段，这既与我国效果评价理论研究进展缓慢有关，也与教育培训效果的滞后性与间接性有关。新型职业农民培训是否有效，有时候并不会立即体现，而是一个动态积累和变化的过程。正是由于培训效果的滞后性和间接性，使得我们难以在短时间内做出真实有效的效果评价，加上新型职业农民从"新手"到"专家"经历着不同的职业发展阶段，不同的发展阶段又有不同的需求。因此，在制定新型职业农民培训效果评价指标体系时，既要设置新型职业农民培训实践的过程性指标，又要设置能够体现新型职业农民培训一结束就立即能够感受到的即时效果指标，还要设置能够反映培训迁移、培训应用和成果转化等的延时效果指标，通过过程性指标、即时效果指标和延时效果指标综合表征新型职业农民培训促进参训农民职业发展和社会发展的效果。

（三）具体可操作性原则

新型职业农民培训效果评价的目的是全面掌握有效信息和培训现状，及时发现问题、分析原因，改善新型职业农民培训工作，切实提高新型职业农民培训效能。这就要求制定的新型职业农民培训效果评价指标是具体的且具有可操作性，能够真实反映培训效果。因此，评价指标的选取应符合新型职业农民培训的实际情况，尽量采用定性和定量相结合的方法，确保评价指标数据的可获取性和可量化性；同时，各个指标都应该能反映相对独立的信息，具有不可替代性。

（四）有效实用性原则

一方面，有效性是指构建的新型职业农民培训效果评价指标必须能够真实反映新型职业农民培训的实效，体现新型职业农民培训促进社会发展和农民职业发展的目的，即构建的新型职业农民培训效果评价指标要最大限度地反映培训应该达到的效果，能够尽可能多地测量出想要测量的内容。另一方面，实用性是指评价过程简便，易于操作，因此应该尽量避免设置庞大而层次复杂的指标体系，尽可能采用少而精的指标来表征尽可能多的信息。同时，指标的实用性还表现在构建的指标要易于采集数据，可以通过现成的统计数据、问卷调查或者现场访谈等方式获取评价所需的数据。

三、构建流程

新型职业农民培训效果评价指标体系包括指标框架要素、指标标准和指标权重三个方面。为了构建尽可能科学合理的评价指标体系来测评新型职业农民培训效果，笔者综合运用文献研究法、深度访谈法、专家咨询法、问卷调查法等研究方法构建新型职业农民培训效果评价指标体系。具体而言，分为两个阶段：一是新型职业农民培训效果评价指标的选取和确定；二是新型职业农民培训效果评价指标的权重确定。具体流程如图 3 – 1 所示。

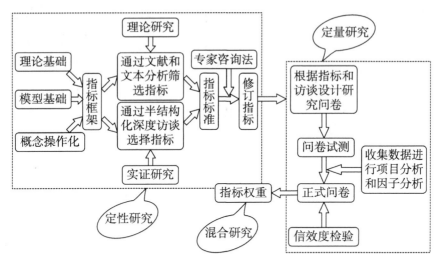

图 3 – 1 新型职业农民培训效果评价指标体系构建流程

1. 新型职业农民培训效果评价指标体系的框架构建

通过对成人教育学相关理论、培训效果评价模型及培训效果的表征探讨，为新型职业农民培训效果评价指标体系的构建提供理论基础。根据为乡村振兴、现代农业农村发展提供人才支撑和农民自身可持续发展的目的，以及培训效果的内涵、研究对象"因需而学""学有所获""学以致用""用之有效"的特征，本研究在界定培训效果内涵的基础上，综合借鉴层级效果评价模型、成人教育学理论，初步构想了新型职业农民培训效果评价指标体系的一级维度。

2. 新型职业农民培训效果评价指标体系的指标标准构建

标准建设主要分为初建和最终确定两个阶段。在初建阶段，研究者在对新型职业农民，尤其是新型农业经营主体带头人等高素质农民的内涵与特征，新型职业农民培训需求、现状与效果等方面的文献分析，关于新型职业农民认定管理办法等政策的文本分析，以及预调研过程中收集到的江苏各地的新型职业农民培训实施方案的初步分析的基础上，预选了相关指标。为了确保不遗漏重要的指标，并且使新型职业农民培训效果评价指标更具针对性，笔者根据初步选取的效果评价框架要素制定半结构化访谈提纲，对江苏省参加过生产经营型新型职业农民培训的农民进行一对一深入访谈，通过对访谈资料的整理，并结合文献研究的结果，初步筛选指标。为了进一步保证指标的完整性和逻辑性，本研究选取了新型职业农民研究专家、教育评价专家、新型职业农民培训组织者、新型职业农民培训教师和参训农民等进行咨询，围绕预选的新型职业农民培训效果评价指标，在适切性、结构性和全面性等方面进行讨论。通过讨论，一方面可以对文献和访谈构建的指标体系进行相互印证；另一方面可以进一步修改完善基于文献和访谈的预选指标，有助于形成新型职业农民培训效果评价初始指标。

新型职业农民培训效果评价初始指标形成后，需要对初建的指标进行修正与完善。基于指标体系，结合访谈，设计"新型职业农民培训效果问卷"的题项。为了提高问卷测量的效度，便于目标群体对问卷题项的理解，笔者再次对新型职业农民研究专家、培训组织人员、培训教师和新型职业农民进行访谈，根据专家的意见对问卷进行修订调整，形成预测卷。用预测卷对江苏省参与过新型职业农民培训的生产经营型新型职业农民进行试测，利用 SPSS 统计软件对测试问卷收集的数据进行项目分析和因素分析，筛选出能表征新型职业农民培训效果的重要指标，根据统计结果对问卷进行修正，确定问卷的可行性和可靠性，最终确定问卷。同时，根据因素的共同特征对各类因素归类命名，修正初始的新型职业农民培训效果评价指标体系。

3. 新型职业农民培训效果评价指标体系权重的确定

由于每个指标能够反映新型职业农民培训效果的程度不一，因而需要对各级指标赋权。首先将本研究的一级指标和二级指标构建成两两比对的判断矩阵，然后邀请专家对评价指标体系进行两两比对打分，再运用层次分析法对专家的打分结果进行重要性排序计算和一致性检验，获得新型职业农民培训效果评价指标各维度的权重系数。

四、构建方法

选择恰当的研究方法对研究问题和研究对象进行深挖非常重要，在社会学研究领域，使用最为广泛的两种研究方法是质性研究和量化研究。质和量的研究方法具有互补性，其排他性主要源于背后的哲学基础。量化研究方法遵循"科学主义"的路线，是一种基于实证主义的"文化客位"方式。开展量化研究的前提是事物具有内在固定、可重复发生的规律，研究对象不依赖研究者而独立存在。量的研究十分强调操作工具的规范性、科学性以及数据收集的代表性与精确性，不考虑研究者本身的影响。而质性研究则体现"人文主义"精神，是一种建立在后实证主义、建构主义和批判理论基础上的"文化主位"方式。质性研究以丰富翔实的细节与情境描述见长，强调研究者与研究对象的互动过程，因此，研究活动的情境、研究者与被研究者之间的关系，以及研究者看待问题的角度与方式等都会影响研究的进程和结果。❶ 社会科学研究并非要将质性研究和量化研究完全对立起来，而是希望两者能够作为连续统一体发挥各自优势，通过对研究对象进行详细、全面、个性化的描述，进而把握其整体发展态势。选择不同的研究方法就决定了不同的研究角度与立论基础。本研究根据研究问题与具体情境，在新型职业农民培训效果评价指标体系构建阶段，本着理论与实践相结合、定量与定性相结合的原则，首先通过文献研究法构建出新型职业农民培训效果评价指标体系的框架，再通过文献研究法、深度访谈法和专家法等质性研究方法初步构建指标，然后根据初步构建的指标体系开发问卷进行数据收集，利用 SPSS 软件对调查结果进行客观定量分析，最终确定指标体系。具体而言，在指标体系的构建过程中，主要用到了文献研究法、深度访谈法、专家咨询法、问卷调查法等不同的质性和量化研究方法。

第二节　新型职业农民培训效果评价指标体系的框架构建

为了构建能够科学地反映新型职业农民培训效果的评价指标体系，本研究首先对成人教育学理论和现有的效果评价模型进行分析，

❶　陈向明. 质的研究方法与社会科学研究［M］. 北京：教育科学出版社，2000：9-11.

然后对"培训效果"这一核心概念进行操作化界定，最后结合现有培训评价模型、已有理论基础、相关文献和政策文本，确定新型职业农民培训效果评价指标体系框架。

一、理论依据：马尔科姆·诺尔斯的成人教育学理论

从成人教育被作为实践性的专业建立以来，关于成人的学习研究主要经历了"成人是否能学习""成人学习与青少年学习的差异""成人是如何学习的"三个阶段。"成人是如何学习的"这一问题一直是成人教育专家和学者关心的核心问题，经过一个多世纪的研究，还未找到可以解释成人学习问题的统一答案、理论或者模型，现有研究仅是解释成人学习问题的基础理论、基本原则和各种模型的拼图，而在这幅拼图中，"成人教育学"和"自我导向学习"是其中最重要的两片拼块。❶ 其中，最著名的成果是由马尔科姆·诺尔斯提出的。诺尔斯认为"成人教育是帮助成人学习的科学和艺术"，基于成人学习与青少年学习的区别（见表3-1），他提出五个基本假设，为成人教育学成为独立的学科奠定了理论基础。

表3-1　成人学习与青少年学习的区别

教育对象	学习目的	学习方式与任务	参与性	资源获取
青少年	为将来做准备	教师主导，传授系统知识	被动	主要来自教师
成人	即学即用，学用结合	相对独立，以问题为中心，解决实际问题	主动	来自教师、学习资料、同行和自己的工作经验等

（一）马尔科姆·诺尔斯成人教育学理论的主要观点

马尔科姆·诺尔斯的成人教育学理论以人本主义为哲学基础，积极吸收人本主义重视个人成长和发展的观点，❷ 在肯定年龄增长对成

---

❶ 梅里安. 成人学习理论的新进展［M］. 黄健，等译. 北京：中国人民大学出版社，2006：5.

❷ 达肯沃尔德，梅里安. 成人教育：实践的基础［M］. 刘宪之，等译. 北京：教育科学出版社，1986：102.

人学习者学习的负面影响的同时，也强调因经验增长和适应能力增强等因素对学习能力提高的积极影响。成人教育学理论的中心观点主要可以概括为以下三点。❶

1. 成人的学习是以自我导向学习为主要方式的学习

针对传统的"成人教育儿童化"倾向，越来越多的学者提出"视成人为成人"的观点。诺尔斯认为，随着个体的不断成熟，随着他们自我概念的形成，他们从依赖型人格转向"独立或者在别人的帮助下完成学习过程"的自我导向的、独立的人，其关注的焦点从教育转向学习。在诺尔斯看来，成人教育就是指导成人学习者转化为自我导向学习者，变成人"被动学习"为"主动学习"再到"会学习"的过程。成人教育研究者将成人本身视作学习的出发点和落脚点，强调成人学习的独特性，提出了"自我导向学习理论"。虽然自我导向模型最早不是诺尔斯提出的，但是诺尔斯在塔夫和霍尔的研究基础上给出了"由自身评断学习需要，形成学习目标，寻求学习资源，选择学习策略和评价学习结果的过程"❷ 这一自我导向学习的定义和基本假设。尤其是自终身教育思潮涌起以来，作为成人教育两大支柱之一的自我导向学习理论吸引了不少成人教育研究者的眼球（见表 3 - 2）。

马尔科姆·诺尔斯的自我导向学习过程包括营造氛围、诊断需求、设定目标、识别人力与物力资源、选择策略、评价效果六个主要步骤。诺尔斯认为有效帮助成人学习的方式是通过签订"学习契约"来协调社会、职业、岗位发展的外在需求和成人自身职业能力与素质提升的内在需求，成人学习者与提供者共同参与需求诊断、目标形成、资源选择、计划执行和成绩评价等过程，从而达到"为成人提供高度个性化、结构化的学习计划"❸ 的目的。

---

❶ KNOWLES M S. The Modern Practice of Adult Education：From Pedagogy to Andragogy［M］. New York：Cambridge Press, 1980：56 - 78.

❷ 梅里安, 凯弗瑞拉. 成人学习的综合研究与实践指导［M］. 2 版. 黄健, 等译. 北京：中国人民大学出版社, 2011：268.

❸ KNOWLES M S. The Modern Practice of Adult Education：From Pedagogy to Andragogy［M］. New York：Cambridge Press, 1980：77.

表 3 - 2　自我导向学习理论的主要贡献❶

代表人物	主要贡献	模型特点
赛瑞尔·霍尔	发现了成人学习者自我导向学习的三种动机，奠定自我导向学习基础	线性模型，强调个体的、认知的自我管理
艾伦·塔夫	首次将自我导向学习作为一种学习方式进行全面描述	
马尔科姆·诺尔斯	给出了自我导向学习的基本定义和假设	
露西·艾姆·加格尔米诺	制作了包含态度、能力和个性特征的自我导向学习准备量表（SDLRS）	
戈瑞森	将批判性思维与自我导向学习相结合	交互性模型，个体的、认知的、情境的
拉尔夫·杰·布若卡特和哈姆斯特拉	提出个人职责导向（PRO）模型，认为自我导向学习是内部因素与外部因素的统一	
格罗欧	提出将自我导向观念融入正规教育的四阶段分层自我导向学习模型（SSDL）	指导性模型，背景调查，批判视角，个人和社会学习目标
哈蒙德和柯林斯	明确将促进解放学习和社会行动目标作为导向学习的核心原则	

2. 成人的学习是以成人已有经验为起点的学习

诺尔斯认为成人在平时的生活和工作中积累了丰富的经验，这些经验是成人非常重要的学习资源。成人的经验包括已有的学习基础（学历）、工作经验和个人经历。成人所具备的"自我概念"使得成人学习不再局限于被动地接受知识，而是在明确自己需要什么的基础上，在已有的知识和经验的基础上找到新知识的支撑点，通过创设有助于知识迁移的新环境，主动构建新的知识架构。但是，已有的知识和经验也容易使成人形成思维定式，造成学习障碍。由此可见，虽然

---

❶ 梅里安，凯弗瑞拉. 成人学习的综合研究与实践指导［M］. 2 版. 黄健，等译. 北京：中国人民大学出版社，2011：265 - 279.

成人学习者的学习比青少年更为独立，但是成人学习者仍然离不开教师、导师、学识渊博人士、同伴或者管理人员等的帮助与指导。正如格罗欧认为的，成人学习者的自我导向学习能力的形成是从低级向高级逐步进阶的，在低自我导向学习阶段，需要一位权威人物告诉他们做什么。❶ 因此，成人教育提供者通过创设有利于成人学习者交流探讨的学习氛围和环境，有利于成人学习者自我学习能力的养成。

3. 成人的学习是在明确需求基础上的"功利性"学习

在诺尔斯看来，成人的学习需求和学习内容与其自身社会角色的发展任务紧密相关。成人学习者在不同的发展阶段有着不同的"发展任务（development task）"，这就会产生不同的学习需要，当学习需要达到高峰时，就会呈现出"可教时机（teachable moment）"。❷ 由此可见，成人的学习具有一定的现实性和发展性，成人的学习准备状态，如成人对学习有效性的感知影响他们参与学习的积极性，从而影响其学习效果。另外，成人的学习是有目的的，是学以致用、学用结合的学习。从诺尔斯的假设来看，成人学习的目的不再是为将来的就业和生活做准备，而是解决生活和工作中遇到的实际问题，即从为未来准备知识、知识的未来应用转变为适应社会及个人职业发展，包括提升学历并取得学历证书、适应工作、更新知识和提高技能、转换工作等需要的即学即用学习。这种"功利性"的学习目的表明成人学习者有着明确的学习需求与学习目标，成人教育提供者需要以"问题为中心"的学习方式替代传统的传授系统学科知识的教学方式。

（二）马尔科姆·诺尔斯的成人教育学理论对本研究的启示

马尔科姆·诺尔斯的成人教育学理论因有助于理解作为学习者的成人而被全世界成人教育工作者广泛采用，诺尔斯在塔夫和霍尔的研究的基础上对自我导向学习的全面描述以另一种模式呈现，成为成人教育界研究的焦点。通过对诺尔斯的成人教育学理论和自我导向学习

---

❶ 梅里安，凯弗瑞拉. 成人学习的综合研究与实践指导［M］. 2 版. 黄健，等译. 北京：中国人民大学出版社，2011：277.

❷ 刘良华，何显寿. 国外成人教育研究的新进展［J］. 西南师范大学学报（哲学社会科学版），1996（4）：107－111.

观点的梳理，为新型职业农民培训效果评价指标体系的构建提供了理论依据。诺尔斯的成人教育学理论对本研究有以下三个方面的启示。

1. 新型职业农民作为成人学习者有着明确的学习需求

新型职业农民是否参与培训主要考虑两个方面：一是培训机构提供的培训内容，培训时间、地点和模式等与他们的需求是否契合；二是培训对他们是否有效，包括培训是否能提高他们的物质生活水平或者丰富他们的精神生活，例如，满足他们的求知欲望、能够在工作中取得成就或者拓展他们的社会关系等。只有当他们感受到培训是符合其需要的、是有效的，他们才愿意参与。因此，作为培训供给方，在培训开始前要做好充分的调研，明确不同类型、不同层次新型职业农民的不同需求，对调研结果进行分类统计，根据统计结果制定不同类别的培训目标，选择不同类型的培训内容与方式。

2. 新型职业农民作为成人学习者有着丰富的生活与工作经验

根据诺尔斯的观点，培训供给方要通过恰当的方式，如同伴讨论交流、现场教学、跟踪服务等，帮助新型职业农民基于自身丰富的经验构建新的知识体系，不断提高自我导向学习的能力。因此，新型职业农民培训方式应该表现出一定的多样性和灵活性，培训教师的主要作用是在基于受训农民已有的知识经验增加其知识和技能的同时，帮助他们改变观念和态度，培养自我学习能力，即既要考虑培训为新型职业农民带来的即时效应，也要考虑提升农民自我导向学习能力等长远效应，这不是一次短期培训能够实现的目标，是需要经过长期的、多次间断的培训共同作用的结果，因而需要政府部门做好通盘考虑和顶层设计。

3. 新型职业农民作为成人学习者有着清晰的学习目的

成人"功利性"的学习目的使其希望通过培训获得"立竿见影"的效果。根据诺尔斯的观点，成人学习者不再是为了储备知识而学习，而是为了能够学用结合、学以致用，运用所学知识立即解决工作中的问题。因此，我们要改变缺乏农民主体参与和设计的给予式培训现状，各级政府应紧密结合区域经济和产业发展情况以及农民的实际需求，针对区域产业发展及新型职业农民面临的困境，遵循新型职业农民作为成人学习者的学习规律，将"困境"转化为具体"问题"；通过问题归类合并，在区域、产业、农民需要和不同培训主体能够解决的相关问题之间找到平衡点，真正发挥各级培训主体的积极性。农广校、农业职业院校、职成教中心等培训主体应根据自己能够胜任的培训层次制定适切的培训计划，选择实用的、针对性强的、新颖的培训内容，提高培训的效能。

诺尔斯的成人教育学理论从"成人应该学习"到"成人要学习"再到"成人会学习"的逻辑主线❶，在注重成人学习者自我导向学习的同时，并没有忽视教育提供者的作用。通过对诺尔斯成人教育学理论的梳理与思考，笔者认为成人的学习不同于职前学生的学习，他们更多的是"学为行业之所需，行业为学之所依"，因此，他们的学习动机主要来源于自身，他们有着明确的学习目标和需求，他们的学习需求会随着社会和自身角色的变化而不断变化，他们有着非常丰富的生活经验和阅历，这些经验和阅历会被他们带入学习之中成为重要的学习资源，所以他们更喜欢学习与自己的生活和工作相关的内容，他们倾向于采用问题解决式的学习方式，他们学以致用的要求非常强烈。❷ 受诺尔斯成人学习特点的启示，本研究认为，构建新型职业农民培训效果评价指标体系时，可遵循"因需而学""学有所获""学以致用""用之有效"的逻辑思路。

二、模型依据：以柯氏四级模型为首的层级效果评价模型

（一）柯氏四级评价模型

1. 柯氏四级评价模型的主要内容

不同学者对评价的看法存在差异，有学者认为评价就是要求学员在培训结束时填写意见表格，也有学者认为评价就是对学员行为改变进行衡量，还有学者认为评价是对学员知识增长、技能提升和态度转

---

❶ 诺尔斯. 现代成人教育实践［M］. 廉延梓，译. 北京：人民教育出版社，1989：12.
❷ 梅里安. 成人学习理论的新进展［M］. 黄健，等译. 北京：中国人民大学出版社，2006：7－8.

变进行测量，更有学者认为评价是对最终结果进行衡量，等等。柯克帕特里克认为学者们的争论包括四个级别，这四个级别都很重要，但并不是所有的培训都需要包括这四个级别，有些培训只需要完成其中一个或者几个级别。为了澄清"评价"这个模糊的概念，柯克帕特里克于 1959 年在麦迪逊市的威斯康星州立大学撰写博士论文时想到了四级评价的概念，提出了包含学员反应层、学习层、行为改变层和业务结果层的柯氏四级评价模型（见表 3－3）。

表 3－3　柯氏四级评价模型的主要内容❶

评价层级	评价内容	评价方法	评价时机
学员反应层	学员对培训的满意程度	问卷法	培训结束时
学习层	学员的态度转变、知识扩充和技能提升	测试题、调查表	培训前后对比
行为改变层	学员行为转变的欲望和具体行为的改变	参观和访谈法	培训结束后 2~6 个月
业务结果层	学员所在组织的发展	实地调查	因人而异

柯氏四级评价模型作为职业培训效果评价模型研究的起点，是国内外最经典、影响力最大、应用最广泛的模型之一。柯克帕特里克认为柯氏四级评价模型从第一级学员反应层到第四级业务结果层，每个层级都很重要，每个层级都有不同的评价重点，而且上一层级的评价会影响下一层级的评价，它们之间存在层次关系，从第一层到第四层越来越复杂，所需时间也越来越多，但是可以获得更多重要信息。

第一层为学员反应层，主要衡量参训学员对培训的反应，也称顾客满意度测量。柯克帕特里克认为对学员反应进行评价可以让参训人员意识到培训人员提供培训是为了把工作做好，还可以给项目管理者、培训人员和参训人员提供极有价值的意见反馈，因而学员反应评价非常重要，可以设计一份想要了解事项的学员反应量化表格，花较少时间获取较多信息。由于实践起来比较简单，主要考察参训学员对

---

❶ 唐纳德·L. 柯克帕特里克，詹姆斯·D. 柯克帕特里克. 如何做好培训评估　柯氏四级评估法［M］. 3 版. 林祝君，冯学东，译. 北京：电子工业出版社，2015：30－77.

培训主题、内容、师资、设施条件等方面的满意度，因此成为大多数培训机构比较愿意采用的方式。

第二层为学习层，主要测试培训学员在培训前后的态度转变、知识扩充和技能提升情况。柯克帕特里克认为，若培训的是全新内容，只需在培训结束后测试参训学员的学习情况；如果参训人员已经有了相关知识和技能，最好在培训前后做对比测试。对于知识和技能掌握情况的评价比较容易，而对态度改变的评价较难，可以通过调查表的方式进行，但值得注意的是，不能为了得到测试者期望的答案而对学员给出的答案进行区分，要尽可能收集具体、详细的信息。

第三层为行为改变层，主要表现在行为转变的欲望、知道该做什么和怎么做、具备应用培训所学的工作氛围使培训获得回报等方面，这一层的目的是弄清楚学员参加培训后在工作和行为上会发生怎样的变化。当然，如果学员在行为上没有发生任何变化，也不能说明其在培训中没有学到任何东西，有可能是其工作不具备应用这些知识的氛围，因此前提是参训学员有机会改变自己的行为。学员将培训中学到的知识和技能运用到实际工作中，其行为发生改变需要一定的时间，所以为了提高评价的有效性，可以在培训结束之后 2～6 个月分别对参训人员和那些了解参训人员行为的人进行访谈与问卷调查。

第四层是业务结果层，行为的改变不是培训的最终结果，而是实现结果的手段。因此，这一层的评价上升到了组织的高度，表明培训给组织带来的产量增加、质量提高、成本降低、事故发生频率下降、事故严重程度减轻、销售收入增加、员工流动减少、企业利润增加等方面的发展。这一层是最重要也是最难处理的一层，一是因为培训人员不知道如何测量培训结果，二是即使他们知道怎样测量，也没有充足的证据证明这些积极有效的结果是通过培训获得的。于是，柯克帕特里克提出采用"优势证据"而不是"无可置否"的证据作为衡量培训业务的客观方法。❶

---

❶ 唐纳德·L.柯克帕特里克，詹姆斯·D.柯克帕特里克. 如何做好培训评估　柯氏四级评估法［M］. 3 版. 林祝君，冯学东，译. 北京：电子工业出版社，2015：30－77.

2. 对柯氏四级评价模型的评价与改进

柯氏四级评价模型的优势主要表现在：一是该模型由表及里、层层深入，比较符合人们的认知规律，有利于人们理解和实际应用，便于评价工作的开展。二是评价较为全面，学员反应层和学习层主要是对培训过程的评价，行为改变层和业务结果层主要是对培训结果的评价，其以受训者为评价主体，既考虑了参训学员对培训的满意程度的主观感受指标，也考虑了业务绩效提升的客观测量指标；既涵盖参训学员学习态度、学习动机、行为改变欲望等抽象的概念指标，又包括经济效益提高等具体指标；既包括培训的即时效果，也包含培训的滞后效果。可谓包含了从培训感知到学以致用、用之有效的所有内容，理论上对培训项目进行了全面的效果评价。三是不断地变化、发展和完善，不仅柯克帕特里克在对该模型进行补充完善，其他学者也在继承和发展中不断完善层级评价模型。该模型可以说是开创了培训效果层级评价的先河，得到了社会各界的广泛应用。

但经过实践检验，柯氏四级评价模型也暴露出一些漏洞和缺陷，遭到了一些质疑。对柯氏四级评价模型的争议主要体现在四个层级的逻辑关系、是否能定量评价以及评价内容的完整性方面。柯氏四级评价模型的假定是后一层级的评价要以前一层级为基础，不能随意省略或者跨越某一层级而跳到自认为重要的层级上，但有的学者❶认为，该模型的四个层级之间的逻辑关系不显著，或者并不是单向线性的；也有学者认为❷该模型过分强调反应层的作用，而误导人们运用顾客满意度测评替代整体效果评价，使一些培训主体为了获得较好的反馈结果而过多地将精力放在如何取悦受训者身上，而非如何使受训者学有所得、学以致用。这种过分强调学员反应层级、弱化其他层级的评价导向从根本上威胁了柯氏评价模型分层的必要性，导致培训的娱乐

---

❶ HOLTON E F. The flawed four – level evaluation model ［J］. Human Resource Development Quarterly, 1996, 7 (1): 5 – 21.

❷ MICHAL G V, COUSINS J B. Differences in stakeholder perceptions about training evaluation: A concept mapping / pattern matching investigation ［J］. Evaluation and Program Planning, 2000, 23 (2): 211 – 230.

功能超越教育功能的异化。有学者❶认为不应该将行为从结果中剥离开来，因为行为的转变就是一种结果。还有学者❷认为该模型无法对培训效益进行定量评价，现有的四个层级无法全面反映评价的过程，等等。

基于柯氏四级评价模型在实际运用中的缺陷，学者们纷纷在该模型的基础上进行研究，评价模型得到了不断发展，学者们纷纷加入成本—收益分析逻辑、组织效益评价和社会效益评价等，引进了量化分析，形成了五级甚至更多层级的评价模型，如1974年的汉姆布林（Hamblin）五层次评价模型、1991年的菲利普斯（Phillips）五层次投资回报率模型、1995年的考夫曼（Kaufman）五级评价模型❸和1996年的霍尔顿（Holton）模型等（见表3-4）。

表3-4 培训效果层级评价模型的演进

评价模型	层级
柯氏四级评价模型（1959年）	学员反应层、学习层、行为改变层、业务结果层
汉姆布林五层次评价模型（1974年）	反应层、学习效果层、工作行为层、执行层、组织目标层
菲利普斯五层次投资回报率模型（1991年）	反应和既定的活动层、学习层、在工作中的应用层、业务结果层、投资回报层
考夫曼五级评价模型（1995年）	所需资源可行性与反应内容层、掌握层、应用层、组织效益层、社会效益层
霍尔顿模型（1996年）	学习结果层、个人绩效层、组织绩效层

（二）CIPP评价模型

柯氏四级评价模型作为最早、最经典的评价研究模型之一，解释了培训的价值和意义，反映了培训主体和受训学员的期望，一直较受

❶ 李宝值，米松华，杨良山，等. 职业农民培训绩效评估研究述评［J］. 浙江农业学报，2018，30（1）：167-175.
❷ 夏艳玲. 培训效果评估理论综述［J］. 科教文汇，2006（1）：187-188.
❸ 范柏乃，阮连法. 干部教育培训绩效的评估指标、影响因素及优化路径研究［M］. 杭州：浙江大学出版社，2012：32-34.

欢迎，而且在实践中得到了继承和发展，其评价层级得到了细化。但是，以柯氏四级评价模型为代表的层级评价模型的共性问题是仅在培训结束后进行一次性评价，忽视了对培训过程的监控，不利于对培训项目进行持续的调整与改进。于是，有学者提出对培训效果层级模型进行修正，主张将评价贯穿于整个培训过程，即出现了以 CIPP 培训评价模型为代表的过程性评价模型。[❶]

1. CIPP 评价模型的主要内容

为了解决作为评价依据的目标是否合理、是否存在除预期目标以外的非预期目标、这些非预期目标是否需要评价以及如何评价等问题，斯塔弗尔比姆提出评价不能局限于目标的达成度，而应有助于培训方案的管理与改进，培训的最大目的在于为决策者提供信息服务，强调评价的改进作用。因此，斯塔弗尔比姆经过数年研究，在 1966 年提出 CIPP 评价模型。CIPP 评价模型的四项评价内容也是该模型实施的四个主要步骤（见表 3-5）。

表 3-5 CIPP 评价模型的主要内容[❷]

步骤	目的	内容	方法	类型
C	评价方案目标的合理性	了解相关环境；界定预期受益人并评定其需求；诊断满足需求必须克服的困难与障碍；了解可获得的软硬件资源和机会；评定方案、教学和服务目标的清晰度与适切性	文献法、文本分析法、访谈法、专家法等	诊断性评价
I	评价方案的可行性和有效性	收集培训涉及的人、财、物信息；评价培训资源；确定培训方案	文献法、调查法等	诊断性评价
P	监督检查方案实施过程，反馈信息	了解方案实施的进程和目标达成情况；分析偏离目标的原因；洞察潜在不利因素；及时调整决策；详细记录实施情况	访谈法、观察法等	过程性评价

❶ 边文娟. 企业培训效果评估理论综述［J］. 商业文化，2011（3）：69-70.

❷ 斯塔弗尔比姆. 评估模型［M］. 苏锦丽，译. 北京：北京大学出版社，2007：21-35.

步骤	目的	内容	方法	类型
P	培训目标达成度的衡量与解释	测量、判断、解释培训结果，确定需求的满足程度	访谈法、问卷法等	总结性评价

（1）内容背景评价。斯塔弗尔比姆认为：一是提出目标的人不了解学习者的情况，没有依据学习者的基础和实际制定目标，不同的教师对目标的理解存在差异。二是难以制定一个能够与学习者多变的需求和复杂的发展水平相对应的目标。因此，有必要对方案目标的合理性进行判断，背景评价应该成为评价的第一步：主要回答方案体现怎样的培训需求，需求的广度和深度如何等问题。

（2）输入评价。在确定了方案目标之后，需要考虑满足需求的备选方案、选择该备选方案的理由、所选方案的合理性以及成功率等问题。输入评价实质上是对方案可行性和效用性的评价，主要是对各种备选方案的优缺点加以识别并形成一个最佳方案的过程。

（3）过程评价。在确定方案之后，需要对方案实施过程进行监督和检查，主要考虑方案实施的流程、进度、方案本身和实施过程的完善性以及如何调整等问题，是对方案实施过程的全面观察与记录，目的在于调整、改进方案及其实施过程。

（4）结果评价。主要回答"得到了哪些肯定性的、否定性的、预期的、非预期的结果""投资者如何看待培训结果的价值""培训结果对学习者需求的满足程度如何"等问题，是在方案实施结束后进行的测量、判断与解释。

2. 对 CIPP 评价模型的评价与改进

CIPP 评价模型是从培训方案的形成、实施到效果的全面评价。CIPP 评价模型具有以下特点：一是决策导向功能。斯塔弗尔比姆认为教育评价不应局限于确定目标的达成度，而应是为教育决策提供有用信息的过程。❶ 由此可见，CIPP 评价模型是一种以管理为导向、重在

---

❶ 高振强. CIPP 教育评价模式述评［J］. 教学与管理, 1998（Z1）: 57－59.

为管理者提供信息，便于管理者对项目作出决策的评价模型，方案的目标并不是评价的重点。二是改进功能。斯塔弗尔比姆的基本观点是"not to prove but to improve"，即评价最重要的目的在于改进，而不是证明。❶ CIPP 评价模型主张评价不仅用于诊断问题，而是作为系统工具为管理机构提供有用的信息，以便改进方案。三是操作灵活。有学者认为 CIPP 评价模型使评价人员能够在需要时干预评价过程，无论是在项目实施之前还是期间，它还提供了只对一个组成部分进行评价的可能性，可以说 CIPP 评价模型为评价人员提供了一种有用而简单的评价工具。❷ 四是融合多种评价形式。CIPP 评价模式的评价主体包括培训组织、管理者、培训主体和受训者等利益相关者；评价时间包括培训前的诊断性评价、培训中的形成性评价和结束后的总结性评价；该模式试图将不同的评价主体、评价形式综合纳入不同阶段。五是运用多种研究方法。CIPP 评价模型在四个阶段分别运用了文献法、文本分析法、访谈法、问卷法、德尔菲法等不同的研究方法，提升了评价的科学性。六是评价内容较为广泛。既包括培训之前的需求评价、培训资源评价，又包括培训组织实施的过程评价，还包括培训结果的评价，有效地提高了培训需求与培训目标之间的契合度。

CIPP 评价模型将背景、输入、过程和结果看成是一个系统，有效地解释了受训者的需求评定、培训质量控制与培训结果之间的关系，使评价活动有章可循，增进了人们对教育评价重要性的认识。❸ 但是，该模型也有其不可避免的缺陷，主要表现在：一是预期与现实的差距。有学者认为在规划评价程序时，评价人员需要考虑可用的资源和时间。如果该模型需要比可用的时间或资源更多的时间或资源，则可能需要考虑另一种模型，因为此时评价者利用该模型将无法回答一些重要的问题。❹ 二是缺乏价值判断。一方面，该模型的评价过多地注

❶ 赵玮. CIPP 教育评价模式述评 [J]. 开放潮，2006（Z4）：58 – 59.

❷ HAKAN K, SEVAL F. CIPP evaluation model scale: Development, reliability and validity [J]. Procedia – Social and Behavioral Sciences, 2011: 15.

❸ 肖远军. CIPP 教育评价模式探析 [J]. 教育科学，2003（3）：42 – 45.

❹ HAKAN K, SEVAL F. CIPP evaluation model scale: Development, reliability and validity [J]. Procedia – Social and Behavioral Sciences, 2011: 15.

重描述性信息，不能揭示正面或者负面作用，缺乏价值上的判断。❶另一方面，该模型要求所有具有利害关系的人员都参与评价过程，这就形成了利害关系人之间的强依赖关系，评价过程易受利害关系人之间相互关系的影响，使评价者的独立性不强而导致评价结果失真。例如，如果 CIPP 评价模式主要是为决策者服务，评价主体就有可能只收集分析与决策报告相关的部分资料，而忽视决策者之外的其他需要与价值取向，降低了评价的有效性。❷ 正如斯塔弗尔比姆所说："评价者可能由于过于贴身参与而丧失独立、超然的看法，以至于无法提供一份客观坦率的评价报告。"❸ 三是使用范围窄。CIPP 评价模式的评价内容和步骤较为复杂，涉及收集信息、组织信息、分析信息、报告信息以及管理评价各项工作和多方面信息，这就需要各个部门、各类资源和信息的配合才能完成，所以不便于大众使用。

CIPP 评价模式与柯氏四级评价模型一起被称为培训评价的两个基础模型，CIPP 评价模型在实践中也在不断地完善和发展，主要是斯塔弗尔比姆对自己模型的反思完善和沃尔等的 CIRO 评价模型。斯塔弗尔比姆将成果评价分为影响、成效、可持续性和可应用性四个评价，构成七步评价模型，体现了评价的全程性、过程性和反馈性，增强了模型的适用性。沃尔等在完善斯塔弗尔比姆的评价模型中提出包含背景、输入、反应、输出四个阶段的评价，其中背景阶段还提出了最终目标、直接目标和中间目标三个目标层次。不管是完善后的 CIPP 评价模型还是 CIRO 评价模型，都将评价全程切入整个培训项目中，逐步走向了综合的趋势。

（三）现有职业培训效果评价模型的总结与启示

通过对现有的国外主要培训效果评价模型的比较分析可知，职业培训效果评价模型始于柯氏四级评价模型，后续评价理论的研究并没

---

❶ 赵凤娟. 国内外教育教学评价的主要模式及其比较［J］. 黑龙江教育（高教研究与评估），2007（Z1）：166－167.

❷ BLAINE R，JAMES R. Sanders Education Evaluation：Alternative Approaches and Practical Guidelines［M］. New York and London：Longman，1981：84.

❸ 斯塔弗尔比姆. 评估模型［M］. 苏锦丽，译. 北京：北京大学出版社，2007：86.

有在理论上完全超越柯克帕特里克，而只是在评价范畴和评价方法上做了一些改进。可以说后续关于职业培训效果评价模型研究的改进是在继承柯氏四级评价模型的基础上的渐进式发展。学者们在继承、批判和完善柯氏四级评价模型的过程中，通过增加层级、细化层级，区分过程性、结果性和有效性等手段，使评价模型得到发展❶。在对柯氏四级模型不断修正发展的过程中，根据不同的分类标准有不同的分类方式，从模型演进的路径来看，后续模型主要是沿着两条演进路径发展的，如图 3 - 2 所示。一条是层级评价模型。保持柯氏四级评价模型的框架不变，通过不断细化和增加层级来完善评价内容，如哈布林五层次评价模型、菲利普斯五层次投资回报率模型和考夫曼五级评价模型等。另一条是流程评价模型。针对柯氏四级评价模型"终结性评价"的弊端，提出了以"过程性评价"为主的流程评价模型，如CIPP 评价模型和 CIRO 评价模型。

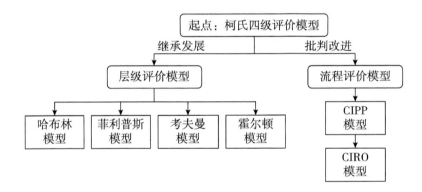

图 3 - 2　培训评价模型演进路径

　　虽说后续评价模型都是在柯氏模型的基础上发展起来的，但是各模型都有自身的特点。从两条演进路径来看，采用了不同的研究视角，有的是从为投资者计算投资回报率的角度，有的是从受训者个体发展、组织发展和成本收益的角度，有的是从培训实施者优化培训方案的角度，有的是从培训管理者提高管理效益的角度，有的是从受训

---

　　❶　李宝值，米松华，杨良山，等. 职业农民培训绩效评估研究述评 [J]. 浙江农业学报，2018，30（1）：167 - 175.

者成本—收益的经济效益角度，等等。但是，不管是层级模型还是流程模型，几乎没能跳出柯氏模型的评价内容的框架，评价领域几乎都包含对学员培训需求的契合度，学员对培训内容、方法、师资、组织实施等各方面的满意度，学员对培训知识和技能等内容的掌握程度，学员培训后态度的转变情况，学员对培训内容的应用情况，学员培训后对个人、组织和社会发展的情况等评价（见表3-6）。

表3-6 现有主要评价模型的评价内容汇总

模型	特点	评价内容
柯氏模型	从反应学员、学习、行为和结果四个层面对效果进行评价，层层递进，符合认知规律，容易理解和应用	满意度、内容掌握程度、内容的应用和态度转变情况、业务结果
哈布林模型	增加了成本收益分析和评价结果对目标的影响；增加了组织目标评价，强化了评价的发展功能	满意度、内容掌握程度、内容的应用情况、成本收益分析、组织目标
菲利普斯模型	增加了投资回报率的量化测量	满意度、内容掌握程度、内容的应用情况、业务结果、投资回报率计算
考夫曼模型	增加了社会效益的评价	可行性和满意度、内容掌握程度、内容应用情况、组织效益、社会效益
霍尔顿模型	将培训绩效重新划分为学习结果、个人绩效和组织绩效三个层次，并构建了包含动机、能力和环境的影响因素模型	学习结果、个人绩效、组织绩效、影响因素
CIPP 模型	不仅对结果进行评价，还将评价纳入整个培训过程，分为背景、输入、过程和结果四个流程的评价	背景需求、资源、进度和程序、结果
CIRO 模型	将评价切入整个培训过程	目标、资源、反馈信息、结果

国外各种评价模型各具特点，都有自身的优点、缺点和适用范围，可以说这些评价模型从不同角度、不同层次为后续教育培训评价

工作的研究提供了思路，奠定了基础。我们可以根据自身的研究目的，考虑综合运用各种评价模型的优势，对教育培训工作进行有效评价。本研究考虑到我国政府主导的生产经营型新型职业农民培训的特点：现有培训多为短期培训或者分阶段培训，难以采用充分互动形式将评价活动切入某次培训的过程中，无法及时、全面收集信息反映培训效果，改进培训，也就无法发挥流程模型的过程性优势，拟将培训效果层级评价模型作为新型职业农民培训效果评价模型的基础，从学员反应、学习、行为改变、业务结果等方面层层深入地对新型职业农民培训的实际效果进行测评。

三、指标体系维度：新型职业农民培训效果的可观测表征

本研究的一项至关重要的核心工作就是开发新型职业农民培训效果评价指标体系，探究被评价对象——"培训效果"的内涵和操作化定义是构建新型职业农民培训效果评价指标体系的第一步，也是确定评价指标体系的基础。概念的界定仅解决了概念名义定义的内涵问题，相当于划定了概念内涵的具体范围，对于经验性社会调查来说，还需要使其转化成能具体观察和测量的事物，即对其进行操作化处理。对概念操作化处理通常的做法是先列出概念的维度，再建立测量指标。❶ 因此，对概念进行操作化处理，主要包括两个方面的工作：一是澄清和界定概念，准确理解概念的内涵和表现形式；二是发展测量指标。❷

（一）新型职业农民培训效果的内涵

准确界定培训效果的内涵，是制定新型职业农民培训效果评价指标体系的先决条件。关于培训效果的内涵，国内外学者至今未形成统一的认识，代表性观点见表3－7。通过分析归纳这些研究可见，随着人们对培训效果内涵认识的不断深入，培训效果的概念也越来越丰富，从知识和技能的提升，到获得解决问题的技能，再到培训带来的

❶ 风笑天．社会调查中的问卷设计 ［M］．北京：中国人民大学出版社，2014：31.
❷ 风笑天．社会调查中的问卷设计 ［M］．北京：中国人民大学出版社，2014：30.

情感体验等。

表 3 - 7　国内外学者关于培训效果的代表性观点

作者	主要观点
Robinson 和 Robinson❶	通过受训者知识和技术的提升体现出来
Gordon❷	通过培训之后绩效的改变才能体现出来
Redding❸	培训效果是指获得解决问题的技能，并且这些技能能够被迁移和运用
Murphy❹	培训效果是与其工作的组织或目标有关的行为
Bernardin❺	培训效果是与组织目标、顾客满意度和资金投入相关的工作结果
萧鸣政和刘迫❻	培训效果是受训者从培训中获得的收益
Spencer❼	认为效果即能力
雷蒙德・A. 诺伊❽	认知效果、技能效果、情感效果、绩效效果及投资回报率
斯旺森❾	认知效果、学习效果和绩效效果

雷蒙德・A. 诺伊将培训效果分成认知效果、技能效果、情感效果、绩效效果及投资回报率五个维度。斯旺森则将培训效果分成认知效果、学习效果和绩效效果三个维度。综观现有关于"培训效果"内

---

❶ ROBINSON D G, ROBINSON J G. Breaking barriers to skill transfer [J]. Training and Development Journal, 1985, 394 (1): 82 - 83.

❷ GORDON J. Transfer of taining [J]. Training, 1989, 26 (11): 72 - 75.

❸ REDDING R E. Metacognitive instruction: Trainers teaching thinking skills [J]. Performance Improvement Quarterly, 1990, 3 (1): 27 - 41.

❹ MURPHY. The allocation of talent: Implications for growth [J]. The Quarterly Journal ofEconomics, 1991, 106 (2): 503 - 530.

❺ 孙茂竹, 范歆. 绩效管理 [M]. 北京: 中国人民大学出版社, 2018: 25.

❻ 萧鸣政, 刘迫. 人力资源开发 [M]. 2 版. 北京: 北京大学出版社, 2017: 19.

❼ 徐倩. 绩效评价 [M]. 北京: 中国标准出版社, 2008: 77.

❽ 诺伊. 雇员培训与开发 [M]. 徐芳, 译. 北京: 中国人民大学出版社, 2001: 108 - 113.

❾ 斯旺森, 霍尔顿三世. 人力资源开发效果评估 [M]. 陶娟, 译. 北京: 中国人民大学出版社, 2008, 13 - 17.

涵的理解，虽然涵盖的维度越来越多，但仍然可以时间为线索来探讨培训对受训者产生的影响，包括培训一结束受训者对培训的满意程度（情感效果）、知识和技能的掌握情况（认知效果），以及培训结束一段时间后受训者行为的改变（行为效果）和由行为改变带来的个人专业发展、组织发展等绩效（培训成果转化效果）。综合以上分析，本研究从认知、行为改变和后续发展三个维度，将培训效果界定为受训者通过系统的培训可以掌握新的知识和技能，学习新的技术和方法，改变工作态度和行为，从而提高工作效率和产品（服务）质量，获得更多的经济效益和社会效益，即认知效果、行为效果和发展效果。

（二）新型职业农民培训效果的表现形式

新型职业农民培训效果的表现形式是其外在的表现，是评价维度的具体化。国内外学者对评价的判断和改进功能已经达成了共识，判断需要有依据或标准，而改进则要围绕受训者的实际需要。因此，想要科学地测评新型职业农民培训效果，需要考虑培训的目标和培训对象的特点。就培训目标而言，根据 2020 年农业农村部印发的《高素质农民培训规范（试行）》，新型职业农民培训要以农民需求为中心，建立综合素养、专业能力、能力拓展和实习实训模块化课程体系，科学地设计培训内容，通过线上线下相结合的方式培养有文化、懂技术、善经营、会管理的高素质农民，促进农业转型升级、农村持续进步、农民全面发展。新型职业农民培训效果评价要紧扣培训目标，将农民的培训需求满足情况、农民对培训知识和技能的掌握与运用情况、农民综合素养的养成情况和全面发展情况，以及对农业农村的促进作用等纳入培训效果评价范畴。就培训对象而言，政府主导的生产经营型新型职业农民培训的对象是具有一定规模的农民，包括专业大户、家庭农场主和农民专业合作社骨干。通过前文对成人教育学之父诺尔斯的成人教育思想的分析可知，成人接受培训具有一定的"功利性"，只有在他们已有经验的基础上、符合他们需求的培训才能取得良好的效果。成人接受培训不是为将来做准备，而是要能够直接运用到实际工作中，他们需要的教育培训应能够学用结合、学以致用。

新型职业农民培训在我国属于比较前沿的领域，对其效果进行评价的研究还极少。培训效果评价属于人力资源开发范畴，源起于企业培训，企业十分注重培训效果的评价。随着培训效果评价理论研究的不断深入，培训效果评价已经拓展到教师培训、医护培训等不同对象。新型职业农民培训与企业员工培训、教师培训、医护培训等一样，属于在职人员的专业发展培训，因此，现有的关于企业评价模型和企业培训效果的研究成果对于探究新型职业农民培训效果评价指标体系的构建具有一定的参考价值。学者们在研究企业培训效果评价的过程中开发了许多评价模型。由前文的分析可知，最为知名的是柯氏四级评价模型，后续学者的研究基本上没有跳出柯氏评级模型的框架，通过细化、增加层级来继承发展和改进柯氏四级评价模型，主要评价层级见表3-8。对以柯氏四级评价模型为核心的层级评价模型进行比较可以发现，对培训效果的评价，一方面可以从时间维度开展，即在培训结束时，即刻对受训者的反应层和学习层进行测评，培训结束一段时间后（一般是2~6个月）对受训者的行为改变层、业务结果层和其他层进行评价；另一方面可以从影响对象的维度开展，分别对受训者本人以及受训者所在的组织进行测评，测量受训者从培训中获得的知识、技能、收入等方面的提高和受训者个人的提升为其所在组织或社会带来的效益。

表3-8 不同层级评价模型的对比

主要模型	反应层	学习层	行为层	结果层	其他
柯氏模型	√	√	√	√	—
哈布林模型	√	√	√	成本收益	组织目标
菲利普斯模型	√	√	应用	√	投资回报率
考夫曼模型	√	√	应用	组织效益	可能性、社会效益
霍尔顿模型	—	√	个人绩效	组织效益	影响因素

本研究在参考国内外相关研究的基础上，对培训效果测量的重点维度是参训农民培训后真实的感知变化，同时加入情感维度，考察培训的设计和实践过程。本研究的培训效果不仅包括培训结束后的即时效果，还包括培训结束一段时间后的延时效果。具体而言，本研究从

以下三个方面：①农民对培训的情感体验；②农民对培训知识和技能的掌握程度，以及农民对培训的吸收和应用程度等直接收获；③农民吸收并应用培训所学之后带来的间接效益确定新型职业农民培训效果评价的三个维度，即培训总体满意度、职业素养养成度和培训成效外溢度，如图3-3所示。

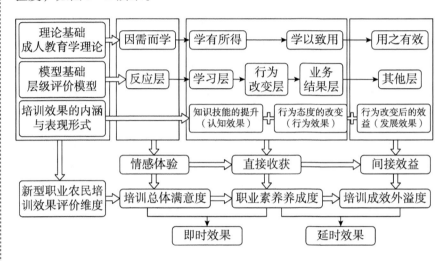

图3-3 新型职业农民培训效果评价框架的理论推演

第三节　新型职业农民培训效果评价指标体系的初建

列出了概念维度确定评价框架之后就要建立测量指标，也就是将一级指标逐级细化。测量指标的建立方式有两种：一是寻找和利用已有的指标；二是通过实地观察和访谈的方式收集资料。❶ 本研究选取指标的思路是：基于前文对新型职业农民培训效果评价指标体系的维度分析，采用文献法、访谈法和专家法等多种质性研究方法，初步选取评价指标。

---

❶ 风笑天. 社会调查中的问卷设计［M］. 北京：中国人民大学出版社，2014：32.

一、基于文献资料选取指标

收集并阅读文献资料是科学研究的起点，对文献资料的收集、阅读和整理分析有助于"站在巨人的肩膀上"对研究主题进行总体把握。从文献中选取指标的过程也是研究者对已有相关研究的熟悉和思考过程，有助于构建科学的新型职业农民培训效果评价指标体系。

（一）培训总体满意度维度指标的选取

培训总体满意度维度对应的是层级评价模型的反应层，主要测评参训农民对培训的总体满意程度。哪些可以作为该层的指标，表征参训农民对培训的满意程度？本研究主要通过以下两种方式选取。一是通过概念的演绎。参照层级模型，反应层主要是了解参训农民对培训的看法与感受，了解"参训农民的需求是否得到满足""参训农民对培训的组织、实施和管理是否满意"等问题。对参训农民的满意度评价能够在一定程度上反映培训质量，表征培训效果。对参训农民进行培训需求调研是开展新型职业农民培训的出发点，也是设计培训内容的重要依据；作为培训目标的载体，培训内容的针对性、实用性和前沿性是影响参训农民是否积极参训的重要因素；作为实现培训目标的手段，适切而丰富多样的培训方法有利于培训取得良好的效果；培训师资水平是决定培训质量的关键因素，针对农民这一群体的特点以及现代农业发展对农民的要求，农民培训不仅需要前沿的理论学习，还要具有丰富实践经验的"土专家"、技术员进行跟踪指导和技术服务；培训环境、培训设施设备、培训管理服务等与培训相关的支撑性工作在一定程度上影响着培训活动能否顺利开展。二是通过参考现有的关于农民培训满意度的文献，例如，徐金海和蒋乃华从培训时间、培训硬件设施和软件服务水平、培训方式、培训师资、培训内容等方面调查了江苏农民对培训供给的满意度；❶ 杨璐璐从需求调研、环境与管

---

❶ 徐金海，蒋乃华. 新型农民培训工程实施绩效评估研究：基于江苏省的实证［J］.
农业经济问题，2014（10）：46−54.

理、内容与形式、师资和教材等方面分析了浙江农民对培训的满意度；❶ 徐宝晨等从培训需求、培训内容、培训师资、培训方式、培训地点等方面分析了温州农民对培训的满意度。❷ 基于以上分析，本研究在培训总体满意度维度主要选取需求调研、培训内容、培训形式、培训时间、培训地点、培训师资、培训设施设备和培训管理八个指标来表征（见表3-9）。

表3-9　培训总体满意度指标选取

指标来源		主要指标	选取指标
概念演绎	层级模型	培训需求、培训内容、培训方法、培训师资、培训环境、培训设施设备、培训管理服务	需求调研、培训内容、培训形式、培训时间、培训地点、培训师资、培训设施设备、培训管理
现有文献	徐金海和蒋乃华（2014）	对培训师资、内容、方式、时间、设施设备等方面的满意度	
	杨璐璐（2018）	需求调研，对环境与管理、内容与形式、师资和教材等的满意度	
	徐宝晨等（2019）	对培训需求、培训内容、培训师资、培训方式、培训地点等的满意度	

（二）职业素养养成度维度指标的选取

职业素养养成度维度对应的是层级评价模型的学习层和行为层，主要测评受训农民对知识和技能的掌握、吸收以及应用程度。新型职业农民培训有助于提升农民的技能和职业化程度，培训内容主要围绕职业岗位能力与职业素质。由于我国长期存在的城乡二元结构体制，农民一直没有被认为是真正意义上的职业，而是一种身份的象征。新型职业农民培训的对象并非经过认证的满足入职条件和具备职业资格的群体，而是以新型职业农民为目标，对现有农民进行职业化的培

---

❶ 杨璐璐. 乡村振兴战略视野的新型职业农民培育［M］. 北京：中国社会科学出版社，2018：144-197.

❷ 徐宝晨，黄业昌，高春娟，等. 新型职业农民培训绩效评估与提升对策研究：以温州市为例［J］. 现代农业科技，2019（18）：240-243.

训。农民从身份向职业的转变过程如同一个"黑箱"，要搞清楚其内容，可以运用结果导向的方法，通过分析新型职业农民的职业特征、职业要求、职业素养等来明确农民职业化的成长机理，建立"输入—输出"之间的联系。❶ 因此，可以通过分析新型职业农民的素质结构来评价参训农民对职业农民这一职业所需的知识、技能、态度等培训内容的理解、掌握和应用程度。具体方法为：一方面，可以从学者们对新型职业农民概念的相关文献中提炼出新型职业农民作为一种职业必备的素质；另一方面，可以从新型职业农民的工作职责归纳出胜任这一职业所需要的素质。

关于新型职业农民内涵与特征的文献比较丰富，研究者主要从职业知识和技能、经营能力、管理能力、职业认同、职业理念、决策能力、环境保护知识、市场能力、带动能力等方面对新型职业农民这一内涵加以界定（见表 3 – 10）。由此可见，学者们对新型职业农民的界定主要围绕"爱农业、有文化、懂技术、善经营、会管理、能带动"六个方面，涉及职业认同、职业基础知识与能力、职业发展能力三个方面。

表 3 – 10　关于新型职业农民内涵与特征的代表性文献

来源	内涵或特征	素质构成
习近平❷	爱农业、懂技术、善经营	职业认同、职业知识和技能
李文学❸	全职务农、高素质、高收入、社会尊重	职业素质
朱启臻和闻静超❹	市场主体、稳定性、社会责任感	市场能力、社会责任意识

❶ 吕莉敏. 农民职业化的内涵、特征与实现路径 [J]. 职业技术教育，2020（10）：55 – 61.

❷ 习近平. 九字定义新型职业农民 [EB/OL].（2017 – 04 – 13）[2022 – 11 – 05]. http://country.cnr.cn/gundong/20170413/t20170413_ 523706614. shtml.

❸ 李文学. 新型职业农民需具有四大特质 [J]. 农村工作通讯，2012（7）：35.

❹ 朱启臻，闻静超. 论新型职业农民及其培育 [J]. 农业工程，2012，2（3）：1 – 4.

来源	内涵或特征	素质构成
郭智奇等❶	科技文化素质高、专业生产技能强、职业道德素养好、自我发展能力强、市场竞争意识强、收入稳定	职业道德、职业发展能力、市场意识
陈池波和韩占兵❷	终身务农，从农素质、知识、技能和经验，市场化、规模化和产业化经营的专业农民	职业知识和技能、经营能力
闫志利和蔡云凤❸	专门职业、文化素质、经营管理知识和技术能力	管理知识和技能
米松华等❹	较好的营利能力、资金投入能力、规模经营能力、组织化能力、社会服务能力	经济收入、经营能力、社会服务能力
张香荣❺	新能力、新作用和高素质	带动能力
程国庆❻	职业性、先进性、技能性、引领性	职业思维（理念）

《生产经营型职业农民培训规范》根据不同的产业，将生产经营型新型职业农民培训内容分为通用内容和产业生产经营内容，其中通用内容包括现代农业与新型农业经营体系、农产品质量安全与市场营销、农业生态环境与美丽乡村建设；产业生产经营内容包括产前的经营计划与准备，产中各阶段的关键技术和管理，产后的储藏、加工、经营与销售。于兴业等通过对生产经营型新型职业农民的工作职责进

---

❶ 郭智奇，齐国，杨慧，等. 培育新型职业农民问题的研究［J］. 中国职业技术教育，2012（15）：7 - 13.

❷ 陈池波，韩占兵. 农村空心化、农民荒与职业农民培育［J］. 中国地质大学学报（社会科学版），2013，13（1）：74 - 80，139.

❸ 闫志利，蔡云凤. 新型职业农民培育：历史演进与当代创新［J］. 职教论坛，2014（19）：59 - 64.

❹ 米松华，黄祖辉，朱奇彪. 新型职业农民：现状特征、成长路径与政策需求——基于浙江、湖南、四川和安徽的调查［J］. 农村经济，2014（8）：115 - 120.

❺ 张香荣. 基于国际视野的新型职业农民培育探析［J］. 河南农业，2017（15）：7 - 8.

❻ 程国庆. 城乡一体化视野下新型职业农民培育问题研究［J］. 农机化研究，2017（12）：13 - 16.

行分析，发现生产经营型新型职业农民对知识和技能的需求从生产农产品层面向管理家庭农场与保护环境方面拓展，在对黑龙江省 5 县 129 位生产经营型新型职业农民对知识和技能的需求进行实证调研的基础上，得出生产经营型新型职业农民需要的 15 项具体知识和技能（见图 3－4）。❶ 赵奎皓和张水玲根据布鲁姆的目标分类，构建了包含农业基础知识、农业专业知识、农业生产能力、农业经营能力的职业知识和职业技能维度的生产经营型新型职业农民培训效果评价指标。❷ 汪卫霞和汪雷通过对安徽地区农民专业合作社经营管理人员培训情况的调查，发现培训在受训人员农业政策法规知识的增加、生产经营管理知识和财务管理知识水平的提高、农业生产实用技术和管理水平的提高方面发挥了重要作用。❸

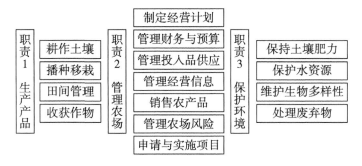

图 3－4　生产经营型新型职业农民工作职责框架结构

　　基于以上分析，从新型职业农民的内涵、特征和工作职责的相关文献中可以看出，新型职业农民通过培训掌握的知识技能主要包括两类：一类是与农业生产、加工、经营、销售相关的专业知识和技能；另一类是与农业相关的政策法规、财务知识、环境保护等其他职业知识与技能。结合新型职业农民内涵、特征与工作职责的相关文献研

❶　于兴业，刘望，刘家富．生产经营型职业农民职业知识和技能需求研究：基于黑龙江省 5 县的调查［J］．现代远距离教育，2019（2）：87－96.

❷　赵奎皓，张水玲．新型职业农民教育培育评估指标体系设计研究［J］．中国成人教育，2015（17）：190－192.

❸　汪卫霞，汪雷．建立长效机制提升培训绩效：关于安徽省农民专业合作社经管人员培训绩效问题的调研［J］．中国合作经济，2013（11）：47－50.

究，笔者认为生产知识与技能、管理知识与技能、环境知识与技能都包含在职业知识与技能和职业发展能力中，因此，本研究的职业素养养成度维度指标选取职业认同、职业知识与技能、职业发展能力（见表 3 – 11）。

表 3 – 11　职业素养养成度维度指标选取

指标来源	主要指标	选取指标
关于新型职业农民内涵与特征的文献	职业认同、职业基础知识与技能、职业发展能力	职业认同、职业知识与技能、职业发展能力
关于新型职业农民工作职责的文献	生产知识与技能、管理知识与技能、环境知识与技能	

（三）培训成效外溢度维度指标的选取

培训成效外溢度维度对应的是层级评价模型的结果层和其他层，主要测评参训农民应用培训所学带来的个人收益、组织效益和社会效益等。《新型职业农民培训规范》中明确提出，各类产业的生产经营型新型职业农民的培训目标为：培训适应现代农业发展要求，具备现代农民综合素质，具有现代农业高产、优质、高效、安全生产经营技能，能从事现代农业产业专业化、标准化、规模化和集约化生产经营的新型职业农民。《新型职业农民培训规范》是各培训主体实施新型职业农民培训项目的重要依据，从培训目标看，对新型职业农民进行培训，是基于农民个体的职业能力综合素质与收入的提升，也是基于农村社会发展的人才支撑。从第 2 章对新型职业农民培训价值的分析也可以发现，农民通过参与培训，在获得个人效益的基础上促进农村社会经济的发展，即新型职业农民培训的价值可以从个人和社会两个层面得以体现。现有文献对农民参加培训后的收益研究得不多，已有相关研究主要涉及人才效益、组织效益、经济效益和社会效益四个方面。例如，陈晓光（2015）和高翠玲（2010）通过定性分析与对广西地区的调研，认为新型职业农民培训效果应该从人才效益、经济效益和社会效益三个方面来衡量；何学军（2017）在借鉴国外培训效果评价模型结构的基础上，基于农民培训的特点和要求，构建了包含技能转化、个人效益、组织效益和社会效益四个要素的层级评价模型。然而，现有研究存在分类不清、边界模糊、内容交叉等情况，例如，新型职业农民人才队伍建设的人才效益也是社会效益的一个方面，社会效益包括社会人才的培养、社会经济的发展和社会生态环境的改善等方面，人才效益不宜与社会效益并列；新型职业农民培育作为政府主导的公益性项目，家庭农场、农民合作社等新型农业经营组织的创办这一层面的组织效益也可以理解为社会效益；经济效益则又分为个体经济效益和社会经济效益。基于以上思考，本研究的新型职业农民培训成效外溢度维度包括个人效益、经济效益和社会效益三个测量指标（见表3-12）。

表3-12　培训成效外溢度维度指标选取

指标来源	主要指标	选取指标
陈晓光❶	人才效益、经济效益和社会效益	个人效益
高翠玲❷	人才效益、经济效益和社会效益	经济效益
何学军❸	技能转化、个人效益、组织效益和社会效益	社会效益

二、基于访谈的指标构建

考虑到前人已有的指标不一定适合本研究，因此，本研究在通过文献寻找已有指标并对其进行修改和补充后，为了避免一些重要指标的遗漏，通过先前的理论研究，设计访谈提纲与被研究者中的关键人物进行深入访谈，以被研究者的眼光看待培训效果，了解被研究者的所思所想以及考虑问题的方式，以便补充完善并修订文献选取的指标。

---

❶ 陈晓光，盛聚，金安彦. 新型职业农民培训效益评估体系初探 [J]. 成人教育，2015，35（2）：48-50.

❷ 高翠玲，郭松朋，张琳. 中国农民培训效果评估研究：基于广西平南县家庭规模瘦肉型猪培训的实证研究 [J]. 全国商情（理论研究），2010（24）：58-60，73.

❸ 何学军. 农民培训绩效综合评估模型建构研究 [J]. 成人教育，2017，37（1）：46-50.

（一）研究资料的收集

访谈作为人际互动中常见的基本模式，是社会研究中的重要方法和技术，也是质性研究具体操作的契入点。❶ 研究者通过提问和倾听，了解被研究者的经验、感情、态度以及他们的生活世界。在使用访谈法时，为了确保收集到更为全面和真实的资料，需要注意访谈对象的选择和抽样方法。

1. 访谈对象

访谈对象的选择，涉及受访者数量和质量两个方面。首先，需要访谈多少人？什么时候能结束访谈？这些问题的回答不能一概而论，一般而言，在找出需要的信息之前，应尽可能访谈更多的被试，因为被试太少不利于进行组间差异检验或者统计概括，但被试也不是越多越好，应根据研究目的和研究对象的不同选取不同数量的访谈对象，对有些研究（如传记访谈）来说一个被试就足够了。❷ 有些访谈对象善于表达，能清楚地理解和完整地表述研究者的问题，这样访谈的质量较高，需要的被试数量就相对较少。如果访谈资料过多，则难以保证有充足的时间做详细而深入的分析，因此，被试人数的确定主要考虑可用时间、资源以及报酬递减原则，当继续做更多的访谈几乎得不到新的信息时，即可终止访谈，这时就可以认为访谈已经达到理论上的饱和。其次，在构建问卷之前通常通过访谈法来描绘调查主题的主要方面，同时有助于检验调查问题可以被调查对象理解的程度。这就表明访谈对象要尽可能全面地反映真实的情况，其质量能够影响研究的信度和效度。基于以上分析，本研究选取访谈对象时，在考虑性别、年龄、学历、区域、产业类型和规模、参与培训次数等多方面因素的基础上，选取参与过生产经营型新型职业农民培训的农民作为主要访谈对象。

本研究的访谈对象选取分为两个阶段：第一阶段的访谈主要是对前期访谈过的部分新型职业农民进行进一步补充访谈；第二阶段的访

---

❶ 苛费尔，布林克曼. 质性研究访谈［M］. 范丽恒，译. 北京：世界图书出版公司，2013：12－19.

❷ 苛费尔，布林克曼. 质性研究访谈［M］. 范丽恒，译. 北京：世界图书出版公司，2013：121－122.

谈是本阶段访谈的主体，时间集中在 2020 年 12 月 25 日到 2021 年 3 月 18 日。每位访谈对象的受访时间大约为 60 分钟。研究者边访谈边记录，考虑到后期访谈资料分析的便利性，在得到受访对象同意的基础上，利用录音笔/手机对访谈内容进行录音。本次受访对象的选择是基于以下三个理由：第一，培训效果如何？受训者作为培训消费者最有发言权，他们能根据自身真实的参训体会和感受客观地回答研究者想要了解的问题。第二，受访农民的年龄、学历、从事产业及规模都有所不同，都参加过部级、省级、市级各个层次的培训班，且参训次数都在 3 次以上，而且有的已经被各培训机构聘为"土专家"，既是受训者也是培训教师，有的合作社（或家庭农场）被培训机构挂牌为田间学校，也承担一定的培训任务，他们有着丰富的实践经验，非常了解培训的组织和实施工作，其看法具有一定的代表性。第三，考虑到访谈实施的可行性与便利性，本阶段访谈地点主要集中在常州地区，访谈对象均为苏南地区的新型职业农民。

2. 抽样方法

由于笔者长期从事新型职业农民培训的研究，每年都要进行多次实地调研，已经完成了多项相关课题研究。在此期间，笔者多次到各培训机构和农民的工作场所（农场、合作社等）调研，跟班听课，与多位新型职业农民进行过多次一对一深度访谈，保存了丰富的调研资料。新型职业农民培训效果评价指标体系理论构建阶段的访谈主要以参训农民为主、培训主体为辅。笔者一方面选取前期访谈过的 14 位新型职业农民的访谈资料，围绕本研究主题再次进行整理分析，遇到不清楚的地方通过微信或者电话进行补充访谈；另一方面继续拓展新的访谈对象，同时进行跟班听课。本次访谈都采用一对一访谈的形式，在考虑受访人年龄、区域、学历、产业、规模、参训次数等因素的同时，还让熟人（前期访谈过的新型职业农民和农业院校、农广校、职成校负责人）推荐符合要求的访谈对象，提前和访谈对象联系访谈时间，到访谈对象的农场或培训班现场进行访谈，再让受访农民和培训主体相互推荐受访者，采用如此滚雪球抽样的方法，不断积累样本，又拓展访谈了 14 位受访者。受访者基本信息见表 3 - 13。

表 3-13　受访新型职业农民基本信息

代号	性别	年龄	是否为村干部	学历	区域	从农时长/年	主要岗位	面积/亩
F1	男	70后	是	高中	苏中	10	合作社带头人	500
F2	男	70后	否	中专	苏中	8	家庭农场主	400
F3	男	80后	否	大专	苏中	6	合作社带头人	600
F4	男	90后	否	大专	苏中	7	合作社带头人	750
F5	男	80后	否	大专	苏南	8	家庭农场主	100
F6	女	80后	否	本科	苏南	6	家庭农场主	200
F7	男	60后	是	初中	苏南	12	家庭农场主	200
F8	男	70后	否	大专	苏南	11	合作社带头人	800
F9	男	70后	否	中专	苏南	7	专业大户	50
F10	男	70后	是	本科	苏南	9	合作社带头人	500
F11	男	70后	否	中专	苏中	8	合作社带头人	1500
F12	男	60后	是	初中	苏北	8	专业大户	30
F13	女	70后	否	中专	苏北	5	专业大户	20
F14	男	80后	否	高中	苏北	7	家庭农场主	600
F15	男	60后	是	高中	溧阳	38	家庭农场主	2000
F16	男	80后	否	硕士	溧阳	7	家庭农场主	2000
F17	男	80后	否	本科	溧阳	8	家庭农场主	1200
F18	男	60后	是	高中	溧阳	15	家庭农场主	1500
F19	男	70后	否	大专	溧阳	23	家庭农场主	300
F20	女	80后	否	本科	武进	5	家庭农场主	300
F21	男	60后	是	高中	武进	30	合作社负责人	800
F22	男	80后	否	本科	武进	10	合作社负责人	900
F23	男	60后	是	高中	武进	44	合作社负责人	1000
F24	女	80后	否	大专	武进	10	家庭农场主	100
F25	女	70后	否	初中	武进	10	专业大户	15
F26	女	70后	否	高中	昆山	18	专业大户	20
F27	女	80后	否	大专	昆山	9	专业大户	15
F28	男	70后	否	中专	昆山	15	专业大户	30

3. 数据的收集

本阶段的访谈主要围绕"新型职业农民培训效果"这一主题进

行，根据前文的研究基础，设计出较为宽泛、开放的访谈题目，形成开放式访谈提纲初稿，然后通过对新型职业农民进行访谈，了解其在培训中的感受与收获，并不断地修改访谈提纲对参训农民进行深度访谈。本阶段访谈形成共计825分钟的录音资料，通过讯飞听见软件转录大约13万字的访谈文本，获得研究主题的初步理论结构，成为本研究的理论基础。

（二）研究资料的整理和分析

本研究在整理前期访谈资料的基础上，第二阶段的访谈资料主要采用访谈与编码交替进行的方式，提前与访谈对象约好访谈时间和地点，在没有访谈任务的时候就开始转录成文字资料，运用扎根理论三级编码方法对文本内容进行编码，在编码时对访谈资料进行反复阅读，并对比访谈内容与前期编码数据，对访谈资料一份一份逐级编码、分类、归纳，直到没有新的概念和关系出现，即出现理论饱和才停止编码，最后形成指标体系。

1. 开放式编码

开放式编码亦称为一级编码，此阶段的主要任务是界定概念，发现范畴，形成范畴化。首先，对转录的访谈资料进行多次反复比对阅读，根据研究目的抽取最有力回答研究问题的资料，并将这些资料打散，从语境、主题、内容等方面发现话语结构和各部分之间的联系，赋予概念和意义，再用新的方式重新将其组合在一起。通过这一系列打散、重新组合、赋予概念和意义的过程发现思考单位，进行设码，寻找"本土概念"❶。限于篇幅，本研究仅选取其中一个访谈片段为例说明本土化概念的编码过程（见表3－14）。

在从原始资料语句中提炼出初始的本土化概念的基础上，根据各个初始的本土化概念的关系和逻辑，将相似概念归纳成范畴化的过程。❷ 为了尽可能减少研究者个人偏见的影响，本研究将访谈中新型职业农民的原话作为标签，但限于篇幅，本研究不呈现所有访谈资料

---

❶ 陈向明. 教育研究方法 [M]. 北京：教育科学出版社. 2013：277－278.
❷ 陈向明. 教育研究方法 [M]. 北京：教育科学出版社. 2013：277－278.

的编码过程，仅呈现部分代表开放式编码的语句，最终共归纳出 35 个相互独立的范畴。

表 3－14　开放式编码样表

访谈片段	本土化概念
……一个是专家在每年的这种新的政策的解读这一块，这个也是现在搞新型农业经营主体，包括现在的家庭农场，不光是我们这种合作社，包括农业公司，它都是农业类的经营主体，搞这种的很必须了解的一个因素（A1）。对于我们国家的农业的大政策环境，还是有必要去了解的东西，它就是国家给予的一些扶持或者就是给予的一些奖励，政策上的包括国家层面的，到地方层面的，他都会讲到。因为你去学习了，会发现很多你比如说符合要求，完全可以去享受到的这种激励政策。你没有去，到时候因为你不知道有这个政策没去享受到，我觉得这个比较冤枉。（A2）对吧？第二个是专家，包括培训老师。（A3）新品种新技术的解读和跟踪服务，介绍者对我们真正从事这种，特别是种植类的或者养殖类的，借鉴的意义是比较高的。（A4）因为专家学者，比如说农科院，我们跟农科院对接得比较紧密，他们的信息沟通渠道，肯定是更加多元化，是吧？（A5）我作为合作社的负责人，在我自己种好这一亩三分地的同时，反正有什么新的东西我很喜欢引进。还是要把它推广到我们的农户上面去。不管是什么产业，不管是什么行业，你整个地方的行业得不到一个均衡的发展，只有比如说一家独大或者怎么样的话，当然对于个人来讲，他可能会赚钱。（A6）但你像我们这种农业产业的话，你地方整体老百姓的技术跟不上，卖的价格提不上去，永远只有那几家在单打独斗的话，老百姓赚不到钱他就没有什么动力，你也不知道他也不知道，你就形成不了产业化的东西。（A7）比如……第三个收获还有可以认识到更多的周边的我们较年轻的这些学员，那么可以大家在一起就像头脑风暴也会有一些新的东西。（A8）大家也至少没有代沟，沟通起来会比较无障碍。比如我们武进今年就做了一个试点，我是试点的，我们市里有两个水蜜桃班、一个葡萄糖，我是专门承担当时 8 位比较年轻的农户的班。（A9）开展了课堂培训就是理论培训和外出观摩。（A10）	A1　培训内容的针对性 A2　培训可以学到农业政策知识 A3　培训师资有农技专家 A4　参与培训可以学到新技术，享受跟踪服务 A5　参与培训可以认识专家、了解信息 A6　应用培训所学可以提高收入 A7　将培训所学推广并带动周边百姓形成产业规模，共同致富 A8　通过培训认识很多同行 A9　培训专家中有"土专家" A10　培训形式包括理论与观摩

注：A 表示第 A 个访谈者。

2. 轴向编码和选择式编码

接着进行轴向编码和选择式编码，这个阶段主要是通过分析范畴化概念之间的时间先后顺序、语义、相似性、差异、因果关系等，建立概念与范畴之间的关系，将范畴化概念之间的关系归纳为更高级的类属。本研究通过对 34 个范畴概念进行反复比对，确定了 15 个类属，并对类属化概念继续归类，进行核心式/选择式编码，通过反复比对和归类，即三级编码，最终归为前文的三个维度（见表 3 - 15）。

表 3 - 15　范畴化概念类属化

范畴（一级编码）	类属（二级编码）	核心类属（三级编码）
培训组织	培训组织管理	培训总体满意度
培训管理		
培训服务		
培训内容	培训内容	
培训形式	培训形式	
培训时间	培训时空	
培训地点		
培训师资	培训师资	
接续服务	跟踪服务	
参与情况	参训表现	
参训积极性		
农业专业知识和技能	职业知识和技能的提升	职业素养养成度
其他职业知识和技能		
创新理念	职业理念的更新	
生态理念		
对农业的新认识	职业认同感的增强	
从农意愿增强		
希望子女从农		
市场能力	职业发展能力的形成	
信息收集能力		
决策能力		

范畴（一级编码）	类属（二级编码）	核心类属（三级编码）
使用新技术/新品种/新模式	职业行为的转变	职业素养养成度
研发新系统/延长产业链		
个人荣誉	个人效益	培训成效外溢度
农场（合作社）荣誉		
开阔思路		
社会资本的拓展		
成本降低	经济效益	
效率提高		
农民群体收入提高		
农民地位的提升	社会效益	
示范带动		
生态效益		
社会责任意识的增强		

三、基于融合互补的初始指标形成

一般而言，构建科学的理论需要依赖理性、逻辑和经验，主要有演绎与归纳两种方法。本研究在开发新型职业农民培训效果评价指标体系时，综合运用了演绎和归纳两种逻辑方法。质性研究是一个不断变化和累积的过程，质性资料的分析属于开放式的研究结构，在实际操作中，研究者无法按照固定程序一次性开展，而是需要根据收集到的各种原始资料不断对其进行修正，进而检验和充实所构建的指标概念与框架。[1] 因此，新型职业农民培训效果评价指标体系的形成不是一蹴而就的，是经过多次资料的阅读、对比和分析的循环往复，需要不断分析资料与所构建的范畴之间的关系，并且进行不断比对和归纳的过程。

---

[1] 陈向明. 旅居者与外国人：留美中国学生跨文化人际交往研究［M］. 北京：教育科学出版社，2004：38.

（一）文献与访谈指标的融合互补

本研究在构建指标体系时，一方面通过"文献资料分析"依次演绎确定新型职业农民培训效果评价指标体系的指标；另一方面通过"实地深入访谈"逐级归纳指标。采用两种方式分别构建的新型职业农民培训效果评价指标体系框架要素存在相互重叠和互为补充的方面，因此，在现有文献分析的基础上，融合实地调查过程中各培训主体使用的各类评价表格及访谈结果进行"二次调整"，将两轮材料融合互补，以便获得更为完善、详尽的指标和逻辑关系更为清晰的指标框架，本研究通过两种方式的融合互补，得到新型职业农民培训效果评价指标体系（一稿）（见表3-16）。

表3-16　新型职业农民培训效果评价指标体系（一稿）

维度	指标	指标来源
培训满意度	培训组织管理	访谈/文献
	培训内容	访谈/文献
	培训形式	访谈/文献
	培训时空	访谈/文献
	培训师资	访谈/文献
	跟踪服务	访谈
	参训表现	访谈
职业素养养成度	职业理念的更新	访谈
	职业知识和技能的提升	访谈/文献
	职业发展能力的形成	访谈
	职业认同感的增强	访谈/文献
	职业行为的转变	访谈
培训成效外溢度	个人效益	访谈/文献
	经济效益	访谈/文献
	社会效益	访谈/文献

（二）运用专家咨询法修正完善指标

指标体系并不能够一次性建立起来，而是需要根据实际情况不断地进行调整、修正和优化。基于文献和访谈构建的指标体系可能存在内容的重复和逻辑的不清晰，这就需要不断对所建立的评价指标进行对比、甄别、筛选、归类与合并，为了进一步验证、优化、确保指标的准确性和完整性，本研究将就初步建立的新型职业农民培训效果评价指标体系（一稿）听取专家意见。

1. 专家的选取

专家咨询法是就某一议题听取专家意见，借助专家的知识、经验和判断能力对议题进行鉴证的一种方法。笔者就所构建的新型职业农民培训效果评价指标体系广泛听取专家意见，并根据专家意见完善修正评价指标体系。专家咨询法的关键在于专家的选择，选取的专家要熟悉本研究的内容并具有一定的权威性，研究者经过慎重考虑，从"三农"研究领域、实证研究方法领域、培训主体、培训教师和受训者几个方面选取了 13 位专家（见表 3 – 17）。在将所列的新型职业农民培训效果评价指标一对一或一对多当面征求专家的建议前，先与专家说明研究目的、研究视角、研究对象以及指标来源，其中部分专家咨询了多次，并根据专家意见修订指标体系。

表 3 – 17　专家基本信息

代号	职称/职务	学历	所在单位	研究专长/工作职责
Z1	教授（二级）	本科	普通高校	"三农"问题研究专家
Z2	教授	博士	普通高校	农村职业教育研究
Z3	副教授	博士	普通高校	教育研究/量化研究
Z4	讲师	博士	普通高校	新型职业农民研究/实证研究
Z5	教授（三级）	博士	农业高校	新型职业农民研究/培训主体/培训讲师
Z6	副教授/副院长	硕士	农业高校	新型职业农民研究/培训主体
Z7	副教授/科长	硕士	农委	新型职业农民研究/培训主体
Z8	教授/院长	硕士	农业高职	新型职业农民研究/培训主体/培训讲师
Z9	副教授/院长	硕士	农业高职	新型职业农民研究/培训主体/培训讲师
Z10	副教授/副院长	硕士	农业高职	新型职业农民研究/培训主体
Z11	农场主	本科	家庭农场	新型职业农民

代号	职称/职务	学历	所在单位	研究专长/工作职责
Z12	合作社负责人	本科	合作社	新型职业农民/培训讲师/"三带"能手
Z13	合作社负责人	大专	合作社	新型职业农民/培训讲师

2. 咨询的主要问题

本次专家咨询主要围绕研究者在构建新型职业农民培训指标体系过程中遇到的困惑听取专家意见，主要困惑是培训成效外溢度层面的各个指标存在交叉，边界不清。例如，经济效益既可表现为农民个体收入的提高，也可表现为农民群体收入的提高，可同时归为个人效益和社会效益等问题。因此，研究者主要围绕以下五个主要问题听取专家的意见：①对新型职业农民培训价值和培训效果有何认识？②培训满意度是否可以成为测评新型职业农民培训效果的一个维度？③笔者所列的指标能否表征新型职业农民培训效果？④笔者所列指标归类是否合理？⑤是否有重要指标被遗漏？

3. 专家意见整理

首先，专家们普遍认为新型职业农民培训是促进乡村振兴的重要举措，是一项系统性工程，它的价值应该体现个人与社会两个层面，并且社会价值的实现建立在个人价值实现的基础之上。因此，新型职业农民培训效果不仅表现在农民对培训知识和技能的掌握、理解、吸收与应用层面，更应强调对个人和社会发展的作用。

其次，就培训满意度是否可以成为测评新型职业农民培训效果的一个维度的问题，专家们认为农民对培训的满意度是农民参与培训、取得成效的前提和基础，可以作为测评培训效果的一个维度。

最后，就具体指标以及指标之间的关系，专家们的建议主要涉及以下几个方面：一是专家 Z1、Z5 和 Z7 都提到国家作为新型职业农民培训项目的设计者，设计这个项目的最终目的是促进乡村振兴战略的实现，农民整体素质的提升以及农民对乡村振兴的作用要有所体现。例如，农药残留问题、乡村环境改善等农业"生态效益"问题可以通过培训改变农民的理念来实现。也有多位专家提到，新型职业农民是安全放心农产品的生产者，是农村社会环境的创设者，是农民增收致富的引领者，"社会责任意识"应该是新型职业农民培训的重要内容，社会责任意识的养成应该成为新型职业农民培训效果的重要表征。二是 Z10 认为，新型职业农民不再是传统意义上的农民，他们更像是农民企业家，因此，"企业家精神/能力"的培养是新型职业农民培训的重要内容，企业家精神/能力的养成应该成为新型职业农民培训效果的重要表征。三是 Z12 和 Z13 都表示作为受训者，其认为参训最直接的目的就是提高经济收入，进而提高农民的社会地位。虽然现在政府很重视新型职业农民培训工作，但农民的社会地位仍然不高，让更多的人了解新型职业农民，提高新型职业农民的收入，提高农民的社会地位应该成为新型职业农民培训的重要内容。因此，农民社会地位的提升也应该被作为新型职业农民培训效果的重要表征。

　　根据专家的意见，结合文献和访谈资料分析的结果，研究者对新型职业农民培训效果评价指标体系进行了修订和完善，形成了新型职业农民培训效果评价指标体系二稿（见表 3 - 18）。

表 3 - 18　新型职业农民培训效果评价指标体系（二稿）

一级指标	二级指标
培训满意度	培训组织管理
	培训内容
	培训形式
	培训时空
	培训师资
	跟踪服务
	参训表现
职业素养养成度	职业理念的更新
	职业知识和技能的提升
	企业家能力的形成
	职业认同感的增强
	职业行为的转变

一级指标	二级指标
培训成效外溢度	个人效益
	经济效益
	农民地位的提升
	社会责任意识的增强

第四节 新型职业农民培训效果评价指标体系的完善

在初步确定了新型职业农民培训效果评价指标体系的基础上，为了编写符合新型职业农民培训实际、便于参训农民理解的《新型职业农民培训效果调查问卷》，本研究主要根据访谈资料编写问卷题项。在考察新型职业农民培训效果现状时，尽量考虑不同年龄、不同学历、不同层次、不同产业及规模农民的特点，问题描述尽量从农民的立场与理解习惯的角度出发。需要特别指出的是，为了确保新型职业农民培训效果的确是由培训引起的，在编写题项时会特别强调农民培训的各种形式。就目前我国新型职业农民培训而言，主要包括"固定课堂""流动课堂""空中课堂""田间课堂"四种不同的培训形式。因此，本研究的培训包括课堂培训、外出观摩、现场教学、跟踪指导、线上学习等多种形式。

一、问卷调查的目的与对象

问卷是指研究者为了收集人们对某个特定问题的态度、价值观、观点或信念等信息而设计的一系列问题，是一种研究工具。[1] 作为问卷法的重要工具，问卷的质量直接影响着调查结果。本研究使用的自编问卷严格按照问卷编制的流程：构建理论框架、编写题项、发放并回收预测问卷、对预测问卷进行项目分析和因子分析、发放并回收正

---

[1] 陈向明. 教育研究方法 [M]. 北京：教育科学出版社，2018：86.

式问卷、信效度检验、确定问卷。

问卷法就是将问卷作为研究工具进行社会调查的方法，与其他研究方法相比，问卷法因具有节省时间、金钱和人力，效率高，调查结果较为客观，可以做大样本调查，调查结果便于定量处理与分析等优点而被广泛应用。在本研究中，使用问卷法主要有两个目的：一是通过预测，对问卷进行项目分析和因素分析，根据分析结果，修正完善新型职业农民培训效果评价指标体系和问卷；二是通过正式问卷的发放和数据的收集与分析，了解江苏省新型职业农民培训效果。

问卷对象的选择直接关乎研究数据的有效性，根据前文所述，目前实践中的新型职业农民培训效果评价主要集中在政府对培训机构的评价上，参训农民作为培训的直接获益者对培训效果的评价还未得到重视，本研究主要从参训农民的视角调查新型职业农民培训效果。因此，接受过新型职业农民培训的农民是本研究的调查对象。考虑到新型职业农民分为生产经营型、专业技术型和社会服务型三种类型，不同类型的新型职业农民的工作职责和培训内容不同，不能使用同一个评价标准对其进行培训效果的评价。另外，我国幅员辽阔，限于研究者的时间和精力，无法对全国的生产经营型新型职业农民培训效果进行调查。基于以上思考，本研究的调查对象确定为江苏省参与过培训的生产经营型新型职业农民。

二、新型职业农民培训效果问卷题项的设计

本阶段的调查问卷由指导语、基本信息、开放题三部分组成。指导语的作用是告知被调查者本研究的调查目的、填答说明、概念和范围的解释等。基本信息包括性别、年龄、区域、文化程度、从农时间、农业经历、产业规模、年收入、具体岗位、雇用人数、参训次数等。开放题为"关于新型职业农民培训效果问卷的相关陈述，如果您有任何困惑或建议，请填写在相应空格处"。

由于缺乏现成的问卷作为参考，本研究采用的是自编问卷。主要根据前文构建的新型职业农民培训效果评价指标体系设计预测问卷。为了使问卷更接近被调查者的实际情况、问题表述更容易让被调查对

象理解，问卷题项的编写尽量采用前期访谈中受访农民的原话。问卷的初始题项见表 3 – 19。

表 3 – 19　新型职业农民培训效果问卷初始题项

维度	题项表述
培训组织管理	1. 培训开始前对我进行了需求调研
	2. 培训开始前培训通知及时到位
	3. 培训开始前我会及时收到培训通知，了解培训的时间和地点
	4. 培训开始前我会及时拿到培训资料，了解培训的主要内容
	5. 培训服务周到细致
	6. 培训设施设备先进完备
	7. 培训环境良好
	8. 培训交通和食宿安排得很好
培训内容	9. 方案中培训课程的设计正是我急需的
	10. 培训内容是我需要的
	11. 培训内容通俗易懂
	12. 培训内容比较实用
	13. 培训内容比较新颖
	14. 培训内容具有一定的系统性
	15. 我很愿意参加这类培训，能够解决我工作中遇到的问题
培训形式	16. 喜欢教师讲我听的课堂授课形式
	17. 喜欢教师讲案例分析
	18. 喜欢教师组织我们交流讨论
	19. 喜欢组织我们外出观摩学习
	20. 喜欢线上教学形式
培训时空	21. 培训理论学习与参观实践的时间安排合理
	22. 培训的天数安排合理
	23. 培训地点安排满意
培训师资	24. 给我们培训的教师既有来自高校的教授，也有技术人员、"土专家"
	25. 教师讲课逻辑性强、思路清晰、感染力强

维度	题项表述
培训师资	26. 教师在课堂上与学员的互动性强
	27. 教师的实践经验很丰富，能够解决我工作中的困惑
跟踪服务	28. 培训教师的实践经验很丰富，能够解决我工作中的困惑
	29. 培训结束之后有专家对我进行跟踪服务
	30. 培训结束之后常年都有技术咨询服务，我遇到问题可以随时解决
参训表现	31. 培训期间我从不签完到就提前离开
	32. 培训期间我根据安排表按时参加培训课程，从不缺课
	33. 培训期间我几乎没有迟到早退现象
	34. 培训期间不管是线上还是线下上课，我都积极参与、专心听讲
	35. 培训期间的重要内容我会记录下来
	36. 培训期间我遇到任何问题都会利用课余时间积极与专家同行交流
职业理念的更新	37. 培训改变了我的生产经营观念，使我明白了利用科学技术发展农业的重要性
	38. 培训增强了我利用互联网助力农业生产/经营/销售的观念
	39. 培训后我考虑生产绿色有机农产品的想法
	40. 培训后我比以前更重视对农业生产环境的保护了
	41. 培训后我更注重农产品质量安全问题了
	42. 培训增强了我的品牌建设意识
	43. 培训后我更注重在生产中节能减排了
职业知识与技能的提升	44. 通过培训我学到了农业生产方面的知识与技能
	45. 通过培训我学到了农场（田间）管理知识与技能
	46. 通过培训我学到了农产品营销方面的知识与技能
	47. 通过培训我了解了农业和农村政策法规
	48. 通过培训我学到了保护环境的知识
	49. 通过培训我学到了财务方面的知识
	50. 通过培训我学到了农业项目申请与实施方面的知识
	51. 通过培训我学到了品牌建设方面的知识
	52. 通过培训我学到了农产品安全知识

维度	题项表述
企业家能力的形成	53. 培训提升了我规划农场发展的能力
	54. 培训提升了我开拓农产品销售市场的能力
	55. 培训提升了我与专家/客户/同行交流沟通的能力
	56. 培训提高了我发现商机的能力
	57. 培训提升了我的风险规避能力
	58. 培训提升了我的决策能力
职业认同感的增强	59. 培训提高了我对职业农民的认识，坚定了我长期从农的信心
	60. 培训后我开始积极发展新型农业经营形式
	61. 通过培训我觉得从事农业能施展我的才华
	62. 我希望我的孩子以后也继续从农
职业行为的转变	63. 通过培训我使用了新品种、新技术或新模式
	64. 通过培训我调整了种养产品和农场规模
	65. 参训后我改变了销售模式，如增加了线上销售环节
	66. 参训后我学会了通过建立标准或使用监控追踪信息保证农产品质量
	67. 参训后我延长了我的产业链
个人效益	68. 通过培训我认识了农业专家
	69. 通过培训我认识了我从事的行业中做得好的同行
	70. 通过培训我加入了农业行业组织或者协会
	71. 培训开拓了我的眼界和思路
	72. 培训拓宽了我的客户群
	73. 通过培训我获得了证书，如结业证书、技能证书、职业资格证书等
	74. 通过培训我提升了学历（中专/大专/本科）
	75. 通过培训我申报成功了一些个人/企业（农场、合作社）荣誉，如十佳农民、乡土人才、市级或省级示范合作社等
经济效益	76. 运用培训所学可以降低农业生产成本
	77. 运用培训所学可以降低人工成本

续表

维度	题项表述
经济效益	78. 运用培训所学可以降低时间成本
	79. 运用培训所学提高了产量
	80. 运用培训所学提高了效率
	81. 运用培训所学拓宽了增收渠道
	82. 运用培训所学增加了收入
农民地位的提升	83. 通过参训我感受到政府对新型职业农民的重视
	84. 通过参训我了解了新型职业农民对农业农村发展的重要作用
	85. 通过参训我觉得职业农民越来越得到大家的认可
	86. 通过参训我觉得职业农民的地位越来越高，参训后我带动了越来越多的小农户增收
社会责任意识的增强	87. 通过培训学习我能给周边小农户提供相关的农业技术指导
	88. 培训后我将学到的新产品、新技术在周边小农户中推广应用
	89. 通过参加培训我能为周边小农户带来前沿的农业信息
	90. 参训后我带动了越来越多的小农户增收
	91. 参训后我想到了为小农户统一购买农资/销售农产品
	92. 参训后我的农场环境越来越好了
	93. 参训后农产品农药残留问题得到了解决

在设计好新型职业农民培训效果问卷的初稿后，还不能直接用于正式调查。为了确保问卷结构的完整性、逻辑性和有效性以及便于被调查者回答等，采用专家效度评定法邀请研究领域内的专家、学者、同行、实际调研部门的研究人员以及典型的被调查者对问卷的各个方面及整个问卷的设计工作进行评定。❶ 本研究邀请了4位"三农"研究领域的专家和同行、3位新型职业农民、5位培训实施主体负责人和培训教师对问卷进行评定。经反馈，各专家对问卷开发所依据的维度一致认可，并对初始题项做了相应的修订与调整。

---

❶ 风笑天. 社会调查中的问卷设计 [M]. 3版. 北京：中国人民大学出版社，2019：82.

三、新型职业农民培训效果问卷试测

本研究初步开发的《新型职业农民培训效果问卷》主要由三份子问卷构成，本研究采用李克特五级计分方式（1＝非常不符合，2＝比较不符合，3＝一般符合，4＝比较符合，5＝非常符合）进行数据收集，得分越高说明新型职业农民培训效果越好。为了检验问卷质量，本研究通过收集相关数据对问卷进行了"小样本"试测，根据试测数据对三份子问卷进行项目分析和因素分析，基于分析结果进一步修正了新型职业农民培训效果评价指标的结构和问卷。

（一）基本信息

本研究采用随机抽样的方法，以江苏省参加过培训的生产经营型新型职业农民为调查对象，通过线上线下相结合的方式于 2021 年 3 月 23 日到 2021 年 3 月 30 日在江苏省发放了 236 份预测问卷，收回有效问卷 183 份，预测问卷有效回收率为 77.54%。线下问卷的发放主要由研究者到江苏省某新型职业农民培训基地，给正在参与培训的苏中某地区的生产经营型新型农业经营主体经营者现场发放纸质问卷 167 份，收回有效问卷 129 份；线上问卷由研究者通过"问卷星"在线问卷调查平台制作电子问卷并生成相应链接，请苏南和苏北各一所农广校教师帮忙在开展过培训的班级群中发放，共收到线上问卷 69 份，其中有效问卷 54 份。预测问卷收回之后，研究者对所有问卷进行了严格的审查和筛选。筛选的主要标准是将具有规律性作答、漏答、前后矛盾、答题时间过短等特征的问卷作为无效样本处理。筛选后的样本基本信息见表 3 – 20。

表 3 – 20 有效预测问卷基本信息 （N ＝ 183）

变量	类别	人数	占比/%
性别	男	137	74.86
	女	46	25.14
是否为村干部	是	46	25.14
	否	137	74.86

续表

变量	类别	人数	占比/%
是否为党员	是	54	29.51
	否	129	70.49
年龄	30周岁及以下	13	7.10
	31~40周岁	38	20.77
	41~50周岁	70	38.25
	51~60周岁	61	33.33
	61周岁及以上	1	0.55
所在区域	苏南	51	27.87
	苏中	73	39.89
	苏北	59	32.24
是否获证	是	107	58.47
	否	76	41.53
文化程度	初中及以下	59	32.24
	高中（或中职）	80	43.72
	大专（或高职）	28	15.30
	本科及以上	16	8.74
从农年限	3年及以下	29	15.85
	4~6年	44	24.04
	7~9年	28	15.30
	10年及以上	82	44.81
从农前职业	长期务农	58	31.69
	转业军人	10	5.46
	在外务工	35	19.13
	大学生创业	7	3.83
	其他	73	39.89
岗位	专业大户	31	16.94
	家庭农场主	92	50.27

变量	类别	人数	占比/%
岗位	合作社负责人	23	12.57
	涉农企业负责人	13	7.10
	其他新型农业经营主体经营者	24	13.11
经营规模	50 亩及以下	57	31.15
	51～100 亩	25	13.66
	101～300 亩	43	23.50
	301～500 亩	29	15.85
	501～1000 亩	18	9.84
	1001 亩及以上	11	6.01
个人年收入	10 万元及以下	66	36.07
	11 万～20 万元	63	34.43
	21 万～30 万元	26	14.21
	31 万～40 万元	9	4.92
	41 万～50 万元	6	3.28
	51 万元及以上	13	7.10
每年参训次数	1 次	32	17.49
	2 次	35	19.12
	3 次及以上	116	63.39

（二）项目分析

对预测数据进行项目分析和信效度检验是编制正式问卷的依据。项目分析是探究高低分组在每个题项中的差异或题项间的同质性检验，目的是检验研究者编制的新型职业农民培训效果问卷题项的适切性，项目分析结果可作为删题依据。[1] 本研究主要采用临界比值法和同质性检验进行项目分析。

临界比值法（critical ration）也称为极端值法。用临界比值法进

---

[1] 吴明隆. 问卷统计分析实务：SPSS 操作与应用 ［M］. 重庆：重庆大学出版社，2018：158.

行项目分析的过程为：计算问卷总分—按总分高低排序—确定临界分数（高低分上下的27%）—分为两组—独立样本 t 检验。其理念类似于鉴别度，主要判别题项是否具有区别受试者评价培训效果好坏的功能。本研究以临界比值大于或等于3.000作为题项删选依据。结果显示，预测问卷所有题项在95%的置信区间内的 t 值均大于3.000，表示所有题项的鉴别度较好，不需要删题。

在项目分析中，还可以采用同质性检验的方法进行删题。同质性检验的删题标准为相关系数小于0.400、共同因素的因素负荷量小于0.450。❶ 本研究预测问卷同质性检验结果显示，所有题项与总分的相关系数均不小于0.400，共同性不小于0.200，因素负荷量不小于0.450，不需要删题（见表3-21）。

表3-21 新型职业农民培训效果问卷项目分析摘要（ $N = 183$ ）

题项	决断值（ t 值）	题项与总分相关	共同性	因素负荷量	备注
GL1	7.683 ***	0.586 **	0.331	0.575	保留
GL2	4.940 ***	0.546 **	0.292	0.541	保留
GL3	4.840 ***	0.523 **	0.272	0.521	保留
GL4	5.294 ***	0.563 **	0.319	0.565	保留
GL5	5.815 ***	0.609 **	0.370	0.608	保留
GL6	5.879 ***	0.607 **	0.367	0.606	保留
GL7	5.688 ***	0.591 **	0.353	0.594	保留
NR1	5.622 ***	0.574 **	0.324	0.569	保留
NR2	6.720 ***	0.688 **	0.473	0.687	保留
NR3	7.493 ***	0.727 **	0.524	0.724	保留
NR4	6.791 ***	0.683 **	0.469	0.685	保留

❶ 吴明隆. 问卷统计分析实务：SPSS 操作与应用 [M]. 重庆：重庆大学出版社，2018：160. 根据本书，同质性检验主要采用积差相关法，求题项总分与每个题项的相关系数，若相关系数小于0.400，表示题项与问卷概念间的关系不是十分密切，考虑删除。共同性表示题项能解释共同特质或属性的变异量，因素负荷量则表示题项与因素相关的程度，题项与共同因素的因素负荷量越高，表示题项与总问卷关系越密切，若个别题项与共同因素的因素负荷量小于0.450，则表示共同因素能解释个别题项的变异小于20%，此题项也可考虑删去。

题项	决断值（t 值）	题项与总分相关	共同性	因素负荷量	备注
NR5	8.193***	0.706**	0.494	0.703	保留
XS1	7.918***	0.739**	0.547	0.740	保留
XS2	7.363***	0.686**	0.478	0.691	保留
XS3	7.483***	0.642**	0.414	0.643	保留
XS4	5.938***	0.643**	0.422	0.650	保留
XS5	7.980***	0.621**	0.379	0.615	保留
SK1	6.600***	0.586**	0.342	0.585	保留
SK2	6.527***	0.620**	0.382	0.618	保留
SK3	8.083***	0.666**	0.442	0.665	保留
SK4	8.439***	0.700**	0.487	0.698	保留
SZ1	6.681***	0.704**	0.504	0.710	保留
SZ2	7.867***	0.698**	0.487	0.698	保留
SZ3	10.196***	0.733**	0.530	0.728	保留
SZ4	10.184***	0.700**	0.482	0.694	保留
SZ5	10.292***	0.744**	0.551	0.742	保留
GZ1	9.341***	0.712**	0.499	0.706	保留
GZ2	8.588***	0.664**	0.435	0.660	保留
GZ3	10.088***	0.742**	0.540	0.735	保留
BX1	8.053***	0.493**	0.224	0.474	保留
BX2	6.822***	0.540**	0.277	0.526	保留
BX3	6.473***	0.540**	0.275	0.525	保留
BX4	7.193***	0.761**	0.583	0.763	保留
BX5	6.931***	0.727**	0.531	0.729	保留
BX6	8.647***	0.757**	0.569	0.754	保留
BX7	9.139***	0.747**	0.550	0.742	保留
LN1	6.899***	0.729**	0.539	0.734	保留
LN2	8.391***	0.718**	0.521	0.721	保留
LN3	7.160***	0.766**	0.602	0.776	保留

题项	决断值（t 值）	题项与总分相关	共同性	因素负荷量	备注
LN4	7.005***	0.757**	0.593	0.770	保留
LN5	6.711***	0.722**	0.541	0.735	保留
LN6	8.256***	0.762**	0.591	0.769	保留
LN7	6.874***	0.689**	0.489	0.699	保留
JN1	6.556***	0.748**	0.577	0.759	保留
JN2	8.588***	0.775**	0.613	0.783	保留
JN3	10.315***	0.785**	0.627	0.792	保留
JN4	11.102***	0.844**	0.724	0.851	保留
JN5	11.147***	0.790**	0.635	0.797	保留
JN6	11.605***	0.816**	0.682	0.826	保留
JN7	8.614***	0.804**	0.664	0.815	保留
JN8	9.621***	0.797**	0.650	0.806	保留
JN9	9.614***	0.833**	0.704	0.839	保留
JN10	10.881***	0.815**	0.665	0.815	保留
JN11	11.275***	0.839**	0.709	0.842	保留
NL1	9.752***	0.779**	0.611	0.781	保留
NL2	10.082***	0.812**	0.665	0.815	保留
NL3	10.193***	0.798**	0.638	0.798	保留
NL4	11.094***	0.812**	0.659	0.812	保留
NL5	10.936***	0.768**	0.590	0.768	保留
NL6	10.087***	0.775**	0.601	0.776	保留
RT1	8.524***	0.761**	0.585	0.765	保留
RT2	8.013***	0.745**	0.558	0.747	保留
RT3	9.478***	0.792**	0.627	0.792	保留
RT4	9.552***	0.704**	0.487	0.698	保留
XW1	9.752***	0.761**	0.580	0.761	保留
XW2	9.766***	0.703**	0.490	0.700	保留
XW3	13.778***	0.771**	0.588	0.767	保留
XW4	11.837***	0.803**	0.639	0.800	保留

题项	决断值（t值）	题项与总分相关	共同性	因素负荷量	备注
XW5	11.867***	0.741**	0.544	0.737	保留
XW6	11.717***	0.764**	0.580	0.762	保留
GRXY1	7.597***	0.725**	0.533	0.730	保留
GRXY2	7.617***	0.727**	0.532	0.730	保留
GRXY3	8.056***	0.723**	0.530	0.728	保留
GRXY4	10.545***	0.742**	0.547	0.739	保留
GRXY5	10.007***	0.756**	0.570	0.755	保留
GRXY6	8.096***	0.717**	0.516	0.718	保留
GRXY7	11.470***	0.653**	0.408	0.639	保留
GRXY8	10.638***	0.674**	0.436	0.660	保留
JJXY1	11.381***	0.769**	0.591	0.769	保留
JJXY2	11.837***	0.787**	0.619	0.787	保留
JJXY3	10.333***	0.794**	0.630	0.794	保留
JJXY4	9.553***	0.753**	0.570	0.755	保留
JJXY5	8.807***	0.764**	0.580	0.762	保留
JJXY6	9.552***	0.747**	0.557	0.746	保留
JJXY7	10.130***	0.755**	0.564	0.751	保留
NMDW1	6.743***	0.733**	0.551	0.743	保留
NMDW2	8.199***	0.777**	0.618	0.786	保留
NMDW3	10.075***	0.743**	0.554	0.745	保留
NMDW4	10.014***	0.758**	0.576	0.759	保留
SHXY1	8.514***	0.718**	0.504	0.710	保留
SHXY2	10.559***	0.795**	0.624	0.790	保留
SHXY3	9.283***	0.756**	0.566	0.753	保留
SHXY4	9.526***	0.792**	0.625	0.791	保留
SHXY5	8.629***	0.714**	0.501	0.708	保留
SHXY6	9.194***	0.765**	0.585	0.765	保留
SHXY7	9.152***	0.750***	0.569	0.755	保留
判标准则	≥3.000	≥0.400	≥0.200	≥0.450	保留

注：***表示$P<0.001$；**表示$P<0.01$。

（三）因素分析

项目分析结束以后，为了说明问卷的题项能在多大程度上验证理论构想，还需要进行因素分析。探索性因素分析是以统计检验的实证方法去检验测量工具效度的常用方法。探索性因素分析是通过提取变量间的共同因素找出问卷的潜在结构，以较少的变量代表原先复杂的数据结构。[1] 经常用巴特利特（Bartlett）球形检验来判定样本数据是否适合做探索性因素分析，判断依据为 KMO 值的大小。一般而言，KMO 值在 [0，1] 区间内，数值越大，说明变量间的共同因素越多，越适合进行因素分析。根据学者凯泽（Kaiser）的观点，KMO 值至少在 0.600 以上才适合做因素分析。另外，由于因素分析的可靠性还与样本数的多少密切相关，一般认为样本数是问卷题项数（非问卷总题数）的 5 倍及以上适合做探索性因素分析。[2] 本研究三份子问卷的样本数均超过题项数的 5 倍，且预测结果如表 3 – 22 所示，KMO 值分别为 0.933、0.947、0.923，均大于 0.900，P 值均为 0.000，说明本研究的三份子问卷的题项非常适合做因素分析。

表 3 – 22　新型职业农民培训效果问卷 KMO 值和巴特利特球形检验

指标		满意度问卷	职业素养养成度问卷	培训成效外溢度问卷
KMO 值		0.933	0.947	0.923
巴特利特球形检验	近似卡方分布	6379.893	8166.740	5871.261
	自由度	630	561	325
	显著性	0.000	0.000	0.000

本研究三份子问卷均采用主成分分析法（PEA）提取共同因素，配合最大方差法进行旋转获得成分矩阵。通过探索性因素分析，三份子问卷通过旋转分别抽取了 5 个、4 个和 3 个特征值大于 1 的因素，累积解释率分别为 74.065%、78.608%、77.687%。然后，需要对不

---

[1] 吴明隆. 问卷统计分析实务：SPSS 操作与应用 [M]. 重庆：重庆大学出版社，2018：196.

[2] 吴明隆. 问卷统计分析实务：SPSS 操作与应用 [M]. 重庆：重庆大学出版社，2018：207–208.

适切的题项进行删除，删除原则主要有题项之间存在重复、包含关系、题项维度存在明显归类不当等。通过多次的探索与试验，三份子问卷分别在依次删去 XS5、SK1、SZ1、SZ2、SK4、SK3、SK2、JN1、JN7、JN6，GRXY8、JJXY2、GRXY7、JJXY5、JJXY1、JJXY6、JJXY7题项之后，问卷抽取的共同因素与研究者编制问卷之前的理论框架结构较为一致。经探索性因素分析，培训整体满意度问卷中将"培训形式"与"培训内容"两个指标合并为一个指标；将"培训师资"与"跟踪服务"两个指标合并为一个指标；将"培训管理"拆成"培训组织"与"培训设施"两个指标。职业素养养成度问卷中将"职业知识和技能的提升"和"企业家能力的形成"合成为一个指标；培训成效外溢度问卷中将"社会责任意识的增强""经济效益"和"农民地位的提升"的部分题项合并为一个指标（见表 3 – 23 ～ 表 3 – 25）。

表 3 – 23 培训满意度旋转成分矩阵（$N = 183$）

题项	因素				
	1	2	3	4	5
NR2	0.756				
NR4	0.748				
XS4	0.732				
XS2	0.729				
XS1	0.727				
NR3	0.716				
XS3	0.694				
NR5	0.690				
NR1	0.578				
GZ1		0.811			
GZ3		0.768			
GZ2		0.714			
SZ4		0.662			

续表

题项	因素				
	1	2	3	4	5
SZ5		0.618			
SZ3		0.606			
BX7			0.516		
BX3			0.788		
BX2			0.786		
BX5			0.727		
BX1			0.707		
BX4			0.676		
BX6			0.660		
GL5				0.769	
GL7				0.765	
GL6				0.705	
GL4				0.671	
GL3					0.793
GL2					0.742
GL1					0.632
特征值	6.123	4.785	4.590	3.484	2.498
解释率/%	21.113	16.499	15.827	12.012	8.614
累计解释率/%	21.113	37.611	53.439	65.451	74.065

表 3 – 24　职业素养养成度旋转成分矩阵（$N = 183$）

题项	因素			
	1	2	3	4
NL5	0.750			
NL6	0.729			
NL3	0.705			
NL2	0.683			

题项	因素			
	1	2	3	4
JN11	0.683			
NL1	0.678			
NL4	0.672			
JN10	0.605			
JN9	0.605			
JN8	0.588			
JN2	0.584			
JN4	0.583			
JN5	0.562			
JN3	0.548			
LN5		0.832		
LN4		0.807		
LN7		0.794		
LN6		0.784		
LN3		0.772		
LN1		0.685		
LN2		0.584		
XW5			0.806	
XW2			0.790	
XW3			0.743	
XW1			0.729	
XW6			0.716	
XW4			0.603	
RT2				0.790
RT4				0.752
RT3				0.668
RT1				0.570

题项	因素			
	1	2	3	4
特征值	7.333	7.080	6.094	3.862
解释率/%	23.653	22.839	19.659	12.457
累计解释率/%	23.635	46.492	66.151	78.608

表 3-25　培训成效外溢度旋转成分矩阵（$N=183$）

题项	因素		
	1	2	3
NMDE3	0.780		
SHZR7	0.769		
SHZR6	0.732		
NMDW4	0.722		
NMDW2	0.676		
JJXY4	0.675		
JJXY3	0.582		
SHZR1		0.847	
SHZR2		0.804	
SHZR4		0.758	
SHZR3		0.752	
SHZR5		0.730	
GRXY3			0.828
GRXY1			0.810
GRXY2			0.801
GRXY4			0.691
NMDW1			0.649
GRXY6			0.641
GRXY5			0.574
特征值	5.050	5.035	4.676
解释率/%	26.577	26.499	24.611
累计解释率/%	26.577	53.076	77.687

（四）信度分析

信度是指问卷工具测得结果的稳定性和一致性。因素分析结束后，需要对问卷各层面的信度和总问卷的信度继续进行检验。信度检验通常选择克隆巴赫 α 系数，一般要求问卷内部一致性信度系数在 0.700 以上，最好高于 0.800，而本研究的分问卷和整体问卷内部一致性信度系数均高于 0.800（见表 3 - 26），说明问卷信度很好。

表 3 - 26　新型职业农民培训效果问卷的信度（$N = 183$）

指标	培训满意度	职业素养养成度	培训成效外溢度	总问卷
题项数	29	31	19	79
内部一致性 α 系数值	0.966	0.981	0.968	0.988

四、新型职业农民培训效果评价指标体系的修正

新型职业农民培训效果评价指标体系在不断调整和修正的过程中逐步完善。根据探索性因素分析的结果，笔者再次对新型职业农民培训效果评价指标体系进行了修正。

经探索性因素分析，将"培训形式"与"培训内容"合并为一个维度，将"培训师资"与"跟踪服务"合并为一个维度，将"培训管理"拆成"培训组织"与"培训设施"两个维度。于是，笔者结合之前的理论研究、专家建议和探索性因素分析结果，将培训总体满意度问卷由原来的 7 个二级指标调整并重新命名为"培训组织""培训设施与服务""培训内容与形式""培训师资与跟踪""参训表现"5 个二级指标；职业素养养成度问卷由原来的 5 个二级指标调整并重新命名为"职业理念的更新""职业能力的提升""职业认同感的增强""职业行为的转变"4 个二级指标；培训成效外溢度问卷由原来的 4 个二级指标调整并重新命名为"个人职业发展效益""职业农民地位提升效益""带动辐射效益"3 个二级指标（见表 3 - 27）。

表 3 – 27　新型职业农民培训效果评价指标体系

一级指标	二级指标
培训满意度	培训组织
	培训设施与服务
	培训内容与形式
	培训师资与跟踪
	参训表现
职业素养养成度	职业理念的更新
	职业能力的提升
	职业认同感的增强
	职业行为的转变
培训成效外溢度	个人职业发展效益
	职业农民地位提升效益
	带动辐射效益

第五节　新型职业农民培训效果评价指标体系的赋权

开展新型职业农民培训效果评价的关键是构建一套科学合理的评价指标体系。本研究按照"框架构建—筛选指标—赋权"的步骤构建了新型职业农民培训效果评价指标体系。本节主要是在比较分析各种赋权方法优劣的基础上，选用层次分析法确定每个评价指标的相对权重，形成一套完整的新型职业农民培训效果评价指标体系。

一、确定权重的方法及其应用

由于各个指标在评价新型职业农民培训效果时具有不同的重要性，为了准确地反映每个指标的重要程度差异，需要对各级评价指标赋予权重系数。[1] 指标权重的确定方法至关重要，评价结果的可信程

---

[1] 杜栋，庞庆华，吴炎. 现代综合评价方法与案例精选［M］. 北京：清华大学出版社，2015：2.

度在很大程度上依赖于评价指标权重确定的科学性。就评价指标的赋权方法而言，在实践中主要有定性、定量及定性和定量相结合等不同的方法。常用的确定指标权重的方法主要包括专家法、投资回报率计量的经济分析法、层次分析法、模糊综合评价法、主成分分析法等（见表3-28）。鉴于每种方法都有其优缺点，选择不同的方法可能会导致不一样的结果，因此，在进行多指标综合评价时，要根据具体问题的侧重点选择不同的评价方法，以便充分发挥信息技术的优势，尽量使评价结果客观易懂。根据以上分析，考虑到研究目的和研究对象的特殊性，本研究在遵循评价数据的可获得性、评价程序的简便性和评价结果客观性的基础上，采用主客观结合的层次分析法确定指标权重。层次分析法是一种常用的定性和定量相结合的指标赋权方法。❶本研究借助迈实AHP层次分析法软件确定新型职业农民培训效果各评价指标的权重系数。

表3-28 确定指标权重的常用方法

评价方法	主要特点	优点	缺点
专家法/德尔菲法（DelPhi）❷	依靠专家经验判断	模糊性、灵活性	缺乏标准、主观性强
经济分析法	成本收益的经济分析	具体、直观	忽视其他影响因素
层次分析法（AHP）❸	将复杂问题的各因素按隶属关系分为几个有序递阶的层次，建立判断矩阵，用数学方法计算每层各指标的相对重要性权重	系统性、层次性；定性与定量相结合	易受评价专家的主观影响；评价过程的随机性；判断矩阵易出现不一致

❶ 卢天鸣，夏梦雷，曹林，等.装备采购综合评价指标权重确定的群组层次分析方法[M].信息系统工程，2021（1）：142.

❷ 徐蔼婷.德尔菲法的应用及其难点[J].中国统计，2006（9）：57-59.

❸ 李海燕，曹文瑞，吴少林，等.我国科技人才评价指标体系和综合评价方法综述[J].中华医学科研管理杂志，2006（6）：382-383.

续表

评价方法	主要特点	优点	缺点
模糊综合评价法（PCE）❶	依据信息的效用价值确定指标的权重	定性与定量相结合；可以有效解决不确定性问题；信息量丰富	隶属函数确定困难、指标间的信息重复、指标权重的主观性
主成分分析法（PCA）❷	降维，将多个指标转化成少数指标	降维思想解决指标之间的重叠问题；各指标的权重根据因子贡献率大小确定	过程烦琐，样本量要求大；适用于指标间呈线性关系的情况

（一）层次分析法的基本思路

层次分析法（Analytic Hierarchy Process，AHP）是美国运筹学家、匹茨堡大学教授托马斯·萨蒂（Thomas L. Saaty）提出的一种较为成熟、科学、有效的赋权方法，也是目前确定指标体系权重系数最常用的方法之一。层次分析法是一种将复杂问题划分为条理清楚的多层级模型的定性与定量相结合的决策方法。层次分析法的操作过程：首先，将结构复杂、变量繁多的评价问题分为目标层、领域层和指标层的多层次结构模型；其次，通过构建两两比较判断矩阵的方法，邀请专家根据指标重要性进行打分；最后，计算判断矩阵特征向量，求出评价指标相对于评价目标的重要性。❸ 为了减少专家的个体主观偏差和多个专家"众口难调"等问题，层次分析法一般只需要收集较少的数据。层次分析法通过对构建的判断矩阵一致性进行检验，提高了指标权重的科学性和精确度，同时，计算机在计算判断矩阵时运用方根法、幂法和积法等思路处理数据，具有较强的操作性，这在一定程度上提高了确定权重的信度和效度。

---

❶ 虞晓芬，傅玳. 多指标综合评价方法综述［J］. 统计与决策，2004（11）：119 - 121.

❷ 吴明隆. 问卷统计分析实务：SPSS 操作与应用［M］. 重庆：重庆大学出版社，2010：412 - 435.

❸ 郭亚军. 综合评价理论、方法及应用［M］. 北京：科学出版社，2007：28.

（二）层次分析法的实施步骤

1. 建立层次结构模型

在计算各指标权重之前，首先需要将评价目标划分为几个不同的层次，建立一个递进层次结构模型。通常而言，包括顶层图元（目标层）、中间层图元（领域层）、底层图元（指标层）三个层次，上一层次的元素对相邻的下一层次的部分或者全部元素具有支配作用。本研究主要构建了如图3-5所示的新型职业农民培训效果评价三层次指标体系结构模型。

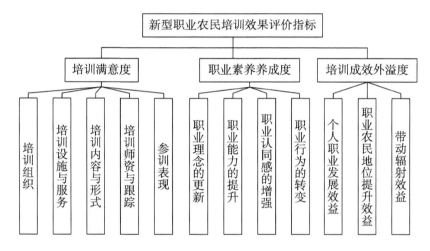

图3-5　新型职业农民培训效果评价层次结构模型

2. 构造判断矩阵

根据新型职业农民培训效果评价指标体系的层次结构模型，本研究的判断矩阵包括1个一阶矩阵和3个二阶矩阵（见表3-29~表3-32）。

表3-29　关于培训效果的一阶维度比较

指标	培训满意度	职业素养养成度	培训成效外溢度
培训满意度	1		
职业素养养成度		1	
培训成效外溢度			1

表 3 – 30　关于培训满意度的二阶维度比较

指标	培训组织	培训设施与服务	培训内容与形式	培训师资与跟踪	参训表现
培训组织	1				
培训设施与服务		1			
培训内容与形式			1		
培训师资与跟踪				1	
参训表现					1

表 3 – 31　关于职业素养养成度的二阶维度比较

指标	职业理念的更新	职业能力的提升	职业认同感的增强	职业行为的转变
职业理念的更新	1			
职业能力的提升		1		
职业认同感的增强			1	
职业行为的转变				1

表 3 – 32　关于培训成效外溢度的二阶维度比较

指标	个人职业发展效益	职业农民地位提升效益	带动辐射效益
个人职业发展效益	1		
职业农民地位提升效益		1	
带动辐射效益			1

3. 计算重要性排序和一致性检验

本研究以其中一位专家（专家1）的判断矩阵调查计算结果为例。专家1关于新型职业农民培训效果一阶判断矩阵的计算结果为：培训满意度权重0.0909，职业素养养成度权重0.4545，培训成效外溢度权重0.4545；一致性检验结果为 $\lambda_{max} = 3.0000$，$CR = 0$，$CI = 0$，通过一致性检验。专家1关于培训满意度二阶判断矩阵的计算结果为：培训组织权重0.0601，培训设施与服务权重0.0601，培训内容与形式权重 0.0712，培训师资与跟踪权重 0.2849，参训表现权重 0.5238；一致性检验结果为 $\lambda_{max} = 5.1585$，$CR = 0.0354$，$CI = 0.0396$，通过一致性检验。专家 1 关于职业素养养成度二阶判断矩阵的计算结果为：职业理念的更新权重 0.1327，职业能力的提升权重 0.1327，职业认同感的增强权重 0.5839，职业行为的转变权重 0.1508；一致性检验结果为 $\lambda_{max} = 4.0327$，$CR = 0.0123$，$CI = 0.0109$，通过一致性检验。专家 1 关于培训成效外溢度二阶判断矩阵的计算结果为：个人职业发展效益权重 0.3214，职业农民地位提升效益权重 0.2282，带动辐射效益权重 0.4503；一致性检验结果为 $\lambda_{max} = 3.1026$，$CR = 0.0987$，$CI = 0.0513$，通过一致性检验。专家 1 的总排序的一致性检验结果为 0.0429，$CR < 0.1000$，通过一致性检验。

二、新型职业农民培训效果评价指标权重

为了确保新型职业农民培训效果评价指标权重确定的科学性，本研究一方面从新型职业农民研究层面、实施层面和受训层面慎重选择了 8 位专家（见表 3 – 33）；另一方面为了避免专家对指标内涵的理解偏差和不认真研读打分规则而影响调查结果，笔者选择与专家一对一当面交流，在专家打分之前，笔者向专家详细介绍了各个指标的内涵与打分方法。再借助迈实 AHP 层次分析法软件通过以上计算方法获得 8 位专家的打分结果指标权重，通过归一化处理，最终获得新型职业农民培训效果评价指标体系的权重系数。

表 3 – 33　专家基本情况表

专家	性别	职称	学历	年龄/岁	主要工作
1	男	教授	博士	56	农村职业教育研究
2	女	副教授	博士	40	农村职业教育研究
3	女	副教授	博士	37	职业教育研究
4	女	讲师	博士	30	新型职业农民研究
5	男	副教授	硕士	41	新型职业农民培训
6	男	副教授	硕士	40	新型职业农民培训

专家	性别	职称	学历	年龄/岁	主要工作
7	男	—	本科	38	家庭农场主
8	女	—	大专	36	家庭农场主

由最终确定的新型职业农民培训指标权重系数可知：一级指标培训满意度的权重系数为 0.0906，职业素养养成度的权重系数为 0.3200，培训成效外溢度的权重系数为 0.5894；二级指标培训组织的权重系数为 0.0062，培训设施与服务的权重系数为 0.0046，培训内容与形式的权重系数为 0.0179，培训师资与跟踪的权重系数为 0.0288，参训表现的权重系数为 0.0331，职业理念的更新的权重系数为 0.0970，职业能力的提升的权重系数为 0.0524，职业认同感的增强的权重系数为 0.0956，职业行为的转变的权重系数为 0.0750，个人职业发展效益的权重系数为 0.2567，职业农民地位提升效益的权重系数为 0.1398，带动辐射效益的权重系数为 0.1930（见表 3 - 34）。

表 3 - 34　新型职业农民培训效果评价指标体系权重系数

一级指标	权重	二级指标	同级权重	全局权重
培训满意度	0.0906	培训组织	0.0684	0.0062
		培训设施与服务	0.0504	0.0046
		培训内容与形式	0.1974	0.0179
		培训师资与跟踪	0.3179	0.0288
		参训表现	0.3659	0.0331
职业素养养成度	0.3200	职业理念的更新	0.3031	0.0970
		职业能力的提升	0.1637	0.0524
		职业认同感的增强	0.2988	0.0956
		职业行为的转变	0.2344	0.0750
培训成效外溢度	0.5894	个人职业发展效益	0.4354	0.2567
		职业农民地位提升效益	0.2371	0.1398
		带动辐射效益	0.3274	0.1930

第四章 评价实施：新型职业农民培训效果评价的实践应用

为了全面了解江苏省生产经营型新型职业农民培训的效果，本研究在修正前期开发的研究工具——《新型职业农民培训效果调查问卷》的基础上，进行了相关数据的收集，旨在对江苏省生产经营型新型职业农民培训效果作出客观评价。

第一节 新型职业农民培训效果调查的设计与实施

一、评价方案设计

（一）评价目的

由政府出资对农村劳动力进行培训是一项典型的积极劳动力市场政策，是各国在提升弱势群体人力资本水平，使其跟上技术进步与经济发展步伐的共同举措。对新型职业农民培训效果进行调查，尤其是对参训农民进行调查，可以有效地了解参训农民对培训设计、组织、实施的满意程度，准确把握参训农民对培训内容的掌握、吸收以及应用情况，为改进培训的设计、组织、实施，提升培训质量和出台针对性的扶持政策提供有力依据。

（二）评价工具

本研究使用的调查工具是严格遵守理论构建、题项编写、测试、项目分析、因素分析、信效度检验等问卷编制程序所得到的正式问卷。《新型职业农民培训效果调查问卷》主要包括两部分：一是调查对象的基本信息；二是根据李克特量表设计的参训农民对新型职业农民培训效果的态度或者看法的陈述。量表的所有题项都采用 5 级打分法，要求被调查者对其参加的新型职业农民培训效果进行 1~5 级的评价，数字 1~5 分别表示"非常不符合""比较不符合""一般符合""比较符合""非常符合"。通过 SPSS 25.0 对《新型职业农民培训效果调查问卷》的信度进行检验，该问卷的内部一致性系数为0.9940，信度指标非常理想。

（三）评价数据抽样

本研究的目标人群是江苏省参加过培训的生产经营型新型职业农民，包括专业大户、家庭农场主、合作社骨干、农业企业负责人等。为了确保所选样本具有代表性，并能有效避免预测阶段有效问卷回收率低的问题，结合研究问题的需要，本次调查采取随机抽样与滚雪球抽样相结合的抽样方式，统一采用线上填答问卷。为了有效避免参训农民现场与网络重复答题或者同一研究对象线上反复答题等问题，笔者在"问卷星"上制作了网络问卷，并设置了一个 IP 地址仅能提交一次答卷的功能。

二、调查数据的采集

考虑到培训效果具有滞后性，有时需要经过几个月甚至更长时间才能显现，也就是说培训行为的迁移具有"睡眠效应"[1]，柯氏四级评价模型要求即时效果评价最好在培训一结束就进行，而延时效果评价则最好在培训结束 2~6 个月后才能进行。本研究在评价新型职业农民培训效果时综合考虑了即时效果和延时效果，但问卷是一次性发放的，主要是基于以下三个方面的考虑：一是江苏省自 2015 年被定为整省推进新型职业农民培育省份以来，每年都有部级、省级、地市级、县（区）级新型职业农民培训，新型职业农民每年至少有一次培训机会。通过调查参训农民对培训实施过程的满意程度以及反思"我从培训中学到了什么"，有助于把握培训的即时效果。而在全省试点

---

[1] 石金涛. 培训与开发［M］. 北京：中国人民大学出版社，2009：186.

工作几年后，参训农民对自己之前所参与的所有培训进行"反观"，反思"我在实际工作中运用了哪些知识与技能""运用培训所学给我带来了什么"，有助于把握延时效果。二是在参训农民填写问卷之前研究者已强调，此次调查不是针对某一次新型职业农民培训活动，也包括受训者之前参加的培训。三是农民分散在各村庄，分开评价难以保证前后为同一批农民，操作难度大。正式问卷的具体发放时间为2021年4月7日到2021年4月25日，共在江苏省内发放问卷1039份，收回有效问卷861份，问卷有效率为82.87%。研究者对问卷进行严格审核，将填写不完整、作答时间过短、有明显规律性作答特征的问卷视为无效问卷。本次调研对象的基本信息见表4－1。

表4－1　有效正式问卷基本信息（N＝861）

变量	类别	人数	占比/%
性别	男	612	71.08
	女	249	28.92
是否为村干部	是	245	28.46
	否	616	71.54
是否为党员	是	305	35.42
	否	556	64.58
年龄	30周岁及以下	55	6.38
	31～40周岁	222	25.78
	41～50周岁	321	37.28
	51～60周岁	240	27.87
	61周岁及以上	23	2.67
所在区域	苏南	279	32.40
	苏中	229	26.60
	苏北	353	41.00
是否获证	是	615	71.43
	否	246	28.57
文化程度	初中及以下	203	23.58
	高中（或中职）	350	40.65

变量	类别	人数	占比/%
文化程度	大专（或高职）	238	27.64
	本科及以上	70	8.13
从农年限	3 年及以下	150	17.42
	4～6 年	214	24.85
	7～9 年	124	14.40
	10 年及以上	373	43.32
从农前职业	长期务农	258	29.96
	转业军人	40	4.65
	在外务工	161	18.70
	大学生创业	27	3.14
	其他	375	43.55
经营形式	专业大户	157	18.23
	家庭农场主	337	39.14
	合作社负责人	112	13.00
	涉农企业负责人	63	7.32
	其他新型农业经营主体经营者	192	22.30
经营规模	50 亩及以下	374	43.44
	51～100 亩	108	12.54
	101～300 亩	155	18.00
	301～500 亩	109	12.66
	501～1000 亩	75	8.71
	1001 亩及以上	40	4.65
个人年收入	10 万元及以下	361	41.92
	11 万～20 万元	295	34.26
	21 万～30 万元	95	11.03
	31 万～40 万元	50	5.81
	41 万～50 万元	21	2.44
	51 万元及以上	39	4.53

变量	类别	人数	占比/%
每年参训次数	1 次	218	25. 32
	2 次	224	26. 02
	3 次及以上	419	48. 66

第二节 新型职业农民培训效果调查结果分析

为了了解和把握江苏省生产经营型新型职业农民培训的实际效果，本研究通过《新型职业农民培训效果调查问卷》收集江苏省范围内参加过培训的生产经营型新型职业农民对培训真实感受的相关数据，依据层次分析法对指标体系中各个指标的赋权权重，对江苏省生产经营型新型职业农民培训效果总体状况和参训农民对培训满意度、职业素养养成度和培训成效外溢度三个层面的效果进行描述性统计与差异检验。

一、描述性统计结果

为了比较不同层次的培训效果，使后面的分析更加具体、准确，本研究在对新型职业农民培训总体效果进行描述性统计分析的基础上，分别对培训满意度、职业素养养成度和培训成效外溢度三个维度进行描述性统计分析。

（一）培训效果总体水平测评结果分析

新型职业农民培训效果问卷采用 5 级计分法，利用 SPSS 25. 0 软件对江苏省参加过培训的生产经营型新型职业农民反馈的数据进行加权统计，结果见表 4 – 2。

表 4 – 2 新型职业农民培训效果总体水平的描述性统计结果（$N = 861$）

测评项目	M	SD
培训效果	4. 116	0. 571

续表

测评项目	M	SD
培训满意度	4.619	0.660
职业素养养成度	4.658	0.657
培训成效外溢度	3.744	0.533

由表4-2可以看出，江苏省生产经营型新型职业农民培训效果总体水平的平均得分为4.116，标准差为0.571，此处采用的是5级量表，取值范围为1～5，中间值为3，培训效果平均得分大于3，可见江苏省生产经营型新型职业农民培训效果总体良好。就三个维度而言，培训满意度维度的平均值为4.619，标准差为0.660；职业素养养成度维度的平均值为4.658，标准差为0.657；培训成效外溢度维度的平均值为3.744，标准差为0.533。这说明参训农民不仅对培训组织、实施过程和保障的满意度较高，而且通过几年的培训，参训农民学有所得，养成了较高的职业素养，同时参训农民也能将所学、所见与所闻融入自己的工作中，基本做到了学以致用，培训所学为其个人职业发展和职业农民地位的提升带来了一定的效益。从培训满意度、职业素养养成度和培训成效外溢度三个维度的比较来看，职业素养养成度维度的测评效果最好，培训满意度维度次之，培训成效外溢度维度相对而言最差。表4-2中的数据说明通过一轮一轮的新型职业农民培训工作，参训农民不仅从培训中学到了一些从事农业生产、经营、管理所需的知识和技能，提升了自身的职业能力，而且更新了职业理念，加深了对农民这一职业的认识，并能在工作中改变自身的一些行为。同时，数据也表明受训农民对政府主导的新型职业农民培训项目总体满意，但是相比之下，培训成效外溢度仍然有待提高，受训农民认为培训所学给他们带来的各个方面的效益略显不足，这表明新型职业农民培训的实际成效与政府开发培训项目的初衷还存在一定的距离。从被试对问卷的回答来看，不管是江苏省新型职业农民培训总体效果，还是培训满意度、职业素养养成度和培训成效外溢度三个维度，都存在最大值与最小值差距大的现象（最大值5分，最小值1

分），这表明不同的农民对培训效果的看法存在较大的差异，从一定程度上说明江苏省新型职业农民培训在培训内容、培训方式等的选择方面对参训农民的个别差异考虑不足，根据具有不同需求的农民开展的针对性培训不够，培训的精准度有待提高。

（二）培训满意度维度测评结果分析

在对新型职业农民培训效果总体水平进行描述性统计之后，本研究分别对培训满意度、职业素养养成度和培训成效外溢度 3 个一级指标进行了更为细致的描述性统计分析。其中培训满意度这一维度的均值为 4.619，标准差为 0.660，得分较高，说明江苏省的参训农民对新型职业农民培训的总体满意度较高。培训满意度包括培训组织、培训设施与服务、培训内容与形式、培训师资与跟踪、参训表现 5 个二级指标。本研究用以上 5 个二级指标表征参训农民对培训的总体满意程度，具体为参训农民对培训开始前组织安排的满意程度，对培训实施过程中内容、形式、师资的满意程度，对培训设施和管理服务等支持性条件的满意程度，对培训结束后跟踪服务的满意程度，以及参训农民对自己实际参训表现的满意程度。根据参训农民提供的反馈意见可以看出，培训满意度的 5 个二级指标得分较高，平均分都超过了4.500 分（见表 4 - 3），说明江苏省新型职业农民培训工作组织有序、培训管理规范、师资力量雄厚，农民参与度高，培训效果好。从均值来看，培训设施与服务得分最高，培训师资与跟踪得分最低，说明参训农民对培训的硬件条件和服务方面的满意度最高，对培训的软件环境、师资以及训后的跟踪服务方面的满意度相对最低。这也在一定程度上说明了与硬件安排相比，参训农民更在意师资、跟踪服务等"软实力"。

表 4 - 3　培训满意度维度的描述性统计结果（$N = 861$）

测评项目	M	SD
培训组织	4.664	0.706
培训设施与服务	4.690	0.661
培训内容与形式	4.667	0.657

续表

测评项目	M	SD
培训师资与跟踪	4.560	0.765
参训表现	4.626	0.688
培训满意度	4.619	0.660

（三）职业素养养成度维度测评结果分析

职业素养养成度这一维度的平均值为4.658，标准差为0.657，说明江苏省生产经营型新型职业农民通过培训养成了较好的职业素养。职业素养养成度包括职业理念的更新、职业能力的提升、职业认同感的增强和职业行为的转变4个二级指标，以考察参训农民通过培训，在从农理念、从农知识和技能、从农态度、从农行为等方面的转变和提升。如表4-4所示，4个指标的得分均较高，说明通过培训，参训农民的从农理念有了一定程度的转变，具备了一定的生态、绿色、有机、创新、品牌、环保等理念；学到了从农的新知识和新技能，拓宽了知识面，完善了知识结构，提升了农业生产、经营、加工、销售等部分环节或者全产业链所需的必备的技能，增强了市场能力、抗风险能力、决策能力等作为理性经济人所必备的职业能力；对新型职业农民作为一种职业有了更深的认识，坚定了自己长期从农的信心，越来越多的新型职业农民愿意让自己的子女继续从农；而且越来越多的参训农民愿意在平常的工作中尝试使用培训中学到的新知识、新技术和新模式，改变传统的农业生产、经营、加工和销售方式。从均值来看，职业理念的更新得分最高，职业认同感的增强次之，职业行为的转变得分最低，说明培训对于更新农民的职业理念所起的作用最大，在改变参训农民对农民职业的认识方面的作用次之，在转变农民职业行为方面的作用最小，并不是所有参训农民都能够学以致用。

表4-4 职业素养养成度维度的描述性统计结果 （N=861）

测评项目	M	SD
职业理念的更新	4.711	0.643

测评项目	*M*	*SD*
职业能力的提升	4.651	0.689
职业认同感的增强	4.657	0.692
职业行为的转变	4.597	0.748
职业素养养成度	4.658	0.657

（四）培训成效外溢度维度测评结果分析

由参训农民反馈的数据可知，培训成效外溢度这一维度测得的实际平均值为3.744，标准差为0.533，与以上两个维度的得分相比，这一维度的得分较低。培训成效外溢度包括个人职业发展效益、职业农民地位提升效益和带动辐射效益3个二级指标。其中，个人职业发展效益的评分均值为4.677，标准差为0.661；职业农民地位提升效益的评分均值为4.672，标准差为0.675；带动辐射效益的评分均值为1.833，标准差为0.322（见表4-5）。这说明江苏省政府主导的生产经营型新型职业农民培训项目在个人职业发展、职业农民社会地位的提升上起到了一定的作用，但其在带动周边农户共同富裕，促进农村社会经济发展方面的作用有限。究其原因，笔者认为，家庭经营仍然是目前江苏省最主要的经营模式（占比最高，达到39.10%），然而家庭的同质性经营是影响其带动辐射效益的一个重要原因，在前期访谈中就有农民谈道："外出观摩的形式很好，可以看看别人是怎么做的，开阔一下眼界，但只是走马观花地看看而已，因为人家是不会把一些关键技术告诉你的。"

表4-5　培训成效外溢度维度的描述性统计结果（*N* = 861）

测评项目	*M*	*SD*
个人职业发展效益	4.677	0.661
职业农民地位提升效益	4.672	0.675
带动辐射效益	1.833	0.322
培训成效外溢度	3.744	0.533

二、基于不同个体特征的新型职业农民培训效果差异检验

参训农民作为具有主观能动性的个体，不同个体存在的差异无疑会影响培训效果。为了了解新型职业农民培训对象不同的个体特征（人口学特征）是否会影响培训效果以及影响程度，本研究主要从性别、年龄和文化程度三个方面对新型职业农民培训效果进行差异检验。

（一）新型职业农民培训效果的性别差异检验

随着城镇化的快速发展和机械化、智能化技术在农业领域的应用，越来越多的女性"被动"或"主动"地参与到农业生产经营中，成为新型职业农民的重要组成部分。为了了解新型职业农民培训效果的性别差异，本研究将新型职业农民分为男、女两组，对其总体培训效果、培训满意度、职业素养养成度和培训成效外溢度进行独立样本 t 检验，结果见表 4 – 6。总样本共有男性 612 名，女性 249 名，统计结果显示，只有在培训满意度这个一级维度上，男、女新型职业农民的看法存在显著差异，培训总体效果和职业素养养成度、培训成效外溢度两个一级维度的统计结果不存在显著差异。但从均值来看，女性在培训总体效果和培训满意度、职业素养养成度、培训成效外溢度三个一级指标上的得分均高于男性，说明女性对培训效果的认可度要高于男性。

表 4 – 6　不同性别培训效果的差异比较

项目	性别	N	M	SD	t	p
培训效果	男	612	4.096	0.577	– 1.618	0.106
	女	249	4.165	0.555		
培训满意度	男	612	4.589	0.672	– 2.068*	0.039
	女	249	4.692	0.623		
职业素养养成度	男	612	4.635	0.665	– 1.656	0.098
	女	249	4.716	0.634		
培训成效外溢度	男	612	3.728	0.538	– 1.439	0.151
	女	249	3.785	0.520		

注：＊表示 $p < 0.050$。

为了探究原因，笔者对性别与文化程度进行交叉统计（见表4-7和表4-8），通过性别—文化程度卡方检验，发现卡方值为10.428，自由度为3，$p=0.015<0.050$，说明男、女新型职业农民在文化程度上存在显著差异。从性别—文化程度交叉表中可以发现，女性中大专（或高职）及以上学历占比明显高于男性。教育部官方数据显示，2020年我国劳动年龄人口平均受教育年限达到了10.80年，[1] 已有研究表明，职前的正规教育（文化程度）对在职培训起着非常重要的作用，接受正规教育越多的人，其学习能力越强，参与培训的积极性越高，培训效果也越好。[2] 另外，江苏作为全国经济发达地区、教育大省，社会资源丰富，接受教育的途径多元化，在"男女平等"的现代社会，女性接受再教育的机会越来越多，女性新型职业农民在接收信息、培训学习等方面的深度和广度都在不断扩展，因此，高学历人员占比相对较高的女性新型职业农民的培训效果要好于男性新型职业农民。

表4-7　性别—文化程度卡方检验（$N=861$）

项目	值	df	p
皮尔逊卡方	10.428	3	0.015
似然比	10.250	3	0.017
线性关联	9.388	1	0.002

表4-8　性别—文化程度交叉表

性别		文化程度			
		初中及以下	高中（或中职）	大专（或高职）	本科及以上
男	计数/人	154	259	156	43
	占比/%	25.16	42.32	25.49	7.03

---

[1] 我国劳动年龄人口平均受教育年限为10.8年 [EB/OL]. (2021-04-01) [2023-02-05]. http://news.jschina.com.cn/scroll/guonei/202104/t20210401_2756790.shtml.

[2] 明塞尔. 人力资本研究 [M]. 张凤林，译. 北京：中国经济出版社，2001：89.

续表

性别		文化程度			
		初中及以下	高中（或中职）	大专（或高职）	本科及以上
女	计数/人	49	91	82	27
	占比/%	19.68	36.55	32.93	10.84

从培训满意度维度来看，男、女新型职业农民存在显著差异（$p = 0.039 < 0.050$），通过独立样本 t 检验进一步对培训满意度的 5 个二级指标进行分析，发现男、女新型职业农民在培训师资与跟踪服务（$p = 0.022 < 0.050$）和参训表现（$p = 0.036 < 0.050$）两个方面的统计结果存在显著差异，说明女性对培训师资与跟踪以及自身参训表现的满意程度要显著高于男性（见表 4 - 9）。在培训组织、培训设施与服务、培训内容与形式三个方面，男、女性不存在显著差异，从均值来看，女性在这三个方面的满意度也高于男性。男、女新型职业农民对培训满意度存在显著差异的原因可能与男、女性的性格特征有关。第一，相关研究表明，与男性相比，女性往往更愿意"虚心请教"，没有男性"好面子"。[1] 因此，不论是在理论学习还是在观摩学习中，女性更愿意向"专家教授"和经验丰富的"同行能手"请教学习，获取先进的信息和技术，而男性则往往会根据自己以往的经验进行判断，这就导致女性对培训师资的满意度高于男性。第二，相关研究表明，与男性相比，女性的社会网络关系趋同性高[2]、规模较小[3]。女性社会关系网络的特点使她们在获取关键信息资源上效率高，因而其对自身参训表现的满意度要高于男性。第三，在做出判断时，男性更注重左半脑功能，即注重逻辑性，强调合理性；女性则善于将负责感性思维的右半脑和负责理性思维的左半脑结合起来，力求全面、周到

---

[1] 王宁，杨燕青. 中国人的面子观对品牌购买行为的影响：性别的调节作用 [J]. 数学的实践与认识，2015（22）：26 - 34.

[2] SMELTZER L R, FANN G L. Gender differences in external networks of small business owners/managers [J]. Journal of Small Business Management, 1989, 27 (2): 25 - 32.

[3] ALDRICH H. Networking among Women Entrepreneurs [M] //HAGAN O, RIVCHUN C, SEXTON D. Women - owned Businesses [M]. New York: Praeger, 1989: 103 - 132.

地在决策过程中考虑感觉与关系因素，做到既合理又合情。❶

表 4 – 9　性别差异在培训满意度维度的统计结果

项目	性别	M	SD	t	p
培训组织	男	4.644	0.713	−1.340	0.181
	女	4.715	0.687		
培训设施与服务	男	4.666	0.672	−1.647	0.100
	女	4.748	0.631		
培训内容与形式	男	4.645	0.663	−1.571	0.117
	女	4.722	0.638		
培训师资与跟踪	男	4.523	0.778	−2.302*	0.022
	女	4.651	0.724		
参训表现	男	4.596	0.713	−2.097*	0.036
	女	4.698	0.619		

注：＊表示 $p < 0.050$。

从职业素养养成度维度来看，男、女新型职业农民不存在显著差异，通过进一步对职业素养养成度的 4 个二级指标进行独立样本 t 检验，发现不同性别的新型职业农民在职业理念的更新、职业能力的提升和职业认同感的增强三个方面的看法不存在显著差异，但在职业行为的转变方面的看法存在显著差异（$p = 0.026 < 0.050$），说明女性更愿意将所学运用到工作中（见表 4 – 10）。从均值来看，女性认为培训在职业理念的更新、职业认同感的增强、职业能力的提升和职业行为的转变方面的作用要大于男性。这可能与女性选择在农业领域创业的动机有关，克罗米（Cromie）的研究表明女性选择创业的主要原因不是经济利益，而是对工作的不满。❷ 很多学者用"推拉理论"分析男、女性的创业动机❸，认为男性创业的动机主要源于创造机遇改变

❶　李兰. 为什么女企业家更容易成功：中国女企业家生存状况调查［N］. 中国经济时报，2003 – 03 – 12（05）.

❷　CROMIE S. Motivations of aspiring male and female entrepreneurs［J］. Journal of Occupational Behaviour，1987（8）：251 – 261.

❸　FOSCHI M. Double standards for competence：Theory and research［J］. Annual Review of Sociology，2000（26）：21 – 42.

现状、获得更高的收入、不愿为别人打工等"主动愿望"的"拉"的因素，而女性创业源于不得不改变而"被动反应"的"推"的因素。女性在职场上晋升要难于男性[1]，即使女性有突出的领导能力，也难以逾越"玻璃天花板"[2]，这一障碍将女性推向了"创业"，因而，女性在创业中比男性表现出更加积极的主动性。

表 4 – 10   性别差异在职业素养养成度维度的统计结果

项目	性别	M	SD	t	p
职业理念的更新	男	4.697	0.653	– 1.063	0.288
	女	4.748	0.618		
职业能力的提升	男	4.624	0.702	– 1.805	0.071
	女	4.718	0.653		
职业认同感的增强	男	4.634	0.702	– 1.470	0.142
	女	4.711	0.666		
职业行为的转变	男	4.562	0.769	– 2.231*	0.026
	女	4.681	0.686		

注：* 表示 $p < 0.050$。

从培训成效外溢度维度来看，男、女新型职业农民不存在显著差异，通过进一步对培训成效外溢度的 3 个二级指标进行独立样本 t 检验，发现男、女新型职业农民在个人职业发展效益和职业农民地位提升效益方面不存在显著差异，但在带动辐射效益方面的看法存在显著差异（$p = 0.023 < 0.050$）（见表 4 – 11）。笔者认为，这是由男、女新型职业农民的个性特征和管理方式的差异导致的，赫尔格森（Helgesen）的女性管理风格学说认为，在现代企业管理中，"情商"比"智商"更重要，与男性相比，女性温柔热情、关心他人、富有同情心、喜欢合作，将女性的这些特质运用到管理中将表现出更好的灵

❶ ELLIOTT J R, SMITH R A. Race, gender, and workplace power [J]. American Sociological Review, 2004 (69): 365 – 386.

❷ BAXTER J, WRIGHT E O. The glass ceiling hypothesis: A comparative study of the Unite States, Sweden, and Australia [J]. Gender and Society, 2000 (14): 275 – 294.

活性、包容性和人际关系。❶ 与男性领导者相比，女性更偏向于民主型领导方式，强调人与人之间的相互关系和合作❷，在做决定前喜欢听取别人的建议，让更多的人参与❸，女性在人际交往中善于利用关系导向技能，通过信息共享、合作❹、帮助他人、授权等方式赢得对方的信任和尊重。❺ 由此可见，与男性新型职业农民相比，女性参训农民更愿意分享、交流学习信息和心得，更乐意与其他农民一起合作，更受周边小农户的欢迎，因而，其带动辐射效益发挥得相对更好。

表 4-11　性别差异在培训成效外溢度维度的统计结果

项目	性别	M	SD	t	p
个人职业发展效益	男	4.660	0.664	-1.175	0.240
	女	4.718	0.654		
职业农民地位提升效益	男	4.653	0.686	-1.284	0.200
	女	4.718	0.645		
带动辐射效益	男	1.819	0.337	-2.288*	0.023
	女	1.870	0.281		

注：* 表示 $p < 0.050$。

（二）新型职业农民培训效果的年龄差异检验

一般而言，年轻人接受新事物的能力和再学习的能力较强，对年轻人的培训效果要好于年长者。关于年龄与学习能力关系的研究，很多研究者都已得出相关结论，例如，桑代克在《成人的学习》一书中对不同年龄的成人进行学习能力的横向比较后发现，20～25 岁是成人

❶ HELGESEN S. The Female Advantage：Women's Ways of Leadership ［M］. New York：Doubleday，1990：25-36.

❷ GARDINER M，TIGGEMANN M. Gender differences in leadership style，job stress，and mental health in male and female dominated industries ［J］. Electronic Version Journal of Occupational and Organizational Psychology，1999，72（3）：26.

❸ NELTON S. The challenge to women ［J］. Nation's Business，1990（6）：16-21.

❹ BUTTNER E H. Examining female entrepreneurs' management style：An application of a relational frame ［J］. Journal of Business Ethics，2001，29（3）：253-270.

❺ EAGLY A H. Female leadership advantage and disadvantage：Resolving the contradictions ［J］. Psychology of Women Quarterly，2007（31）：1-12.

学习的黄金时期，黄金时期之后，成人的学习能力大约以每年 1% 的速率下降;❶ 为了排除时代和个体差异的影响，古德伊洛弗在纵向研究中发现，18 ~ 29 岁是成人学习能力的顶峰时期。❷ 为了检验不同年龄段的新型职业农民对培训效果评价是否存在显著差异，本研究运用单因素方差检验（ANOVA）对新型职业农民培训效果的总体水平和各个一级指标进行统计分析。总样本中 30 周岁及以下的 55 人，31 ~ 40 周岁的 222 人，41 ~ 50 周岁的 321 人，51 ~ 60 周岁的 240 人，61 周岁及以上的 23 人，研究发现，各个年龄段的新型职业农民在培训总体效果及其一级指标维度上均不存在显著差异（见表 4 - 12）。从均值来看，不论是总体培训效果，还是培训满意度、职业素养养成度、培训成效外溢度，几乎都呈现随着年龄的增长依次下降的趋势，这在一定程度上说明成人不管处于什么年龄，都具有一定的学习能力和发展潜力，但与年长的农民相比，年轻农民的思想更开放，学习和接受新事物的能力更强，培训效果更好。

表 4 - 12　年龄对培训效果的差异检验

项目	年龄	N	M	SD	F	p
培训效果	A. 30 周岁及以下	55	4.231	0.402	0.757	0.554
	B. 31 ~ 40 周岁	222	4.128	0.677		
	C. 41 ~ 50 周岁	321	4.111	0.543		
	D. 51 ~ 60 周岁	240	4.088	0.543		
	E. 61 周岁及以上	23	4.075	0.457		
	总计	861	4.116	0.571		
培训满意度	A. 30 周岁及以下	55	4.782	0.470	1.157	0.329
	B. 31 ~ 40 周岁	222	4.642	0.782		
	C. 41 ~ 50 周岁	321	4.607	0.607		
	D. 51 ~ 60 周岁	240	4.582	0.649		
	E. 61 周岁及以上	23	4.570	0.565		
	总计	861	4.619	0.660		

---

❶ 桑代克. 成人的学习 [M]. 北京：商务印书馆，1912：159.

❷ 古德伊洛弗. 发展心理学 [M]. 符仁方，译. 贵阳：贵州人民出版社，1980：14.

项目	年龄	N	M	SD	F	p
职业素养养成度	A. 30 周岁及以下	55	4.793	0.446	0.829	0.507
	B. 31~40 周岁	222	4.676	0.769		
	C. 41~50 周岁	321	4.653	0.626		
	D. 51~60 周岁	240	4.621	0.636		
	E. 61 周岁及以上	23	4.632	0.520		
	总计	861	4.658	0.657		
培训成效外溢度	A. 30 周岁及以下	55	3.841	0.391	0.604	0.660
	B. 31~40 周岁	222	3.752	0.622		
	C. 41~50 周岁	321	3.741	0.518		
	D. 51~60 周岁	240	3.724	0.502		
	E. 61 周岁及以上	23	3.696	0.429		
	总计	861	3.744	0.533		

为了进一步明确各个维度上是否存在差异，笔者将年龄变量与各一级指标包含的二级指标分别进行单因素方差分析。具体而言，培训满意度维度的结果显示，各年龄段的新型职业农民在培训组织、培训设施与服务、培训内容与形式、培训师资与跟踪和参训表现五个方面不存在显性差异（见表 4 - 13）。但是，从均值来看，在培训组织、培训师资与跟踪和参训表现三个方面，随着年龄的增加，得分越来越低，说明与年轻的新型职业农民相比，年龄较大的参训农民对培训组织实施和师资的要求较高，这可能是因为随着年龄的增长，农民的自我学习能力难以应对科技发展带来的变化，所以就越依赖培训组织、师资、跟踪等外在的培训因素。在访谈中就有农民说道："现在还要求在电脑上学习，我哪里会啊，都只能让我女儿帮我弄啊，我现在就只能是你告诉我什么时间该做啥，我照着做，创新那肯定不行了。"参训农民对自身参训表现的满意度相对较低，这在一定程度上表明，部分农民受成人学习能力随着年龄增长而下降的悲观论调影响，将因社会角色冲突对参训的不利影响归结为年龄因素，从而导致参训意愿和参训积极性降低。例如，访谈中有农民说道："我都种了一辈子地了，

还要去学习种地啊？再说都这么大年纪了，也学不进去了啊。"

表 4 - 13　年龄对培训满意度层面的差异检验

项目	年龄	M	SD	F	p
培训组织	A. 30 周岁及以下	4.879	0.329	1.600	0.172
	B. 31～40 周岁	4.682	0.785		
	C. 41～50 周岁	4.648	0.713		
	D. 51～60 周岁	4.631	0.683		
	E. 61 周岁及以上	4.565	0.655		
	总计	4.664	0.706		
培训设施与服务	A. 30 周岁及以下	4.836	0.423	1.291	0.272
	B. 31～40 周岁	4.684	0.769		
	C. 41～50 周岁	4.716	0.608		
	D. 51～60 周岁	4.632	0.672		
	E. 61 周岁及以上	4.641	0.563		
	总计	4.690	0.661		
培训内容与形式	A. 30 周岁及以下	4.826	0.398	0.886	0.472
	B. 31～40 周岁	4.665	0.789		
	C. 41～50 周岁	4.650	0.610		
	D. 51～60 周岁	4.655	0.642		
	E. 61 周岁及以上	4.672	0.508		
	总计	4.667	0.657		
培训师资与跟踪	A. 30 周岁及以下	4.746	0.604	1.401	0.232
	B. 31～40 周岁	4.611	0.833		
	C. 41～50 周岁	4.523	0.748		
	D. 51～60 周岁	4.522	0.759		
	E. 61 周岁及以上	4.551	0.673		
	总计	4.560	0.765		
参训表现	A. 30 周岁及以下	4.764	0.547		
	B. 31～40 周岁	4.642	0.792		

项目	年龄	M	SD	F	p
参训表现	C. 41～50 周岁	4.634	0.610	1.016	0.398
	D. 51～60 周岁	4.578	0.706		
	E. 61 周岁及以上	4.522	0.743		
	总计	4.626	0.688		

在职业素养养成度维度，不同年龄的参训农民在职业理念的更新、职业能力的提升、职业认同感的增强和职业行为的转变四个方面的看法上不存在显著差异（见表 4 - 14）。从均值来看，不同年龄的参训农民认为培训对职业理念的更新作用最明显，其次是职业认同感的增强，在职业行为的转变方面作用最弱，可见，培训对于思想意识提升层面（理念和认同感）的效果要比实际表现（能力和行为）的效果好。在职业能力的提升和职业行为的转变两个方面，随着年龄的增长，SD 值呈现不断下降的趋势，由此可见，与年长的新型职业农民相比，年轻的新型职业农民应用培训所学的能力更强。在培训对于职业认同感的增强作用方面，处于年龄段两端的参训农民的均值要高于中间年龄段的农民。这可能是因为"30 周岁及以下"的年轻农民多为"90 后"，他们生长在信息化时代，思想更为开放，他们对农民的认识已经不再是社会弱势群体的"身份象征"，而是一种"职业选择"；"61 周岁及以上"这部分群体有着浓厚的"乡土情结"，因而年龄段两端的参训农民的职业认同感的增强效果最好。在培训对职业理念的更新作用的看法上，随着年龄的增加，呈现"降—升—降—升"的波浪式规律，为了探究原因，笔者将年龄与从农年限进行交叉分析（见图 4 - 1），发现不同年龄的新型职业农民的从农年限存在显著差异，40 周岁及以下的新型职业农民的从农年限集中在 6 年以内，从农"10 年以上的"新型职业农民集中在 41 周岁以上，这表明 40 周岁及以下的农民正处于青壮年时期，他们思想活跃，在选择从农的前 6 年处于职业的初始期和调整期，从农收益会对其是否继续从农产生较大影响；随着年龄和从农时间的增长，处于相对稳定发展时期；而到了

51 周岁以后，部分农民可能会根据家庭是否"后继有人"来考虑是否继续更新理念、应用培训所学发展农场等问题。

表 4 – 14　年龄对职业素养养成度层面的差异检验

项目	年龄	M	SD	F	p
职业理念的更新	A. 30 周岁及以下	4.857	0.363	0.901	0.463
	B. 31 ~ 40 周岁	4.694	0.765		
	C. 41 ~ 50 周岁	4.722	0.602		
	D. 51 ~ 60 周岁	4.681	0.636		
	E. 61 周岁及以上	4.708	0.479		
	总计	4.712	0.643		
职业能力的提升	A. 30 周岁及以下	4.795	0.467	0.842	0.499
	B. 31 ~ 40 周岁	4.671	0.786		
	C. 41 ~ 50 周岁	4.641	0.665		
	D. 51 ~ 60 周岁	4.621	0.678		
	E. 61 周岁及以上	4.575	0.580		
	总计	4.651	0.689		
职业认同感的增强	A. 30 周岁及以下	4.773	0.484	0.672	0.612
	B. 31 ~ 40 周岁	4.680	0.783		
	C. 41 ~ 50 周岁	4.648	0.670		
	D. 51 ~ 60 周岁	4.617	0.687		
	E. 61 周岁及以上	4.685	0.534		
	总计	4.657	0.692		
职业行为的转变	A. 30 周岁及以下	4.733	0.639	1.147	0.333
	B. 31 ~ 40 周岁	4.651	0.792		
	C. 41 ~ 50 周岁	4.579	0.751		
	D. 51 ~ 60 周岁	4.547	0.730		
	E. 61 周岁及以上	4.507	0.664		
	总计	4.597	0.748		

表 4 – 15 年龄—从农年限卡方检验（$N = 861$）

项目	值	df	p
皮尔逊卡方	245.003	12	0.000
似然比	241.609	12	0.000
线性关联	194.332	1	0.000

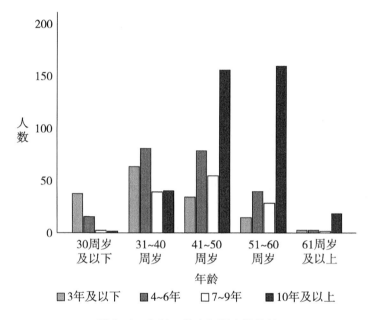

图 4 – 1 年龄—从农年限交叉统计

在培训成效外溢度维度，不同年龄的参训农民在个人职业发展效益、职业农民地位提升效益和带动辐射效益三个方面不存在显著差异（见表 4 – 16）。但是总体而言，受训农民普遍认为培训对个人职业发展的作用最明显，带动辐射作用最弱。不论是个人职业发展效益，还是职业农民地位提升效益，或是带动辐射效益，"30 周岁及以下"参训农民的平均得分都是最高的，而且几乎呈现随着年龄的增长不断下降的趋势。这在一定程度上说明，与年长的农民相比，年轻农民的思想更为开放，学习能力更强，吸收应用培训所学能带来更大的效益，也更愿意分享学习成果。

表 4 – 16　年龄对培训成效外溢度层面的差异检验

项目	年龄	M	SD	F	p
个人职业发展效益	A. 30 周岁及以下	4.795	0.472	0.588	0.671
	B. 31～40 周岁	4.678	0.772		
	C. 41～50 周岁	4.681	0.640		
	D. 51～60 周岁	4.649	0.628		
	E. 61 周岁及以上	4.621	0.527		
	总计	4.677	0.661		
职业农民地位提升效益	A. 30 周岁及以下	4.795	0.505	0.569	0.685
	B. 31～40 周岁	4.676	0.781		
	C. 41～50 周岁	4.670	0.639		
	D. 51～60 周岁	4.645	0.661		
	E. 61 周岁及以上	4.640	0.536		
	总计	4.672	0.675		
带动辐射效益	A. 30 周岁及以下	1.884	0.277	0.827	0.508
	B. 31～40 周岁	1.850	0.338		
	C. 41～50 周岁	1.820	0.334		
	D. 51～60 周岁	1.828	0.301		
	E. 61 周岁及以上	1.783	0.319		
	总计	1.833	0.322		

（三）新型职业农民培训效果的文化程度差异检验

一般而言，个体先前的受教育水平越高、学习能力越强，就越愿意参与后续的培训，培训效果也就越好。为了检验不同文化程度的新型职业农民对培训效果评价的差异，本研究将新型职业农民的文化程度划分为"初中及以下""高中（或中职）""大专（或高职）""本科及以上"四个类别，以培训效果及其一级维度为变量进行单因素方差分析。总样本中新型职业农民的文化程度为：初中及以下 203 人，高中（或中职）350 人，大专（或高职）238 人，本科及以上 70 人。从整体上来看，不同文化程度的新型职业农民在新型职业农民培训总体效果及其一级维度上都存在显著差异，文化水平越高的新型职业农民越认为培训有效。采用雪费（Scheffe）法进行事后比较发现，各组在培训满意度维度的得分不具有显著差异。由于雪费法是最严格的事后比较方法之一，其事后比较较为保守，有时会出现整体检验的 F 值达到显著但事后比较不显著的情形，此时可改用最小显著差异（LSD）法，以便与整体检验 F 值的显著性相呼应。[1]结果见表 4 - 17 中的"事后比较"一栏，在培训总体效果层面，"高中（或中职）"群体非常显著高于"初中及以下"群体（$p = 0.002 < 0.010$）[2]，"大专（或高职）"群体非常显著高于"初中及以下"群体（$p = 0.001 < 0.010$），"本科及以上"群体显著高于"初中及以下"群体（$p = 0.017 < 0.050$）；在培训满意度这个一级维度层面，"高中（或中职）"群体显著高于"初中及以下"群体（$p = 0.015 < 0.050$），"大专（或高职）"群体显著高于"初中及以下"群体（$p = 0.012 < 0.050$），"本科及以上"群体显著高于"初中及以下"群体（$p = 0.022 < 0.050$）；在职业素养养成度这个一级指标层面，"高中（或中职）"群体非常显著高于"初中及以下"群体（$p = 0.003 < 0.010$），"大专（或高职）"群体非常显著高于"初中及以下"群体（$p = 0.001 < 0.010$），"本科及以上"群体显著高于"初中及以下"群体（$p = 0.025 < 0.050$）；在培训成效外溢度这个一级指标层面，"高中（或中职）"群体非常显著高于"初中及以下"群体（$p = 0.001 < 0.010$），"大专（或高职）"群体非常显著高于"初中及以下"群体（$p = 0.001 < 0.010$），"本科及以上"群体显著高于"初中及以下"群体（$p = 0.016 < 0.050$）。

表 4 - 17　文化程度对新型职业农民培训效果的差异检验

项目	文化程度	N	M	SD	F	p	事后比较
培训效果	A. 初中及以下	203	3.986	0.558	4.784**	0.003	B > A, C > A, D > A
	B. 高中（或中职）	350	4.143	0.550			
	C. 大专（或高职）	238	4.171	0.610			

———————

[1] 吴明隆. 问卷统计分析实务：SPSS 操作与应用［M］. 重庆：重庆大学出版社，2018：349.

[2] 由于数据较多，书中未列出所有 p 值。

续表

项目	文化程度	N	M	SD	F	p	事后比较
培训效果	D. 本科及以上	70	4.174	0.522	4.784**	0.003	B > A, C > A, D > A
	总计	861	4.116	0.571			
培训满意度	A. 初中及以下	203	4.501	0.622	3.065*	0.027	B > A, C > A, D > A
	B. 高中（或中职）	350	4.642	0.653			
	C. 大专（或高职）	238	4.659	0.729			
	D. 本科及以上	70	4.711	0.503			
	总计	861	4.619	0.660			
职业素养养成度	A. 初中及以下	203	4.515	0.653	4.473**	0.004	B > A, C > A, D > A
	B. 高中（或中职）	350	4.685	0.633			
	C. 大专（或高职）	238	4.724	0.697			
	D. 本科及以上	70	4.717	0.594			
	总计	861	4.658	0.657			
培训成效外溢度	A. 初中及以下	203	3.620	0.539	4.989**	0.002	B > A, C > A, D > A
	B. 高中（或中职）	350	3.771	0.508			
	C. 大专（或高职）	238	3.795	0.560			
	D. 本科及以上	70	3.797	0.501			
	总计	861	3.744	0.533			

注：＊表示 $p < 0.050$；＊＊表示 $p < 0.010$。

　　为了进一步了解文化程度对各一级指标中具体指标的影响差异是否显著，本研究对三个维度分别进行单因素方差分析和多重比较（见表 4-18 ~ 表 4-20）。结果显示，在培训满意度层面，新型职业农民的文化程度除了在培训设施与服务、培训内容与形式两个方面不存在显著差异，在培训组织、培训师资与跟踪服务、参训表现三个方面存在显著差异。通过 LSD 事后比较发现，在培训满意度维度的培训组织方面，与"初中及以下"的新型职业农民相比，"高中（或中职）""大专（或高职）""本科及以上"的参训农民对培训组织的满意度存在显著影响，p 值分别为 0.007、0.009 和 0.030，说明随着学历的提升，对培训组织的满意度越来越高；在培训师资与跟踪方面，高中（或中职）、大专（或高职）与初中及以下的参训农民存在显著差异，p 值分别为 0.012 和 0.009；在参训表现方面，高中（或中职）、大专（或高职）、本科及以上的参训农民与初中及以下的农民存在显著差异，p 值分别为 0.007、0.017 和 0.007。从均值来看，不同文化程度的参训农民对培训师资与跟踪方面的满意度最低，这在一定程度上为培训主体提升培训质量提供了参考。

表 4-18　文化程度对培训满意度的差异检验

项目	文化程度	M	SD	F	p	事后比较
培训组织	A. 初中及以下	4.530	0.765	3.296*	0.020	B > A, C > A, D > A
	B. 高中（或中职）	4.697	0.678			
	C. 大专（或高职）	4.707	0.723			
	D. 本科及以上	4.743	0.557			
	总计	4.664	0.706			
培训设施与服务	A. 初中及以下	4.610	0.631	2.005	0.112	n. s.
	B. 高中（或中职）	4.698	0.666			
	C. 大专（或高职）	4.708	0.734			
	D. 本科及以上	4.821	0.390			
	总计	4.690	0.661			
培训内容与形式	A. 初中及以下	4.586	0.616	1.528	0.206	n. s.
	B. 高中（或中职）	4.677	0.665			
	C. 大专（或高职）	4.701	0.717			
	D. 本科及以上	4.737	0.486			
	总计	4.667	0.657			
培训师资与跟踪	A. 初中及以下	4.423	0.757	2.916*	0.033	B > A, C > A
	B. 高中（或中职）	4.593	0.732			
	C. 大专（或高职）	4.614	0.824			
	D. 本科及以上	4.612	0.703			
	总计	4.560	0.763			

项目	文化程度	*M*	*SD*	*F*	*p*	事后比较
参训表现	A. 初中及以下	4.503	0.706	3.407*	0.017	B > A, C > A, D > A
	B. 高中（或中职）	4.647	0.669			
	C. 大专（或高职）	4.659	0.742			
	D. 本科及以上	4.761	0.463			
	总计	4.626	0.688			

注：n. s. 没有显著差异；＊表示 $p < 0.050$。

在职业素养养成度维度，不同文化程度的参训农民对培训在职业理念的更新、职业能力的提升、职业认同感的增强和职业行为的转变四个方面的作用的看法都存在显著差异。通过 LSD 多重比较，发现在培训对职业理念的更新作用方面，"高中（或中职）"群组与"初中及以下"群组存在显著差异（$p = 0.032 < 0.050$），"大专（或高职）"群组与"初中及以下"群组存在显著差异（$p = 0.013 < 0.050$），"本科及以上"群组与"初中及以下"群组存在显著差异（$p = 0.022 < 0.050$）；在培训对职业能力提升的作用方面，"高中（或中职）"群组与"初中及以下"群组存在非常显著差异（$p = 0.001 < 0.010$），"大专（或高职）"群组与"初中及以下"群组存在极其显著差异（$p = 0.000 < 0.0010$），"本科及以上"群组与"初中及以下"群组存在显著差异（$p = 0.022 < 0.050$）；在培训对职业认同感的增强作用方面，"高中（或中职）"群组与"初中及以下"群组存在显著差异（$p = 0.020 < 0.050$），"大专（或高职）"群组与"初中及以下"群组存在非常显著差异（$p = 0.007 < 0.010$）；在培训对职业行为的转变作用方面，"高中（或中职）"群组与"初中及以下"群组存在极其显著差异（$p = 0.000 < 0.001$），"大专（或高职）"群组与"初中及以下"群组存在极其显著差异（$p = 0.000 < 0.001$），"本科及以上"群组与"初中及以下"群组存在非常显著差异（$p = 0.009 < 0.010$）。从均值来看，职业行为的转变得分最低，说明参训农民在运用培训所学方面的效果最差。

表 4 – 19　文化程度对职业素养养成度的差异检验

项目	文化程度	*M*	*SD*	*F*	*p*	事后比较
职业理念的更新	A. 初中及以下	4.604	0.637	2.870*	0.036	B > A，C > A，D > A
	B. 高中（或中职）	4.725	0.635			
	C. 大专（或高职）	4.756	0.686			
	D. 本科及以上	4.808	0.510			
	总计	4.712	0.643			
职业能力的提升	A. 初中及以下	4.481	0.694	5.678**	0.001	B > A，C > A，D > A
	B. 高中（或中职）	4.687	0.666			
	C. 大专（或高职）	4.730	0.698			
	D. 本科及以上	4.698	0.694			
	总计	4.651	0.689			
职业认同感的增强	A. 初中及以下	4.538	0.690	2.746*	0.042	B > A，C > A
	B. 高中（或中职）	4.680	0.664			
	C. 大专（或高职）	4.716	0.737			
	D. 本科及以上	4.679	0.653			
	总计	4.657	0.692			
职业行为的转变	A. 初中及以下	4.392	0.843	6.944***	0.000	B > A，C > A，D > A
	B. 高中（或中职）	4.640	0.692			
	C. 大专（或高职）	4.688	0.730			
	D. 本科及以上	4.662	0.685			
	总计	4.597	0.748			

注：＊表示 $p < 0.050$；＊＊表示 $p < 0.010$；＊＊＊表示 $p < 0.001$。

在培训成效外溢度维度，不同文化程度的参训农民在培训对个人职业发展效益、职业农民地位提升效益和带动辐射效益三个方面的作用的看法都存在显著差异。通过 LSD 多重比较发现，在个人职业发展效益方面，"高中（或中职）"群组与"初中及以下"群组存在非常显著差异（$p = 0.003 < 0.010$），"大专（或高职）"群组与"初中及以下"群组存在非常显著差异（$p = 0.004 < 0.010$），"本科及以上"群组与"初中及以下"群组存在显著差异（$p = 0.037 < 0.050$）；在职

业农民地位提升效益方面，"高中（或中职）"群组与"初中及以下"群组存在非常显著差异（$p = 0.003 < 0.010$），"大专（或高职）"群组与"初中及以下"群组存在非常显著差异（$p = 0.001 < 0.010$），"本科及以上"群组与"初中及以下"群组存在显著差异（$p = 0.029 < 0.050$）；在带动辐射效益方面，"高中（或中职）"群组与"初中及以下"群组存在极其显著差异（$p = 0.000 < 0.001$），"大专（或高职）"群组与"初中及以下"群组存在极其显著差异（$p = 0.000 < 0.001$），"本科及以上"群组与"初中及以下"群组存在非常显著差异（$p = 0.001 < 0.010$）。从均值来看，文化程度越高，越有利于个人职业的发展，而在对农民这一职业的认可和带动辐射方面，"大专（或高职）"文化程度最具有优势。从均值总分来看，带动辐射效益明显低于其他两个方面，说明目前江苏省的新型职业农民培训为参训农民个人带来了一定的效益，但参训农民还未在全省范围内起到很好的示范作用。由此说明，需要培养更多的具有大专（或高职）文化程度的新型职业农民。

表4－20　文化程度对培训成效外溢度的差异检验

项目	文化程度	M	SD	F	p	事后比较
个人职业发展效益	A. 初中及以下	4.541	0.659	3.814*	0.010	B > A, C > A, D > A
	B. 高中（或中职）	4.714	0.632			
	C. 大专（或高职）	4.722	0.704			
	D. 本科及以上	4.731	0.618			
	总计	4.677	0.661			
职业农民地位提升效益	A. 初中及以下	4.526	0.677	4.293**	0.005	B > A, C > A, D > A
	B. 高中（或中职）	4.702	0.653			
	C. 大专（或高职）	4.734	0.698			
	D. 本科及以上	4.729	0.645			
	总计	4.672	0.675			
带动辐射效益	A. 初中及以下	1.741	0.376	8.345***	0.000	B > A, C > A, D > A
	B. 高中（或中职）	1.843	0.307			

续表

项目	文化程度	M	SD	F	p	事后比较
带动辐射效益	C. 大专（或高职）	1.883	0.296	8.345***	0.000	B > A，C > A，D > A
	D. 本科及以上	1.883	0.258			
	总计	1.833	0.322			

注：*表示 $p < 0.050$；**表示 $p < 0.010$；***表示 $p < 0.001$。

三、基于不同身份特征的新型职业农民培训效果差异检验

村干部是农村经济发展和农村建设的组织者，是农民群众的带头人；基层党组织是乡村振兴的核心力量，基层党员在农技推广和农民增收中发挥着引领作用；而经过认证的新型职业农民是农民群众的榜样，起着示范带动作用。不同身份特征的新型职业农民在乡村振兴中扮演着不同的角色，他们参与培训的目的和需求不同，因而对培训效果的看法必然存在差异。为了了解不同身份特征的新型职业农民对培训效果的差异，本研究从村干部身份、党员身份和是否获证三个方面的身份特征分别对新型职业农民培训效果进行差异检验。

（一）村干部身份对新型职业农民培训效果的差异检验

为了检验是否具有村干部身份对新型职业农民培训效果的差异，本研究将新型职业农民分为是否为村干部两组，分别运用独立样本 t 检验，得到如表 4 - 21 所示的结果。总样本中的新型职业农民担任村干部的有 245 人，未担任村干部的有 616 人，统计结果显示，是否具有村干部身份对新型职业农民培训效果不存在显著差异，但是从均值来看，是村干部的新型职业农民不论是在培训总体效果层面，还是在培训满意度、职业素养养成度、培训成效外溢度层面，得分均高于不是村干部的新型职业农民。

表 4 - 21 村干部身份对培训效果的差异检验

项目	村干部	N	M	SD	t	p
培训效果	是	245	4.165	0.650	1.593	0.112
	否	616	4.096	0.536		

续表

项目	村干部	N	M	SD	t	p
培训满意度	是	245	4.689	0.761	1.962	0.050
	否	616	4.591	0.613		
职业素养养成度	是	245	4.709	0.741	1.422	0.155
	否	616	4.638	0.620		
培训成效外溢度	是	245	3.789	0.598	1.571	0.117
	否	616	3.726	0.505		

从各维度来看，在培训满意度维度，是否具有村干部身份在培训组织、培训设施与服务、培训内容与形式和参训表现四个方面的满意度不存在显著差异，在培训师资与跟踪方面的满意度存在显著差异，具有村干部身份的新型职业农民对培训师资与跟踪的满意度要高于普通农民。从均值来看，具有村干部身份的新型职业农民在各个方面的得分都高于普通农民（见表4-22）。

表4-22 村干部身份对培训满意度的差异检验

项目	村干部	M	SD	t	p
培训组织	是	4.710	0.805	1.202	0.230
	否	4.646	0.662		
培训设施与服务	是	4.722	0.764	0.911	0.362
	否	4.677	0.616		
培训内容与形式	是	4.708	0.769	1.156	0.248
	否	4.651	0.607		
培训师资与跟踪	是	4.686	0.773	3.023**	0.003
	否	4.510	0.756		
参训表现	是	4.672	0.790	1.254	0.210
	否	4.607	0.643		

注：**表示 $p < 0.010$。

在职业素养养成度维度，是否具有村干部身份在职业理念的更新、职业能力的提升、职业认同感的增强和职业行为的转变四个方面都不存在显著差异。从均值来看，具有村干部身份的新型职业农民在四个方面的得分均高于普通农民（见表4－23）。

表4－23　村干部身份对职业素养养成度的差异检验

项目	村干部	M	SD	t	p
职业理念的更新	是	4.728	0.748	0.479	0.632
	否	4.705	0.597		
职业能力的提升	是	4.710	0.746	1.582	0.114
	否	4.628	0.665		
职业认同感的增强	是	4.715	0.754	1.573	0.116
	否	4.633	0.665		
职业行为的转变	是	4.674	0.767	1.923	0.055
	否	4.566	0.738		

在培训成效外溢度层面，是否具有村干部身份在个人职业发展效益和职业农民地位提升效益两个方面不存在显著差异，在带动辐射效益方面存在显著差异，这说明具有村干部身份的新型职业农民在带动周边农户共同致富方面明显好于普通农民。从均值来看，具有村干部身份的新型职业农民在培训成效外溢度维度的三个方面的得分均高于普通农民（见表4－24）。

表4－24　村干部身份对培训成效外溢度的差异检验

项目	村干部	M	SD	t	p
个人职业发展效益	是	4.717	0.753	1.131	0.258
	否	4.661	0.621		
职业农民地位提升效益	是	4.726	0.738	1.495	0.135
	否	4.650	0.647		
带动辐射效益	是	1.878	0.310	2.646**	0.008
	否	1.816	0.326		

注：**表示 $p < 0.010$。

（二）党员身份对新型职业农民培训效果的差异检验

为了检验是否具有党员身份对新型职业农民培训效果的差异，本研究将新型职业农民分为是否为党员两组，分别运用独立样本 t 检验，得到如表 4-25 所示的结果。总样本中是党员的有 305 人，不是党员的有 556 人，统计结果显示，是否具有党员身份在新型职业农民培训效果及其各一级指标维度都不存在显著差异，但从均值来看，是党员的新型职业农民不论是在培训总体效果层面，还是在培训满意度、职业素养养成度、培训成效外溢度维度，得分均高于不是党员的新型职业农民。

表 4-25　党员身份对培训效果的差异检验

项目	党员	N	M	SD	t	p
培训效果	是	305	4.159	0.577	1.651	0.099
	否	556	4.092	0.567		
培训满意度	是	305	4.668	0.690	1.632	0.103
	否	556	4.592	0.642		
职业素养养成度	是	305	4.705	0.669	1.545	0.123
	否	556	4.633	0.649		
培训成效外溢度	是	305	3.785	0.525	1.655	0.098
	否	556	3.722	0.537		

在培训满意度维度，是否具有党员身份的新型职业农民在培训组织、培训设施与服务、培训内容与形式和参训表现四个方面的满意度不存在显著差异，在培训师资与跟踪方面的满意度存在显著差异。从均值来看，具有党员身份的新型职业农民对培训满意度维度五个方面的得分均高于普通农民（见表 4-26）。

表 4-26　党员身份对培训满意度的差异检验

项目	党员	M	SD	t	p
培训组织	是	4.702	0.692	1.148	0.251
	否	4.644	0.713		

续表

项目	党员	*M*	*SD*	*t*	*p*
培训设施与服务	是	4.719	0.699	0.952	0.341
	否	4.674	0.639		
培训内容与形式	是	4.701	0.694	1.137	0.256
	否	4.648	0.635		
培训师资与跟踪	是	4.638	0.740	2.238*	0.026
	否	4.518	0.776		
参训表现	是	4.664	0.715	1.216	0.224
	否	4.605	0.672		

注：*表示 $p < 0.050$。

在职业素养养成度维度，是否具有党员身份的新型职业农民在职业理念的更新、职业能力的提升和职业认同感的增强三个方面不存在显著差异，在职业行为的转变方面存在显著差异，说明具有党员身份的新型职业农民更善于将培训所学运用到实际工作中。从均值来看，具有党员身份的新型职业农民在职业素养养成度四个方面的得分均高于普通农民（见表4－27）。

表4－27　党员身份对职业素养养成度的差异检验

项目	党员	*M*	*SD*	*t*	*p*
职业理念的更新	是	4.731	0.684	0.659	0.510
	否	4.701	0.620		
职业能力的提升	是	4.709	0.667	1.836	0.067
	否	4.620	0.700		
职业认同感的增强	是	4.708	0.703	1.624	0.105
	否	4.628	0.685		
职业行为的转变	是	4.665	0.687	2.049**	0.041
	否	4.559	0.777		

注：**表示 $p < 0.010$。

在培训成效外溢度维度，是否具有党员身份的新型职业农民在个人职业发展效益和职业农民地位提升效益两个方面不存在显著差异，在带动辐射效益方面存在显著差异，说明具有党员身份的新型职业农民在带动周边农户共同致富方面做得更好。从均值来看，具有党员身份的新型职业农民在培训成效外溢度三个方面的得分均高于普通农民（见表4-28）。

表4-28 党员身份对培训成效外溢度的差异检验

项目	党员	M	SD	t	p
个人职业发展效益	是	4.703	0.672	0.863	0.389
	否	4.662	0.655		
职业农民地位提升效益	是	4.727	0.653	1.798	0.073
	否	4.641	0.685		
带动辐射效益	是	1.883	0.272	3.569***	0.000
	否	1.807	0.344		

注：***表示$p < 0.001$。

为了进一步检验村干部身份和党员身份是否对新型职业农民培训效果存在显著影响，本研究先将村干部身份和党员身份进行交叉统计，统计结果见表4-29。总样本中既是村干部又是党员的有195人，是村干部不是党员的有50人，是党员不是村干部的有110人，既不是村干部也不是党员的有506人。

表4-29 村干部—党员交叉统计

项目		党员		总计
		是	否	
村干部	是	195	50	245
	否	110	506	616
总计		305	556	861

如图4-2所示，不管是培训总体效果还是各一级指标维度，既是党员又是村干部的新型职业农民的得分高于仅有一个身份或者无党员和村干部身份的新型职业农民。

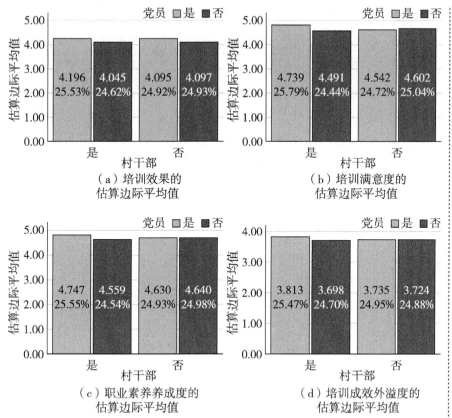

图 4 - 2　党员与村干部身份对新型职业农民培训效果的交互差异

（三）是否获证对新型职业农民培训效果的差异检验

为了检验是否获得新型职业农民证书对新型职业农民培训效果的差异，本研究根据是否获得新型职业农民证书将受访者分为两组，以培训效果及其一级指标维度为变量进行独立样本 t 检验，结果见表 4 - 30。总样本中有 615 个已经获得新型职业农民证书，246 个没有获得证书，从统计结果来看，是否获得新型职业农民证书对培训效果具有显著差异（$p = 0.020 < 0.050$）。从不同维度来看，是否获得新型职业农民证书在培训效果满意度（$p = 0.044 < 0.050$）、职业素养养成度（$p = 0.026 < 0.050$）和培训成效外溢度（$p = 0.018 < 0.050$）三个方面都存在显著差异。这表明与未获得新型职业农民培训证书的参训农民相比，已经获得证书的参训农民对培训更满意，更加认同培训

在其职业素养的养成和职业发展中的作用。

表 4 – 30   是否获证对培训效果的差异检验

维度	获证情况	N	M	SD	t	p
培训效果	是	615	4.146	0.547	2.343*	0.020
	否	246	4.040	0.621		
培训满意度	是	615	4.648	0.645	2.022*	0.044
	否	246	4.545	0.690		
职业素养养成度	是	615	4.692	0.631	2.241*	0.026
	否	246	4.575	0.712		
培训成效外溢度	是	615	3.773	0.510	2.378*	0.018
	否	246	3.672	0.583		

注：*表示 $p < 0.050$。

为了进一步了解是否获证对培训满意度、职业素养养成度和培训成效外溢度三个一级指标中具体指标的差异情况，本研究分别将是否获证对三个一级指标的具体二级指标进行独立样本 t 检验。培训满意度维度差异检验结果见表 4 – 31，是否获证在培训组织和培训师资与跟踪两个方面存在显著差异，p 值分别为 0.003 和 0.017，而在培训实施与服务、培训内容与形式和培训表现三个方面均不存在显著差异。

表 4 – 31   是否获证对培训满意度维度的差异检验

项目	获证情况	M	SD	t	p
培训组织	是	4.715	0.648	3.023**	0.003
	否	4.538	0.822		
培训设施与服务	是	4.706	0.659	1.166	0.244
	否	4.648	0.665		
培训内容与形式	是	4.688	0.647	1.514	0.130
	否	4.613	0.679		
培训师资与跟踪	是	4.601	0.743	2.396*	0.017
	否	4.458	0.810		

续表

项目	获证情况	M	SD	t	p
参训表现	是	4.648	0.685	1.480	0.139
	否	4.571	0.695		

注：＊表示 $p < 0.050$；＊＊表示 $p < 0.010$。

检验结果显示，在职业素养养成度维度，是否获得新型职业农民证书在职业能力的提升和职业认同感的增强方面不存在显著差异，但在职业理念的更新和职业行为的转变方面存在显著差异（见表4-32）。

表4-32 是否获证对职业素养养成度维度的差异检验

项目	获证情况	M	SD	t	p
职业理念的更新	是	4.751	0.612	2.683**	0.008
	否	4.613	0.706		
职业能力的提升	是	4.680	0.669	1.843	0.066
	否	4.580	0.735		
职业认同感的增强	是	4.685	0.667	1.846	0.066
	否	4.584	0.748		
职业行为的转变	是	4.631	0.724	2.060*	0.040
	否	4.510	0.800		

注：＊表示 $p < 0.050$；＊＊表示 $p < 0.010$。

在培训成效外溢度维度，是否获得新型职业农民证书在个人职业发展效益方面具有非常显著差异（$p = 0.008 < 0.010$），而在职业农民地位提升效益和带动辐射效益方面的差异不显著（见表4-33）。

表4-33 是否获证对培训成效外溢度维度的差异检验

项目	获证情况	M	SD	t	p
个人职业发展效益	是	4.717	0.632	2.681**	0.008
	否	4.576	0.722		
职业农民地位提升效益	是	4.699	0.656	1.860	0.063
	否	4.604	0.716		

续表

项目	获证情况	M	SD	t	p
带动辐射效益	是	1.849	0.297	1.961	0.051
	否	1.796	0.376		

注： ** 表示 $p < 0.010$。

四、基于不同经历特征的新型职业农民培训效果差异检验

杜威在《经验与教育》中总结了经历与学习的联系，他认为"所有真正的教育都是通过经验发生的，每一种经历都是一种移动的力量"❶。可见，经历能够提升成人学习者参与学习的积极性，从而影响学习的效果。本研究从从农前职业、从农时间和每年参训次数三个经历特征探讨新型职业农民的经历特征对培训效果的差异性。

（一）从农前职业对培训效果的差异检验

为了检验新型职业农民在涉农创业之前的不同职业经历对培训效果的影响差异，本研究运用单因素方差分析法，结果发现从农前职业对新型职业农民培训效果及其三个一级维度均不存在显著影响（见表4－34）。从均值来看，有在外务工经历的新型职业农民不论是在培训总体效益，还是在各一级维度上的得分均最高，而转业军人在培训总体效果、职业素养养成度和培训成效外溢度方面仅列其后，这在一定程度上说明务工经历开阔了参训农民的眼界和思维，培训效果最好，其次是转业军人。

表4－34　从农前职业对培训效果的差异检验

项目	职业经历	N	M	SD	F	p
培训效果	A. 长期务农	258	4.069	0.574	0.760	0.551
	B. 转业军人	40	4.138	0.802		
	C. 在外务工	161	4.163	0.526		

---

❶ 梅里安，凯弗瑞拉. 成人学习的综合研究与实践指导［M］. 2版. 黄健，等译. 北京：中国人民大学出版社，2011：204－205.

项目	职业经历	N	M	SD	F	p
培训效果	D. 大学生创业	27	4.105	0.617	0.760	0.551
	E. 其他	375	4.127	0.556		
	总计	861	4.116	0.571		
培训满意度	A. 长期务农	258	4.601	0.653	0.577	0.679
	B. 转业军人	40	4.648	0.960		
	C. 在外务工	161	4.684	0.602		
	D. 大学生创业	27	4.652	0.566		
	E. 其他	375	4.597	0.658		
	总计	861	4.619	0.660		
职业素养养成度	A. 长期务农	258	4.590	0.681	1.262	0.283
	B. 转业军人	40	4.704	0.915		
	C. 在外务工	161	4.731	0.580		
	D. 大学生创业	27	4.651	0.728		
	E. 其他	375	4.670	0.632		
	总计	861	4.658	0.657		
培训成效外溢度	A. 长期务农	258	3.704	0.533	0.582	0.675
	B. 转业军人	40	3.752	0.7286		
	C. 在外务工	161	3.775	0.507		
	D. 大学生创业	27	3.724	0.582		
	E. 其他	375	3.759	0.518		
	总计	861	3.744	0.533		

在培训满意度维度，从农前不同职业经历的新型职业农民对培训组织、培训设施与服务、培训内容与形式、培训师资与跟踪和参训表现的满意度均不存在显著差异。从均值来看，大学生创业人员对培训设施与服务、培训内容与形式的满意度得分最高，但是对培训师资与跟踪的满意度得分最低，这说明大学生创业农民比较认可培训组织方的工作，但是希望培训教师能够提高授课水平（见表4-35）。

表 4 - 35　从农前职业经历对培训满意度层面的差异检验

项目	职业经历	M	SD	F	p
培训组织	A. 长期务农	4.653	0.675	0.688	0.600
	B. 转业军人	4.675	0.962		
	C. 在外务工	4.745	0.617		
	D. 大学生创业	4.654	0.776		
	E. 其他	4.637	0.726		
	总计	4.664	0.706		
培训设施与服务	A. 长期务农	4.647	0.688	1.110	0.351
	B. 转业军人	4.706	0.940		
	C. 在外务工	4.767	0.584		
	D. 大学生创业	4.815	0.431		
	E. 其他	4.675	0.651		
	总计	4.690	0.661		
培训内容与形式	A. 长期务农	4.641	0.66	0.563	0.689
	B. 转业军人	4.656	0.958		
	C. 在外务工	4.724	0.615		
	D. 大学生创业	4.757	0.485		
	E. 其他	4.655	0.643		
	总计	4.667	0.657		
培训师资与跟踪	A. 长期务农	4.553	0.716	0.340	0.851
	B. 转业军人	4.671	0.936		
	C. 在外务工	4.590	0.772		
	D. 大学生创业	4.519	0.778		
	E. 其他	4.544	0.777		
	总计	4.560	0.765		
参训表现	A. 长期务农	4.606	0.701	1.093	0.359
	B. 转业军人	4.611	1.041		

项目	职业经历	*M*	*SD*	*F*	*p*
参训表现	C. 在外务工	4.722	0.592	1.093	0.359
	D. 大学生创业	4.688	0.527		
	E. 其他	4.595	0.680		
	总计	4.626	0.688		

在职业素养养成度维度，从农前不同职业经历的新型职业农民在职业理念的更新、职业能力的提升、职业认同感的增强和职业行为的转变四个方面均不存在显著差异（见表4－36）。从均值总分来看，不同职业经历的参训农民一致认为培训对职业理念的更新作用最明显，对职业行为转变的作用最小。从不同经历的均值来看，长期务农的参训农民在四个方面的得分最低，有在外务工经历的参训农民在职业理念的更新、职业能力的提升和职业认同感的增强三个方面得分最高，转业军人则在职业行为的转变方面得分最高。这在一定意义上说明了培训对经验丰富的"老农"在职业素养形成方面效果最差；对于经过市场洗礼的返乡农民工则效果较好，尤其是在观念的改变和技能的形成方面；而转业军人的行动力是最强的，他们善于吸收运用培训所学，从而改变自己的行为方式。

表4－36　从农前职业对职业素养养成度维度的差异检验

项目	职业经历	*M*	*SD*	*F*	*p*
职业理念的更新	A. 长期务农	4.650	0.669	1.379	0.239
	B. 转业军人	4.718	0.933		
	C. 在外务工	4.801	0.539		
	D. 大学生创业	4.714	0.761		
	E. 其他	4.715	0.617		
	总计	4.712	0.643		
职业能力的提升	A. 长期务农	4.580	0.733	1.201	0.309
	B. 转业军人	4.702	0.899		
	C. 在外务工	4.721	0.606		

续表

项目	职业经历	M	SD	F	p
职业能力的提升	D. 大学生创业	4.677	0.811	1.201	0.309
	E. 其他	4.660	0.656		
	总计	4.651	0.689		
职业认同感的增强	A. 长期务农	4.603	0.721	0.818	0.513
	B. 转业军人	4.713	0.914		
	C. 在外务工	4.722	0.632		
	D. 大学生创业	4.648	0.694		
	E. 其他	4.660	0.670		
	总计	4.657	0.692		
职业行为的转变	A. 长期务农	4.505	0.790	1.553	0.185
	B. 转业军人	4.675	0.935		
	C. 在外务工	4.658	0.731		
	D. 大学生创业	4.556	0.776		
	E. 其他	4.628	0.697		
	总计	4.597	0.748		

在培训成效外溢度维度，从农前不同职业经历的新型职业农民在个人职业发展效益、职业农民地位提升效益和带动辐射效益三个方面均不存在显著差异（见表 4-37）。从均值总分来看，不同职业经历的参训农民一致认为培训对个人职业发展效益的作用最大，对带动辐射效益的作用最小。从不同经历的均值来看，长期务农的参训农民在三个方面的得分最低，有在外务工经历的参训农民在个人职业发展效益和职业农民地位提升效益两个方面得分最高，转业军人和大学生创业人员则在带动辐射效益方面得分较高。这在一定意义上说明了转业军人和相对年轻的大学生创业人员作为知识型农民，更愿意带动周边农户共同发展。

表 4 – 37　从农前职业对培训成效外溢度层面的差异检验

项目	职业经历	M	SD	F	p
个人职业发展效益	A. 长期务农	4.621	0.675	0.902	0.462
	B. 转业军人	4.664	0.926		
	C. 在外务工	4.737	0.608		
	D. 大学生创业	4.624	0.720		
	E. 其他	4.694	0.636		
	总计	4.677	0.661		
职业农民地位提升效益	A. 长期务农	4.626	0.686	0.468	0.759
	B. 转业军人	4.696	0.895		
	C. 在外务工	4.709	0.641		
	D. 大学生创业	4.656	0.743		
	E. 其他	4.685	0.651		
	总计	4.672	0.675		
带动辐射效益	A. 长期务农	1.818	0.322	0.440	0.780
	B. 转业军人	1.855	0.392		
	C. 在外务工	1.820	0.346		
	D. 大学生创业	1.852	0.317		
	E. 其他	1.846	0.304		
	总计	1.833	0.322		

（二）从农时间对新型职业农民培训效果的差异检验

为了检验从农时间对新型职业农民培训效果的影响，本研究将参训农民的从农时间分为"3 年及以下""4～6 年""7～9 年""10 年及以上"四组，采用单因素分析 t 检验，结果显示，不同从农时间不论是对培训总体效果，还是对培训满意度、职业素养养成度和培训成效外溢度三个一级维度都不存在显著差异（见表 4 – 38）。从均值来看，不论是总体效果还是各一级维度，从农时间为"4～6 年"群体的得分都是最高的，而且均呈现先升后降再升的趋势，这在一定程度上说明培训对于进入农业领域创业 6 年以内的农民效果最好，当农民创业发展到一定程度时，培训效果也要好于发展期（7～9 年）。

表 4 – 38　从农时间对培训效果的差异检验

项目	从农年限	N	M	SD	F	p
培训效果	A. 3 年及以下	150	4.081	0.679	0.841	0.471
	B. 4～6 年	214	4.163	0.580		
	C. 7～9 年	124	4.080	0.565		
	D. 10 年及以上	373	4.115	0.519		
	总计	861	4.116	0.571		
培训满意度	A. 3 年及以下	150	4.582	0.791	0.923	0.429
	B. 4～6 年	214	4.680	0.665		
	C. 7～9 年	124	4.580	0.680		
	D. 10 年及以上	373	4.612	0.588		
	总计	861	4.619	0.660		
职业素养养成度	A. 3 年及以下	150	4.630	0.769	0.798	0.495
	B. 4～6 年	214	4.711	0.651		
	C. 7～9 年	124	4.608	0.653		
	D. 10 年及以上	373	4.656	0.611		
	总计	861	4.658	0.657		
培训成效外溢度	A. 3 年及以下	150	3.706	0.628	0.816	0.485
	B. 4～6 年	214	3.787	0.541		
	C. 7～9 年	124	3.716	0.523		
	D. 10 年及以上	373	3.744	0.489		
	总计	861	3.744	0.533		

在培训满意度维度，不同从业年限的新型职业农民对培训组织、培训设施与服务、培训内容与形式、培训师资与跟踪和参训表现五个方面的满意度均不存在显著差异（见表 4 – 39）。从均值总分来看，参训农民对培训师资与跟踪的满意度最低；从从农时间来看，"4～6 年"的参训农民对各方面的评分都最高，说明"4～6 年"的参训农民对培训的满意度最高。"10 年以上"的参训农民除了对培训师资与

跟踪的满意度略低于"3 年及以下"的参训农民，对其他方面的满意度都仅次于"4～6 年"的参训农民。

表 4－39　从农时间对培训满意度维度的差异检验

项目	从农时间	M	SD	F	p
培训组织	A. 3 年及以下	4.609	0.844	1.347	0.258
	B. 4～6 年	4.741	0.673		
	C. 7～9 年	4.618	0.736		
	D. 10 年及以上	4.658	0.651		
	总计	4.664	0.706		
培训设施与服务	A. 3 年及以下	4.633	0.782	1.554	0.199
	B. 4～6 年	4.755	0.625		
	C. 7～9 年	4.619	0.682		
	D. 10 年及以上	4.699	0.618		
	总计	4.690	0.661		
培训内容与形式	A. 3 年及以下	4.635	0.795	0.612	0.607
	B. 4～6 年	4.713	0.661		
	C. 7～9 年	4.628	0.674		
	D. 10 年及以上	4.666	0.585		
	总计	4.667	0.657		
培训师资与跟踪	A. 3 年及以下	4.549	0.854	1.264	0.285
	B. 4～6 年	4.645	0.747		
	C. 7～9 年	4.500	0.794		
	D. 10 年及以上	4.536	0.726		
	总计	4.560	0.765		
参训表现	A. 3 年及以下	4.571	0.820	0.646	0.585
	B. 4～6 年	4.671	0.692		
	C. 7～9 年	4.612	0.677		
	D. 10 年及以上	4.627	0.630		
	总计	4.626	0.688		

在职业素养养成度维度，不同从农时间的新型职业农民在职业理念的更新、职业能力的提升、职业认同感的增强和职业行为的转变四个方面均不存在显著差异（见表4-50）。从均值来看，"4~6年"的参训农民对各个方面的评分都最高，其次是"10年及以上"的参训农民，说明"4~6年"的参训农民在培训中的收获最多。

表4-40　从农时间对职业素养养成度维度的差异检验

项目	从农时间	M	SD	F	p
职业理念的更新	A. 3 年及以下	4.689	0.762	0.768	0.512
	B. 4~6 年	4.768	0.615		
	C. 7~9 年	4.676	0.650		
	D. 10 年及以上	4.701	0.603		
	总计	4.712	0.643		
职业能力的提升	A. 3 年及以下	4.631	0.781	1.032	0.378
	B. 4~6 年	4.717	0.680		
	C. 7~9 年	4.590	0.698		
	D. 10 年及以上	4.642	0.652		
	总计	4.651	0.689		
职业认同感的增强	A. 3 年及以下	4.623	0.792	0.335	0.800
	B. 4~6 年	4.687	0.684		
	C. 7~9 年	4.627	0.688		
	D. 10 年及以上	4.662	0.657		
	总计	4.657	0.692		
职业行为的转变	A. 3 年及以下	4.562	0.840	1.289	0.277
	B. 4~6 年	4.665	0.745		
	C. 7~9 年	4.508	0.789		
	D. 10 年及以上	4.601	0.693		
	总计	4.597	0.748		

在培训成效外溢度维度，不同从农时间的新型职业农民在个人职业发展效益、职业农民地位提升效益和带动辐射效益三个方面均不存

在显著差异（见表4-41）。从均值来看，"4~6年"的参训农民对各方面的评分都最高；在个人职业发展效益和职业农民地位提升效益两个方面，其次是"10年及以上"的参训农民，在带动辐射效益方面则是"7~9年"的参训农民，说明"4~6年"的参训农民最善于将培训所学运用到工作中。就带动辐射效益而言，评分呈现先升后降的趋势，从业"4~6年"达到最高值。

表4-41　从农时间对培训成效外溢度层面的差异检验

项目	从农时间	M	SD	F	p
个人职业发展效益	A. 3 年及以下	4.628	0.782	1.086	0.354
	B. 4~6 年	4.738	0.661		
	C. 7~9 年	4.630	0.651		
	D. 10 年及以上	4.677	0.611		
	总计	4.677	0.661		
职业农民地位提升效益	A. 3 年及以下	4.627	0.795	0.688	0.559
	B. 4~6 年	4.718	0.671		
	C. 7~9 年	4.634	0.682		
	D. 10 年及以上	4.676	0.621		
	总计	4.672	0.675		
带动辐射效益	A. 3 年及以下	1.816	0.356	0.319	0.812
	B. 4~6 年	1.849	0.332		
	C. 7~9 年	1.837	0.296		
	D. 10 年及以上	1.831	0.312		
	总计	1.833	0.322		

（三）每年参训次数对新型职业农民培训效果的差异检验

为了检验每年参训次数对培训效果影响的差异，本研究将每年参训次数分为"1次""2次""3次及以上"三组，通过单因素方差分析，发现不同的参训次数在培训效果及其各一级维度上都具有显著差异（见表4-42）。通过雪费法进行事后比较发现，在培训总体效果上，每年参加3次及以上培训的群组得分非常显著高于每年只参加1

次培训的群组（$p = 0.002 < 0.010$）；在培训满意度维度，每年参加 3 次及以上培训的群组得分非常显著高于每年只参加 1 次培训的群组（$p = 0.002 < 0.010$）；在职业素养养成度维度，每年参加 3 次及以上培训的群组得分非常显著高于每年只参加 1 次培训的群组（$p = 0.003 < 0.010$）；在培训成效外溢度维度，每年参加 3 次及以上培训的群组得分非常显著高于每年只参加 1 次培训的群组（$p = 0.002 < 0.010$）。

表 4-42　参训次数对培训效果的差异检验

项目	参训次数	N	M	SD	F	p	事后比较
培训效果	A. 1 次	218	4.019	0.579	7.084**	0.001	C > A
	B. 2 次	224	4.077	0.622			
	C. 3 次及以上	419	4.188	0.529			
	总计	861	4.116	0.571			
培训满意度	A. 1 次	218	4.507	0.692	6.683**	0.001	C > A
	B. 2 次	224	4.579	0.698			
	C. 3 次及以上	419	4.698	0.611			
	总计	861	4.619	0.660			
职业素养养成度	A. 1 次	218	4.549	0.677	6.638**	0.001	C > A
	B. 2 次	224	4.616	0.710			
	C. 3 次及以上	419	4.738	0.606			
	总计	861	4.658	0.657			
培训成效外溢度	A. 1 次	218	3.656	0.538	6.869**	0.001	C > A
	B. 2 次	224	3.706	0.581			
	C. 3 次及以上	419	3.810	0.495			
	总计	861	3.744	0.533			

注：** 表示 $p < 0.010$。

在培训满意度维度，每年参加 3 次及以上培训的群组在 5 个二级指标层面的得分均显著高于每年参加 1 次培训的群组（见表 4-43）。采用雪费法进行事后比较发现，在培训组织方面，每年参加 3 次及以上培训的群组满意度得分非常显著高于每年只参加 1 次培训的群组

（$p = 0.002 < 0.010$）；在培训设施与服务方面，每年参加 3 次及以上培训的群组满意度得分显著高于每年只参加 1 次培训的群组（$p = 0.032 < 0.050$）；在培训内容与形式方面，每年参加 3 次及以上培训的群组满意度得分显著高于每年只参加 1 次培训的群组（$p = 0.025 < 0.050$）；在培训师资与跟踪方面，每年参加 3 次及以上培训的群组满意度得分非常显著高于每年只参加 1 次培训的群组（$p = 0.007 < 0.010$）；在参训表现方面，每年参加 3 次及以上培训的群组得分非常显著高于每年只参加一次培训的群组（$p = 0.001 < 0.010$）。

表 4 - 43　参训次数对培训满意度维度的差异检验

项目	参训次数	M	SD	F	p	事后比较
培训组织	A. 1 次	4.531	0.766	6.139**	0.002	C > A
	B. 2 次	4.661	0.710			
	C. 3 次及以上	4.736	0.662			
	总计	4.664	0.706			
培训设施与服务	A. 1 次	4.616	0.654	4.675*	0.032	C > A
	B. 2 次	4.631	0.725			
	C. 3 次及以上	4.760	0.622			
	总计	4.690	0.661			
培训内容与形式	A. 1 次	4.583	0.662	4.258*	0.014	C > A
	B. 2 次	4.628	0.696			
	C. 3 次及以上	4.732	0.626			
	总计	4.667	0.657			
培训师资与跟踪	A. 1 次	4.441	0.841	5.425**	0.005	C > A
	B. 2 次	4.522	0.776			
	C. 3 次及以上	4.643	0.708			
	总计	4.560	0.765			
参训表现	A. 1 次	4.503	0.730	7.426**	0.001	C > A
	B. 2 次	4.581	0.734			
	C. 3 次及以上	4.713	0.627			
	总计	4.626	0.688			

注：＊表示 $p < 0.050$；＊＊表示 $p < 0.010$。

在职业素养养成度维度，每年参加 3 次及以上培训的群组在 4 个二级指标方面的得分均显著高于每年参加 1 次培训的群组（见表 4 - 44）。通过雪费法进行事后比较，发现在职业理念的更新方面，每年参加 3 次及以上培训的群组得分显著高于每年只参加 1 次培训的群组（$p = 0.021 < 0.050$）；在职业能力的提升方面，每年参加 3 次及以上培训的群组得分显著高于每年只参加 1 次培训的群组（$p = 0.014 < 0.050$）；在职业认同感的增强方面，每年参加 3 次及以上培训的群组得分非常显著高于每年只参加 1 次培训的群组（$p = 0.004 < 0.010$）；在职业行为的转变方面，每年参加 3 次及以上培训的群组得分极其显著高于每年只参加 1 次培训的群组（$p = 0.000 < 0.001$）。

表 4 - 44　参训次数对职业素养养成度维度的差异检验

项目	参训次数	M	SD	F	p	事后比较
职业理念的更新	A. 1 次	4.630	0.652	4.685**	0.009	C > A
	B. 2 次	4.665	0.708			
	C. 3 次及以上	4.779	0.595			
	总计	4.712	0.643			
职业能力的提升	A. 1 次	4.561	0.712	5.219**	0.006	C > A
	B. 2 次	4.597	0.729			
	C. 3 次及以上	4.728	0.648			
	总计	4.651	0.689			
职业认同感的增强	A. 1 次	4.546	0.711	6.307**	0.002	C > A
	B. 2 次	4.611	0.746			
	C. 3 次及以上	4.739	0.642			
	总计	4.656	0.692			
职业行为的转变	A. 1 次	4.439	0.846	8.364***	0.000	C > A
	B. 2 次	4.575	0.756			
	C. 3 次及以上	4.690	0.672			
	总计	4.597	0.748			

注：**表示 $p < 0.010$；***表示 $p < 0.001$。

在培训成效外溢度维度，每年参加 3 次及以上培训的群组在 3 个二级指标方面的得分均显著高于每年参加 1 次培训的群组（见表 4 – 45）。通过雪费法进行事后比较，在个人职业发展效益方面，每年参加 3 次及以上培训的群组得分非常显著高于每年只参加 1 次培训的群组（$p =$ 0.005 < 0.010）；在职业农民地位提升效益方面，每年参加 3 次及以上培训的群组得分显著高于每年只参加 1 次或者 2 次培训的群组，p 值分别为 0.007 和 0.048；在带动辐射效益方面，每年参加 3 次及以上培训的群组得分极其显著高于每年只参加 1 次培训的群组（$p =$ 0.000 < 0.001）。

表 4 – 45　参训次数对培训成效外溢度维度的差异检验

项目	参训次数	M	SD	F	p	事后比较
个人职业发展效益	A. 1 次	4.575	0.667	5.862**	0.003	C > A
	B. 2 次	4.6345	0.726			
	C. 3 次及以上	4.753	0.613			
	总计	4.677	0.661			
职业农民地位提升效益	A. 1 次	4.575	0.686	6.043**	0.002	C > A C > B
	B. 2 次	4.615	0.727			
	C. 3 次及以上	4.752	0.630			
	总计	4.672	0.675			
带动辐射效益	A. 1 次	1.770	0.341	8.611***	0.000	C > A
	B. 2 次	1.814	0.342			
	C. 3 次及以上	1.877	0.294			
	总计	1.833	0.322			

注：** 表示 $p < 0.010$；*** 表示 $p < 0.001$。

五、基于不同经营特征的新型职业农民培训效果差异检验

相对于专业技术型和社会服务型新型职业农民，生产经营型新型职业农民是最复杂的一种类型，主要表现在他们集农业"生产者""经营者""管理者"等多种角色于一身，他们从事的产业与区域经

济发展特征密切相关，他们不仅从事农业生产，而是将一二三产融合发展，在不断延长的产业链上从事着农业生产、加工、经营与管理活动，具有不同的经营特征。为了了解不同经营特征对培训效果影响的差异，本研究从所在区域、经营规模、经营形式、收入四个方面对培训效果进行差异检验。

（一）受训农民所在区域对培训效果的差异检验

根据区域位置和经济发展情况，把江苏省分为苏南、苏中和苏北三大区域（见表4-46），总样本中苏南的有279个、苏中的有229个、苏北的有353个。以培训效果及其一级维度为变量进行单因素方差分析，不论是培训总体效果，还是培训满意度、职业素养养成度和培训成效外溢度3个一级维度，在不同区域都不存在显著差异。从均值来看，苏南、苏中、苏北三地参训农民对培训效果的评价分值差距不大，但不论是培训总体效果，还是培训满意度、职业素养养成度、培训成效外溢度，都呈现出苏北、苏南、苏中依次排序的规律（见表4-47）。

表4-46　江苏省三大区域主要指标

指标	苏南	苏中	苏北
常住人口/万人	3365.74	1647.67	3037.29
土地面积/平方公里	28084	22928	54865
地区生产总值/亿元	53956.11	19000.80	21365.98
第一产业产值/亿元	907.13	951.16	2189.90
第二产业产值/亿元	24358.79	9005.13	9243.51
第三产业产值/亿元	28690.19	9044.51	9932.57
粮食产量/万吨	437.10	911.37	2436.09
规模以上利润工业总额/亿元	5093.60	2045.94	1306.72

注：数据来自2018年江苏社会发展经济数据的统计。

表 4 – 47 区域对培训效果的差异检验

项目	区域	N	M	SD	F	p
培训效果	A. 苏南	279	4.115	0.536	0.991	0.372
	B. 苏中	229	4.075	0.514		
	C. 苏北	353	4.143	0.630		
	总计	861	4.116	0.571		
培训满意度	A. 苏南	279	4.618	0.606	2.077	0.126
	B. 苏中	229	4.550	0.630		
	C. 苏北	353	4.664	0.715		
	总计	861	4.619	0.660		
职业素养养成度	A. 苏南	279	4.656	0.621	0.987	0.373
	B. 苏中	229	4.612	0.604		
	C. 苏北	353	4.690	0.715		
	总计	861	4.658	0.657		
培训成效外溢度	A. 苏南	279	3.743	0.504	0.758	0.469
	B. 苏中	229	3.711	0.482		
	C. 苏北	353	3.767	0.585		
	总计	861	3.744	0.533		

　　为了进一步了解不同区域在各维度上的差异，笔者继续分别对不同区域在 3 个一级维度下面的二级指标进行单因素方差分析。在培训满意度维度，不同区域的参训农民在培训组织、培训设施与服务、培训内容与形式、参训表现四个方面的满意度不存在显著差异，在培训师资与跟踪维度存在显著差异（见表 4 – 48）。通过雪费法进行事后比较，五个方面均不存在显著差异，为了保证与单因素方差分析结果一致，本研究改用 LSD 法进行事后比较，结果显示在培训师资与跟踪方面，苏北和苏中存在显著差异（$p = 0.015 < 0.050$），其余四个方面均不存在显著差异。为了探究原因，笔者将所在区域与收入交叉统计发现，苏北"10 万元及以下"收入的农民占比最高，达 51.80%，而苏中收入为"40 万 ~ 50 万元"的农民占比达 47.60%，这可能与苏

中和苏北的经济发展有关，苏北地区第一产业占比较大，经济发展相对落后，机械化、智能化程度相对较低，对培训的需求相对简单和单一，易于满足，因而对培训师资与跟踪的满意度相对较高，如图4-3所示。

表4-48　所在区域对培训满意度维度的差异检验

项目	区域	M	SD	F	p	事后比较
培训组织	A. 苏南	4.697	0.612	1.578	0.207	n. s.
	B. 苏中	4.594	0.705			
	C. 苏北	4.685	0.772			
	总计	4.664	0.706			
培训设施与服务	A. 苏南	4.718	0.595	1.590	0.204	n. s.
	B. 苏中	4.623	0.635			
	C. 苏北	4.711	0.724			
	总计	4.690	0.661			
培训内容与形式	A. 苏南	4.640	0.617	0.913	0.402	n. s.
	B. 苏中	4.644	0.600			
	C. 苏北	4.703	0.720			
	总计	4.667	0.657			
培训师资与跟踪	A. 苏南	4.532	0.748	3.230*	0.040	C > B
	B. 苏中	4.478	0.755			
	C. 苏北	4.636	0.780			
	总计	4.560	0.765			
参训表现	A. 苏南	4.652	0.598	2.211	0.110	n. s.
	B. 苏中	4.544	0.712			
	C. 苏北	4.658	0.734			
	总计	4.626	0.688			

注：n. s. 表示没有显著差异。

在职业素养养成度维度，不同区域的参训农民在职业理念的更新、职业能力的提升、职业认同感的增强和职业行为的转变四个方面均不存在显著差异（见表4-49）。苏中地区在职业理念的更新、职业能力的提升、职业认同感的增强和职业行为的转变四个方面的得分均最低，说明与苏南地区和苏北地区相比，苏中地区的参训农民在吸收和应用培训所学方面效果最差。

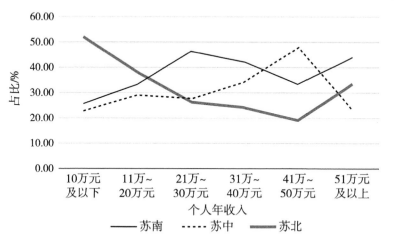

图4-3　所在区域—收入交叉统计

表4-49　所在区域对职业素养养成度维度的差异检验

项目	区域	M	SD	F	p
职业理念的更新	A. 苏南	4.726	0.570	0.290	0.748
	B. 苏中	4.684	0.616		
	C. 苏北	4.718	0.712		
	总计	4.712	0.643		
职业能力的提升	A. 苏南	4.630	0.657	1.144	0.319
	B. 苏中	4.613	0.636		
	C. 苏北	4.693	0.745		
	总计	4.651	0.689		
职业认同感的增强	A. 苏南	4.653	0.672	0.573	0.564
	B. 苏中	4.620	0.640		
	C. 苏北	4.683	0.740		
	总计	4.657	0.692		

续表

项目	区域	M	SD	F	p
职业行为的转变	A. 苏南	4.588	0.728	2.974	0.052
	B. 苏中	4.507	0.757		
	C. 苏北	4.661	0.752		
	总计	4.597	0.748		

在培训效果外溢度维度，不同区域的参训农民在个人职业发展效益、职业农民地位提升效益和带动辐射效益三个方面均不存在显著差异（见表4-50）。苏北地区在个人职业发展效益、职业农民地位提升效益和带动辐射效益三个方面得分都最高，苏中地区在三个方面得分都最低。

表4-50 所在区域对培训效果外溢度维度的差异检验

项目	区域	M	SD	F	p
个人职业发展效益	A. 苏南	4.680	0.623	0.398	0.672
	B. 苏中	4.645	0.602		
	C. 苏北	4.695	0.726		
	总计	4.677	0.661		
职业农民地位提升效益	A. 苏南	4.675	0.618	0.601	0.548
	B. 苏中	4.632	0.626		
	C. 苏北	4.695	0.745		
	总计	4.672	0.675		
带动辐射效益	A. 苏南	1.824	0.326	2.494	0.083
	B. 苏中	1.803	0.311		
	C. 苏北	1.861	0.325		
	总计	1.833	0.322		

（二）经营规模对新型职业农民培训效果的差异检验

为了检验不同经营规模的新型职业农民培训效果的差异，本研究将经营规模分为"50亩及以下""51~100亩""101~300亩""301~500

亩""501～1000 亩""1001 亩及以上"六个类别，以培训效果及其一级维度为变量进行单因素方差分析，不论是培训总体效果，还是培训满意度、职业素养养成度和培训成效外溢度 3 个一级维度，在不同经营规模上都不存在显著差异（见表 4－51）。

表 4－51　不同经营规模对培训效果的差异检验

项目	经营规模	N	M	SD	F	p
培训效果	A. 50 亩及以下	374	4.119	0.646	1.673	0.138
	B. 51～100 亩	108	4.121	0.570		
	C. 101～300 亩	155	4.080	0.493		
	D. 301～500 亩	109	4.121	0.468		
	E. 501～1000 亩	75	4.252	0.301		
	F. 1001 亩及以上	40	3.949	0.707		
	总计	861	4.116	0.571		
培训满意度	A. 50 亩及以下	374	4.645	0.722	1.366	0.235
	B. 51～100 亩	108	4.610	0.696		
	C. 101～300 亩	155	4.564	0.600		
	D. 301～500 亩	109	4.599	0.564		
	E. 501～1000 亩	75	4.736	0.39		
	F. 1001 亩及以上	40	4.448	0.788		
	总计	861	4.619	0.660		
职业素养养成度	A. 50 亩及以下	374	4.663	0.737	1.205	0.305
	B. 51～100 亩	108	4.663	0.673		
	C. 101～300 亩	155	4.623	0.571		
	D. 301～500 亩	109	4.667	0.544		
	E. 501～1000 亩	75	4.781	0.374		
	F. 1001 亩及以上	40	4.482	0.795		
	总计	861	4.658	0.657		
培训成效外溢度	A. 50 亩及以下	374	3.742	0.600	2.006	0.076
	B. 51～100 亩	108	3.752	0.520		

续表

项目	经营规模	N	M	SD	F	p
培训成效外溢度	C. 101~300 亩	155	3.710	0.460		
	D. 301~500 亩	109	3.751	0.455		
	E. 501~1000 亩	75	3.891	0.286	2.006	0.076
	F. 1001 亩及以上	40	3.583	0.665		
	总计	861	3.744	0.533		

　　在培训满意度维度，不同经营规模的新型职业农民对培训组织、培训设施与服务、培训内容与形式、培训师资与跟踪和参训表现五个方面的满意度均不存在显著差异（见表4-52）。从均值来看，"501~1000 亩"群体在五个方面的得分都最高，"1001 亩及以上"群体在五个方面的得分都最低，说明经营规模为"501~1000 亩"的参训农民的培训满意度最高，经营规模为"1001 亩及以上"的参训农民的培训满意度最低。

表4-52　不同经营规模对培训满意度维度的差异检验

项目	经营规模	M	SD	F	p
培训组织	A. 50 亩及以下	4.682	0.789		
	B. 51~100 亩	4.611	0.758		
	C. 101~300 亩	4.667	0.596		
	D. 301~500 亩	4.627	0.615	0.863	0.506
	E. 501~1000 亩	4.773	0.425		
	F. 1001 亩及以上	4.533	0.784		
	总计	4.664	0.706		
培训设施与服务	A. 50 亩及以下	4.694	0.756		
	B. 51~100 亩	4.715	0.653		
	C. 101~300 亩	4.682	0.561		
	D. 301~500 亩	4.681	0.538	0.433	0.826
	E. 501~1000 亩	4.733	0.458		
	F. 1001 亩及以上	4.556	0.728		
	总计	4.670	0.661		

项目	经营规模	M	SD	F	p
培训内容与形式	A. 50 亩及以下	4.677	0.738	1.007	0.412
	B. 51～100 亩	4.657	0.689		
	C. 101～300 亩	4.647	0.565		
	D. 301～500 亩	4.636	0.573		
	E. 501～1000 亩	4.793	0.338		
	F. 1001 亩及以上	4.528	0.752		
	总计	4.667	0.657		
培训师资与跟踪	A. 50 亩及以下	4.611	0.806	2.044	0.070
	B. 51～100 亩	4.560	0.779		
	C. 101～300 亩	4.493	0.712		
	D. 301～500 亩	4.508	0.719		
	E. 501～1000 亩	4.669	0.518		
	F. 1001 亩及以上	4.283	0.965		
	总计	4.560	0.765		
参训表现	A. 50 亩及以下	4.643	0.718	1.235	0.291
	B. 51～100 亩	4.614	0.731		
	C. 101～300 亩	4.545	0.710		
	D. 301～500 亩	4.642	0.575		
	E. 501～1000 亩	4.756	0.464		
	F. 1001 亩及以上	4.518	0.807		
	总计	4.626	0.688		

　　在职业素养养成度维度，不同经营规模的新型职业农民在职业理念的更新、职业能力的提升、职业认同感的增强和职业行为的转变四个方面均不存在显著差异（见表 4－53）。从均值来看，"501～1000亩"群体在四个方面的得分都最高，"1001 亩及以上"群体在四个方面的得分都最低，说明经营规模为"501～1000 亩"的参训农民培训收获最大，经营规模为"1001 亩及以上"的参训农民培训收获最少。

表 4-53　不同经营规模对职业素养养成度维度的差异检验

项目	经营规模	M	SD	F	p
职业理念的更新	A. 50 亩及以下	4.701	0.722	1.106	0.355
	B. 51~100 亩	4.692	0.705		
	C. 101~300 亩	4.695	0.559		
	D. 301~500 亩	4.742	0.535		
	E. 501~1000 亩	4.850	0.296		
	F. 1001 亩及以上	4.586	0.718		
	总计	4.712	0.643		
职业能力的提升	A. 50 亩及以下	4.664	0.750	1.625	0.151
	B. 51~100 亩	4.685	0.678		
	C. 101~300 亩	4.604	0.649		
	D. 301~500 亩	4.618	0.617		
	E. 501~1000 亩	4.795	0.397		
	F. 1001 亩及以上	4.448	0.853		
	总计	4.651	0.689		
职业认同感的增强	A. 50 亩及以下	4.660	0.756	0.809	0.544
	B. 51~100 亩	4.653	0.699		
	C. 101~300 亩	4.621	0.630		
	D. 301~500 亩	4.705	0.564		
	E. 501~1000 亩	4.730	0.519		
	F. 1001 亩及以上	4.494	0.863		
	总计	4.657	0.692		
职业行为的转变	A. 50 亩及以下	4.618	0.800	1.762	0.118
	B. 51~100 亩	4.622	0.714		
	C. 101~300 亩	4.547	0.693		
	D. 301~500 亩	4.554	0.744		
	E. 501~1000 亩	4.749	0.473		
	F. 1001 亩及以上	4.354	0.908		
	总计	4.597	0.748		

在培训成效外溢度维度，不同经营规模的新型职业农民在个人职业发展效益、职业农民地位提升效益和带动辐射效益三个方面均不存在显著差异（见表4－54）。从均值来看，"501～1000亩"群体在三个方面的得分都最高，"1001亩及以上"群体在三个方面的得分都最低，说明经营规模为"501～1000亩"的参训农民培训收获最多，运用培训所学的效益也最高，经营规模为"1001亩及以上"的参训农民培训收获最少，运用培训所得的效益也最低。

表4－54 不同经营规模对培训成效外溢度维度的差异检验

项目	经营规模	M	SD	F	p
个人职业发展效益	A. 50 亩及以下	4.664	0.750	1.845	0.102
	B. 51～100 亩	4.691	0.658		
	C. 101～300 亩	4.656	0.557		
	D. 301～500 亩	4.696	0.565		
	E. 501～1000 亩	4.846	0.349		
	F. 1001 亩及以上	4.471	0.799		
	总计	4.677	0.661		
职业农民地位提升效益	A. 50 亩及以下	4.679	0.731	2.227	0.050
	B. 51～100 亩	4.672	0.655		
	C. 101～300 亩	4.607	0.643		
	D. 301～500 亩	4.679	0.596		
	E. 501～1000 亩	4.863	0.387		
	F. 1001 亩及以上	4.471	0.845		
	总计	4.672	0.675		
带动辐射效益	A. 50 亩及以下	1.839	0.347	1.753	0.120
	B. 51～100 亩	1.839	0.294		
	C. 101～300 亩	1.804	0.322		
	D. 301～500 亩	1.822	0.302		
	E. 501～1000 亩	1.917	0.189		
	F. 1001 亩及以上	1.760	0.385		
	总计	1.833	0.322		

（三）不同经营形式对新型职业农民培训效果的差异检验

目前我国最主要的三种新型农业经营主体为专业大户、家庭农场和农民专业合作社，三者之间存在相互依存的关系：家庭农场是经过规范化、制度化建设的专业大户，而农民专业合作社是若干个家庭农场和农户共同形成的经济联合体；家庭农场是基于血缘、亲缘建立的，而农民专业合作社是基于地缘建立的，因此家庭农场之间几乎不存在利益摩擦和信息沟通障碍。涉农企业则是更具规模的组织，有着明确的分工和利益分配机制。为了检验不同经营形式对新型职业农民培训效果影响的差异，本研究将新型职业农民的经营形式分为"专业大户""家庭农场主""合作社负责人""涉农企业负责人""其他新型农业经营主体经营者"五组，运用单因素方差分析，结果发现不同经营形式的新型职业农民不论是在培训总体效果，还是在培训满意度、职业素养养成度和培训成效外溢度 3 个一级指标维度都不存在显著差异（见表 4-55）。从均值来看，不管是培训总体效果还是 3 个一级指标维度，都是涉农企业负责人得分最高，其次是合作社负责人，家庭农场主第三，专业大户得分最低。这说明相比较而言，涉农企业负责人的培训效果最好，专业大户的培训效果最差。

表 4-55　不同经营形式对培训效果的差异检验

项目	经营形式	N	M	SD	F	p
培训效果	A. 专业大户	157	4.041	0.635	1.893	0.110
	B. 家庭农场主	337	4.122	0.503		
	C. 合作社负责人	112	4.190	0.468		
	D. 涉农企业负责人	63	4.228	0.346		
	E. 其他新型农业经营主体经营者	192	4.086	0.718		
	总计	861	4.116	0.571		
培训满意度	A. 专业大户	157	4.570	0.696	0.618	0.650
	B. 家庭农场主	337	4.627	0.581		
	C. 合作社负责人	112	4.652	0.613		

项目	经营形式	N	M	SD	F	p
培训满意度	D. 涉农企业负责人	63	4.705	0.479	0.618	0.650
	E. 其他新型农业经营主体经营者	192	4.597	0.820		
	总计	861	4.619	0.660		
职业素养养成度	A. 专业大户	157	4.582	0.708	1.953	0.100
	B. 家庭农场主	337	4.654	0.599		
	C. 合作社负责人	112	4.742	0.542		
	D. 涉农企业负责人	63	4.812	0.354		
	E. 其他新型农业经营主体经营者	192	4.629	0.820		
	总计	861	4.658	0.657		
培训成效外溢度	A. 专业大户	157	3.667	0.616	2.082	0.081
	B. 家庭农场主	337	3.756	0.464		
	C. 合作社负责人	112	3.819	0.422		
	D. 涉农企业负责人	63	3.838	0.355		
	E. 其他新型农业经营主体经营者	192	3.713	0.659		
	总计	861	3.744	0.533		

在培训效果满意度维度，不同经营形式的新型职业农民对培训组织、培训设施与服务、培训内容与形式、培训师资与跟踪和参训表现五个方面的满意度不存在显著差异（见表4－56）。从均值来看，在各方面都呈现出涉农企业负责人和合作社负责人的得分相对较高，专业大户和其他新型农业经营主体经营者的得分相对较低的局面。

表4－56　不同经营形式对培训满意度维度的差异检验

项目	经营形式	M	SD	F	p
培训组织	A. 专业大户	4.603	0.792	1.586	0.176
	B. 家庭农场主	4.679	0.619		

项目	经营形式	M	SD	F	p
培训组织	C. 合作社负责人	4.729	0.574	1.586	0.176
	D. 涉农企业负责人	4.810	0.426		
	E. 其他新型农业经营主体经营者	4.604	0.890		
	总计	4.664	0.706		
培训设施与服务	A. 专业大户	4.662	0.705	0.610	0.655
	B. 家庭农场主	4.699	0.567		
	C. 合作社负责人	4.750	0.569		
	D. 涉农企业负责人	4.738	0.534		
	E. 其他新型农业经营主体经营者	4.646	0.843		
	总计	4.690	0.661		
培训内容与形式	A. 专业大户	4.626	0.694	0.762	0.550
	B. 家庭农场主	4.681	0.571		
	C. 合作社负责人	4.710	0.587		
	D. 涉农企业负责人	4.748	0.474		
	E. 其他新型农业经营主体经营者	4.623	0.834		
	总计	4.667	0.657		
培训师资与跟踪	A. 专业大户	4.523	0.774	0.329	0.858
	B. 家庭农场主	4.553	0.707		
	C. 合作社负责人	4.618	0.710		
	D. 涉农企业负责人	4.611	0.613		
	E. 其他新型农业经营主体经营者	4.552	0.920		
	总计	4.560	0.765		
参训表现	A. 专业大户	4.562	0.749	0.824	0.510
	B. 家庭农场主	4.642	0.613		
	C. 合作社负责人	4.624	0.698		
	D. 涉农企业负责人	4.739	0.480		
	E. 其他新型农业经营主体经营者	4.613	0.804		
	总计	4.626	0.688		

　　在职业素养养成度维度，不同经营形式的新型职业农民在职业理念的更新、职业能力的提升和职业认同感的增强三个方面不存在显著差异，在职业行为的转变方面存在显著差异（见表4－57）。从均值来看，在各方面都呈现出涉农企业负责人得分最高，合作社负责人得分次之，专业大户得分相对较低的局面。这说明培训对涉农企业负责人理念、态度和行为的改变作用最大，对专业大户的作用最小。通过雪费法进行事后比较，不同经营形式的新型职业农民在三个方面不存在显著差异，为了获得与单因素方差分析一致的结果，改用LSD事后比较法发现，在职业行为的转变方面，涉农企业负责人和合作社负责人的得分显著高于专业大户群组，p 值分别为0.013和0.009。

表4－57　不同经营形式对职业素养养成度维度的差异检验

项目	经营形式	M	SD	F	p	事后比较
职业理念的更新	A. 专业大户	4.647	0.664	1.981	0.095	n. s.
	B. 家庭农场主	4.711	0.608			
	C. 合作社负责人	4.788	0.529			
	D. 涉农企业负责人	4.871	0.293			
	E. 其他新型农业经营主体经营者	4.669	0.802			
	总计	4.712	0.643			
职业能力的提升	A. 专业大户	4.598	0.708	1.159	0.328	n. s.
	B. 家庭农场主	4.641	0.659			
	C. 合作社负责人	4.725	0.557			
	D. 涉农企业负责人	4.778	0.466			
	E. 其他新型农业经营主体经营者	4.629	0.838			
	总计	4.651	0.689			
职业认同感的增强	A. 专业大户	4.589	0.742	1.585	0.176	n. s.
	B. 家庭农场主	4.657	0.638			

续表

项目	经营形式	M	SD	F	p	事后比较
职业认同感的增强	C. 合作社负责人	4.732	0.588	1.585	0.176	n. s.
	D. 涉农企业负责人	4.806	0.403			
	E. 其他新型农业经营主体经营者	4.619	0.850			
	总计	4.657	0.692			
职业行为的转变	A. 专业大户	4.478	0.842	2.455*	0.044	C > A, D > A
	B. 家庭农场主	4.587	0.710			
	C. 合作社负责人	4.707	0.584			
	D. 涉农企业负责人	4.767	0.450			
	E. 其他新型农业经营主体经营者	4.591	0.872			
	总计	4.597	0.748			

注：n. s. 表示没有显著差异；* 表示 $p < 0.050$。

在培训成效外溢度维度，不同经营形式的新型职业农民在个人职业发展效益和职业农民地位提升效益两个方面不存在显著差异，在带动辐射效益方面存在显著差异（见表 4 - 58）。从均值来看，专业大户群体的得分在三个方面均最低，涉农企业负责人群体在个人职业发展效益和职业农民地位提升效益两个方面的得分最高，合作社负责人群体在带动辐射效益方面的得分最高。这说明合作社负责人在带动辐射方面做得最好。通过雪费法进行事后比较，发现不存在显著差异，与单因素方差分析的结果不一致，于是笔者改用 LSD 事后比较法，发现在个人职业发展效益方面，"家庭农场主""合作社负责人""涉农企业负责人"三个群组的得分均显著高于"专业大户"群组，p 值分别为 0.049、0.036 和 0.035；在职业农民地位提升效益方面，"合作社负责人""涉农企业负责人"两个群组的得分均显著高于"专业大户"群组，p 值分别为 0.039 和 0.043；在带动辐射效益方面，"合作社负责人""涉农企业负责人"两个群组的得分均显著高于"专业大户"群组，p 值分别为 0.004 和 0.039。

表 4 - 58 不同经营形式对培训成效外溢度维度的差异检验

项目	经营形式	*M*	*SD*	*F*	*p*	事后比较
个人职业发展效益	A. 专业大户	4.581	0.755	2.173	0.070	n. s.
	B. 家庭农场主	4.707	0.570			
	C. 合作社负责人	4.753	0.526			
	D. 涉农企业负责人	4.789	0.471			
	E. 其他新型农业经营主体经营者	4.621	0.825			
	总计	4.677	0.661			
职业农民地位提升效益	A. 专业大户	4.597	0.746	1.733	0.141	n. s.
	B. 家庭农场主	4.665	0.629			
	C. 合作社负责人	4.769	0.532			
	D. 涉农企业负责人	4.801	0.396			
	E. 其他新型农业经营主体经营者	4.644	0.815			
	总计	4.672	0.675			
带动辐射效益	A. 专业大户	1.777	0.392	2.390 *	0.049	C > A, D > A
	B. 家庭农场主	1.833	0.294			
	C. 合作社负责人	1.891	0.244			
	D. 涉农企业负责人	1.876	0.263			
	E. 其他新型农业经营主体经营者	1.833	0.357			
	总计	1.833	0.322			

注：n. s. 表示没有显著差异；＊表示 $p < 0.050$。

（四）收入对新型职业农民培训效果的差异检验

为了检验不同经营收入的新型职业农民培训效果的差异，本研究将经营收入分为"10 万元及以下""11 万 ~ 20 万元""21 万 ~ 30 万元""31 万 ~ 40 万元""41 万 ~ 50 万元""51 万元及以上"六个类别，以培训效果及其一级指标为变量进行单因素方差分析，不论是培训总体效果，还是培训满意度、职业素养养成度和培训成效外溢度 3 个一级指标，不同经营收入参训农民都不存在显著差异（见表 4 - 59）。

表 4 - 59　不同经营收入的新型职业农民对培训效果的差异检验

项目	年收入	N	M	SD	F	p
培训效果	A. 10 万元及以下	361	4.122	0.620	1.175	0.320
	B. 11 万 ~ 20 万元	295	4.076	0.577		
	C. 21 万 ~ 30 万元	95	4.096	0.566		
	D. 31 万 ~ 40 万元	50	4.185	0.379		
	E. 41 万 ~ 50 万元	21	4.276	0.288		
	F. 51 万元及以上	39	4.240	0.308		
	总计	861	4.116	0.571		
培训满意度	A. 10 万元及以下	361	4.645	0.700	0.754	0.583
	B. 11 万 ~ 20 万元	295	4.569	0.677		
	C. 21 万 ~ 30 万元	95	4.598	0.639		
	D. 31 万 ~ 40 万元	50	4.708	0.437		
	E. 41 万 ~ 50 万元	21	4.715	0.474		
	F. 51 万元及以上	39	4.645	0.494		
	总计	861	4.619	0.660		
职业素养养成度	A. 10 万元及以下	361	4.668	0.713	1.392	0.225
	B. 11 万 ~ 20 万元	295	4.612	0.657		
	C. 21 万 ~ 30 万元	95	4.613	0.678		
	D. 31 万 ~ 40 万元	50	4.745	0.411		
	E. 41 万 ~ 50 万元	21	4.860	0.287		
	F. 51 万元及以上	39	4.811	0.360		
	总计	861	4.658	0.657		
培训成效外溢度	A. 10 万元及以下	361	3.745	0.575	1.126	0.345
	B. 11 万 ~ 20 万元	295	3.709	0.542		
	C. 21 万 ~ 30 万元	95	3.738	0.527		
	D. 31 万 ~ 40 万元	50	3.802	0.379		
	E. 41 万 ~ 50 万元	21	3.892	0.273		
	F. 51 万元及以上	39	3.869	0.279		
	总计	861	3.744	0.533		

在培训满意度维度，不同经营收入的新型职业农民对培训组织、培训设施与服务、培训内容与形式、培训师资与跟踪以及参训表现五个方面的满意度均不存在显著差异（见表4－60）。从均值来看，"11万～20万元"群体在五个方面的得分都最低，说明经营收入为"11万～20万元"的参训农民对培训的满意度最低。

表4－60　不同经营收入的新型职业农民对培训满意度维度的差异检验

项目	年收入	M	SD	F	p
培训组织	A. 10万元及以下	4.670	0.769	0.863	0.505
	B. 11万～20万元	4.610	0.723		
	C. 21万～30万元	4.688	0.665		
	D. 31万～40万元	4.773	0.395		
	E. 41万～50万元	4.762	0.461		
	F. 51万元及以上	4.769	0.420		
	总计	4.664	0.706		
培训设施与服务	A. 10万元及以下	4.693	0.713	0.606	0.695
	B. 11万～20万元	4.647	0.683		
	C. 21万～30万元	4.724	0.593		
	D. 31万～40万元	4.765	0.470		
	E. 41万～50万元	4.738	0.477		
	F. 51万元及以上	4.782	0.390		
	总计	4.690	0.661		
培训内容与形式	A. 10万元及以下	4.685	0.708	1.134	0.341
	B. 11万～20万元	4.603	0.672		
	C. 21万～30万元	4.696	0.626		
	D. 31万～40万元	4.796	0.349		
	E. 41万～50万元	4.746	0.526		
	F. 51万元及以上	4.710	0.438		
	总计	4.667	0.657		
培训师资与跟踪	A. 10万元及以下	4.609	0.795	0.878	0.495
	B. 11万～20万元	4.499	0.769		

续表

项目	年收入	M	SD	F	p
培训师资与跟踪	C. 21 万～30 万元	4.507	0.752	0.878	0.495
	D. 31 万～40 万元	4.627	0.606		
	E. 41 万～50 万元	4.643	0.561		
	F. 51 万元及以上	4.573	0.760		
	总计	4.560	0.765		
参训表现	A. 10 万元及以下	4.643	0.703	0.525	0.757
	B. 11 万～20 万元	4.592	0.725		
	C. 21 万～30 万元	4.591	0.680		
	D. 31 万～40 万元	4.711	0.485		
	E. 41 万～50 万元	4.748	0.505		
	F. 51 万元及以上	4.630	0.589		
	总计	4.626	0.688		

在职业素养养成度维度，不同经营收入的新型职业农民在职业理念的更新、职业能力的提升、职业认同感的增强和职业行为的转变四个方面均不存在显著差异（见表4－61）。从均值来看，"41 万～50 万元"群体在四个方面的得分都最高，说明经营收入为"41 万～50 万元"的参训农民的培训收获最大。

表4－61　不同经营收入的新型职业农民对职业素养养成度的差异检验

项目	年收入	M	SD	F	p
职业理念的更新	A. 10 万元及以下	4.695	0.705	1.205	0.305
	B. 11 万～20 万元	4.695	0.624		
	C. 21 万～30 万元	4.669	0.725		
	D. 31 万～40 万元	4.823	0.318		
	E. 41 万～50 万元	4.898	0.283		
	F. 51 万元及以上	4.854	0.313		
	总计	4.712	0.643		

项目	年收入	M	SD	F	p
职业能力的提升	A. 10 万元及以下	4.672	0.736	1.336	0.247
	B. 11 万~20 万元	4.596	0.682		
	C. 21 万~30 万元	4.599	0.752		
	D. 31 万~40 万元	4.766	0.443		
	E. 41 万~50 万元	4.844	0.327		
	F. 51 万元及以上	4.756	0.486		
	总计	4.651	0.689		
职业认同感的增强	A. 10 万元及以下	4.670	0.736	1.449	0.204
	B. 11 万~20 万元	4.606	0.713		
	C. 21 万~30 万元	4.605	0.692		
	D. 31 万~40 万元	4.725	0.469		
	E. 41 万~50 万元	4.857	0.312		
	F. 51 万元及以上	4.840	0.416		
	总计	4.657	0.692		
职业行为的转变	A. 10 万元及以下	4.628	0.771	1.559	0.169
	B. 11 万~20 万元	4.523	0.790		
	C. 21 万~30 万元	4.561	0.730		
	D. 31 万~40 万元	4.653	0.608		
	E. 41 万~50 万元	4.825	0.344		
	F. 51 万元及以上	4.756	0.482		
	总计	4.597	0.748		

　　在培训成效外溢度维度，不同经营收入的新型职业农民在个人职业发展效益、职业农民地位提升效益和带动辐射效益三个方面均不存在显著差异（见表4-62）。从均值来看，"41万~50万元"群体在三个方面的得分都最高，"11万~20万元"群体在三个方面的得分都最低，说明经营收入为"41万~50万元"的参训农民的培训效益最高，经营收入为"11万~20万元"的参训农民的培训效益最低。

表 4 - 62 　不同经营收入的新型职业农民对培训成效外溢度维度的差异检验

项目	年收入	M	SD	F	p
个人职业发展效益	A. 10 万元及以下	4.671	0.722	0.958	0.443
	B. 11 万 ~ 20 万元	4.641	0.668		
	C. 21 万 ~ 30 万元	4.678	0.630		
	D. 31 万 ~ 40 万元	4.737	0.468		
	E. 41 万 ~ 50 万元	4.844	0.332		
	F. 51 万元及以上	4.832	0.362		
	总计	4.677	0.661		
职业农民地位提升效益	A. 10 万元及以下	4.674	0.712	1.054	0.385
	B. 11 万 ~ 20 万元	4.631	0.682		
	C. 21 万 ~ 30 万元	4.644	0.714		
	D. 31 万 ~ 40 万元	4.771	0.502		
	E. 41 万 ~ 50 万元	4.850	0.357		
	F. 51 万元及以上	4.802	0.413		
	总计	4.672	0.675		
带动辐射效益	A. 10 万元及以下	1.842	0.322	1.514	0.183
	B. 11 万 ~ 20 万元	1.803	0.350		
	C. 21 万 ~ 30 万元	1.832	0.337		
	D. 31 万 ~ 40 万元	1.856	0.252		
	E. 41 万 ~ 50 万元	1.933	0.146		
	F. 51 万元及以上	1.913	0.151		
	总计	1.833	0.322		

第三节　研究发现与讨论

本研究利用自编的《新型职业农民培训效果调查问卷》，收集江苏省范围内参与过培训的生产经营型新型职业农民对培训真实感受的相关数据，对新型职业农民培训效果进行测评，并就新型职业农民个体基本特征、身份特征、经历特征和经营特征四个方面的培训效果进行差异分析，下面将进一步对主要研究发现进行总结和讨论。

一、新型职业农民培训总体效果良好，但带动辐射效应不够明显

（一）江苏省新型职业农民培训总体效果良好

通过自编问卷对江苏省861名参加过培训的生产经营型新型职业农民进行问卷调查，并对回收的数据进行描述性统计分析和差异检验后发现，江苏省生产经营型新型职业农民培训效果总体水平均值（均值为4.116）达到了总分的80%以上（总分5分），说明江苏省生产经营型新型职业农民培训总体效果良好。

就3个一级维度而言，培训满意度维度的平均值为4.619，职业素养养成度维度的平均值为4.658，培训成效外溢度维度的平均值为3.744，均说明江苏省新型职业农民培训总体效果良好。在各具体指标上，在培训满意度维度，培训组织的平均得分为4.664，培训设施与服务的平均得分为4.690，培训内容与形式的平均得分为4.667，培训师资与跟踪的平均得分为4.560，参训表现的平均得分为4.626。由此可见，参训农民对新型职业农民培训总体满意度较高；相比之下，参训农民对培训师资与跟踪的满意度最低，说明各培训主体在培训师资的选择和跟踪服务方面还有提升的空间。

在职业素养养成度维度，培训对职业理念更新作用的平均得分为4.711，对职业能力提升作用的平均得分为4.651，对职业认同感增强作用的平均得分为4.657，对职业行为转变作用的平均得分为4.597，说明参训农民普遍认为培训对其职业理念的更新作用最大，其次是职业认同感的增强，而对职业行为的转变作用最小。职业理念的转变和职业认同感的增强属于思想意识层面的改变，而职业能力的提升和职业行为的转变需要通过外在行为表现出来，这在一定程度上说明参训农民对培训内容的"理解"和"应用"之间存在"鸿沟"。

在培训成效外溢度维度，培训对个人职业发展效益作用的平均得

分为4.677，对职业农民地位提升效益作用的平均得分为4.672。说明通过一轮轮的新型职业农民培训，受训农民作为培训的最大受益者，培训有效促进了其个人职业的发展。随着培训的不断开展，新型职业农民作为一种职业越来越被社会所接受和认可，新型职业农民培训在新型职业农民社会地位的提升方面发挥了重要的作用。

（二）江苏省新型职业农民培训带动辐射效应有待提升

政府主导的新型职业农民培训项目希望通过对部分农民的教育培训，带动更多农民共同致富。然而，从调研数据来看，培训在新型职业农民带动辐射作用的发挥方面与政府设置新型职业农民培训项目的初衷有所出入，新型职业农民培训带动辐射作用的发挥还很有限。统计分析发现，在3个一级维度上的得分存在差异，参训农民职业素养养成度维度的得分最高，培训成效外溢度维度的得分最低，尤其是对周边农民的带动辐射作用这个二级指标的平均得分仅为1.833。究其原因，可能与目前我国的新型职业农民培训项目主要还是针对新型农业经营主体知识和能力的提升，而忽视了对其社会责任意识的培育有关。调研中发现，从2019年开始，江苏省部分区县已经将带动小农户情况作为新型职业农民培训绩效考核的一个重要指标，这就要求各培训机构在设计培训内容时，要加强对参训农民社会责任意识和带动能力提升方面内容的设计。

从各二级指标来看，具备党员或村干部身份的农民的带动辐射效应优于普通农民。是否具有党员身份的新型职业农民在对培训师资与跟踪的满意度、职业行为的转变和带动辐射效益3个二级指标上存在显著差异。具有党员或者村干部身份的新型职业农民对培训师资与跟踪的满意度高于普通农民，具有党员身份的新型职业农民更坚信培训能促进其职业行为的转变，具有党员或者村干部身份的新型职业农民更愿意带动周边农民共同致富。因此，应对具备党员或者村干部身份的农民进行分类培训，以点带面，充分发挥他们的示范带动作用，全面提升新型职业农民培训的效果。

二、不同基本特征的新型职业农民培训效果存在差异

（一）女性对新型职业农民培训的满意度显著高于男性

独立样本 t 检验的结果表明，男、女新型职业农民培训满意度维度存在显著差异，女性新型职业农民对培训效果的满意度显著高于男性。培训效果满意度是职业素养养成度和培训成效外溢度的基础，参训农民在对培训满意的前提下才愿意继续参与培训，习得并应用知识与技能，提升职业素养，获得收益。男、女新型职业农民虽然在职业素养养成度和培训成效外溢度方面不存在显著差异，但就均值而言，女性的得分都高于男性，且在职业行为的转变和带动辐射效益 2 个二级指标上，男、女性存在显著差异。通过进一步对培训满意度的 5 个二级指标进行分析，发现男、女新型职业农民在培训师资与跟踪和参训表现两个方面的统计结果存在显著差异，其余三个方面虽然不存在显著差异，但是女性的得分依然高于男性。笔者认为男、女新型职业农民对培训满意度的差异主要与男、女性的个性特征和社会关系网络特征有关。这也在一定程度上说明随着机械化、智能化技术在农业领域的应用，对农业从业者的体力要求越来越低，从而吸引了越来越多的女性参与农业生产经营，成为新型职业农民。现代农业生产已经不再是传统观念所认为的"男性事业"，女性也可以成为新型职业农民的重要来源之一。

（二）新型职业农民的文化程度与培训效果呈显著正相关关系

从单因素方差分析的结果来看，不论是在培训总体效果上，还是在培训满意度、职业素养养成度、培训成效外溢度 3 个一级维度层面，"高中（或中职）""大专（或高职）""本科及以上"群体的得分都显著高于"初中及以下"群体；在对培训组织和参训表现的满意度方面，"高中（或中职）""大专（或高职）""本科及以上"群体的得分都显著高于"初中及以下"群体；在对培训师资与跟踪的满意度方面，"高中（或中职）""大专（或高职）"群体的得分显著高于

"初中及以下"群体；在培训促进职业理念的更新、职业能力的提升和职业行为的转变三个方面，"高中（或中职）""大专（或高职）""本科及以上"群体的得分都显著高于"初中及以下"群体；在增强职业认同感方面，"高中（或中职）""大专（或高职）"群体的得分显著高于"初中及以下"群体；在促进个人职业发展、职业农民地位提升和带动辐射效益作用方面，"高中（或中职）""大专（或高职）""本科及以上"群体的得分都显著高于"初中及以下"群体。

从均值的大小来看，不论是培训总体效果，还是培训满意度和培训成效外溢度，数值都随着文化程度的提升不断增大，说明文化程度越高的参训农民对培训的满意度越高，培训效果越好。然而，职业素养养成度维度的均值反映出，"本科及以上"群体的得分略低于"大专（或高职）"群体，即在培训促进受训农民职业素养养成方面，"本科及以上"群体与"大专（或高职）"群体相比没有明显优势。在职业认同感的增强、职业能力的提升和职业行为的转变三个方面，"本科及以上"群体的得分均低于"大专（或高职）"群体，这意味着培训对具有"大专（或高职）"文化程度的新型职业农民职业素养养成的效果最好。已有研究表明，文化程度对再学习意愿和学习能力具有影响❶，因此，要提高新型职业农民培训效果，需要进一步提升新型职业农民的文化水平，以"高中（或中职）"作为新型职业农民的文化基础，尽可能多地培育"大专（或高职）"及以上文化程度的新型职业农民。

（三）新型职业农民培训效果随着受训农民年龄的增大而减弱

虽然单因素方差分析的结果显示，不同年龄组的新型职业农民培训效果不存在显著差异，但从均值来看，不论是总体培训效果，还是培训满意度、职业素养养成度、培训成效外溢度，几乎都呈现随着年龄的增长依次下降的趋势，这在一定程度上说明与年长的农民相比，

---

❶ 明塞尔. 人力资本研究［M］. 张凤林，译. 北京：中国经济出版社，2001：89.

年轻的农民思想更开放，学习和接受新事物的能力更强，培训学习效果也就更好。由此可见，随着机械化、信息化在农业领域的不断渗透，"老人农业"难以适应现代农业的发展，需要吸引更多的年轻人从事现代农业，壮大新型职业农民队伍。因此，培训机构在遴选培训对象时要尽量选择一些年轻农民。

三、不同身份特征的新型职业农民培训效果存在差异

（一）获证农民的培训效果显著好于未获证农民

从独立样本 t 检验的结果来看，是否获得新型职业农民证书在培训总体效果、培训满意度、职业素养养成度和培训成效外溢度方面都具有显著差异。在培训满意度维度，已经获得证书的受训农民对培训组织、培训师资与跟踪的满意度显著高于没有获得证书的农民；在职业素养养成度维度，已经获得证书的受训农民在职业理念的更新和职业行为的转变方面的得分显著高于没有获得证书的农民；在培训成效外溢度维度，已经获得证书的受训农民的个人职业发展效益显著比没有获得证书的农民要好。

从均值来看，各方面都呈现相似的数据排序规律：已获证书群体在各方面的得分都高于未获证书的群体。由此可见，与未获得新型职业农民证书的农民相比，对获证农民的培训效果更好。因此，江苏省各个区县需要积极探索新型职业农民的认定管理工作，加快对新型职业农民的资格认定，使更多的新型职业农民获得职业资格证书，明确新型职业农民的入职门槛和职业发展方向，为制定精准的培训目标提供依据，从而提升培训效果。

（二）具有村干部或党员身份的新型职业农民的带动辐射效益更好

从独立样本 t 检验的结果来看，是否具有村干部或者党员身份的新型职业农民在培训总体效果和各一级维度上不存在显著差异，但在对培训师资与跟踪的满意度和带动辐射效益两个二级指标上存在显著差异。这说明对具有村干部或党员身份的新型职业农民培训所得到的

带动辐射效益要好于普通农民。一般而言，村干部和党员在乡村秩序中具有一定的内生性权威，他们能够将原子化的农民聚集起来，连接多元农业经营主体，对接市场经济和政策资源应对市场化的冲击，形成农村社会经济可持续发展的动力。因此，在培训中要充分发挥村干部和党员的示范引领作用，可以通过成立临时党支部的方式充分发挥基层党员在培训中的示范带动作用。

四、不同经历特征的新型职业农民培训效果存在差异

（一）新型职业农民培训效果与参训次数呈显著正相关关系

从单因素方差分析的结果来看，不管是在培训总体效果上，还是在培训满意度、职业素养养成度和培训成效外溢度方面，每年参加3次及以上培训的群组得分都显著高于每年只参加1次培训的群组，尤其是在职业行为的转变和带动辐射效益方面，每年参加3次及以上培训的群体的得分要显著高于每年只参加1次培训的群体。

从均值来看，每年参加3次及以上培训的群体在任何方面的效果都要依次好于每年参加2次和1次培训的群组。由此可见，与其他参训次数相比，每年只参加1次培训的受训农民的培训效果相对最差，说明随着培训次数的增多，培训的累积效益逐渐显现，受训农民越来越能感受到培训的效果。这与我国从2021年开始，将部级新型职业农民每三年培训1次改为每年培训1次的政策要求相吻合。

（二）具有外出务工经历的新型职业农民的培训效果最好

从单因素方差分析的结果来看，职业经历不论是在培训总体效果，还是在各一级维度的效果都不存在显著差异；但从均值来看，具有其他职业经历的农民的培训效果要比一直务农的农民好，尤其是有过外出务工经历的农民的培训效果最好。这可能是因为新型职业农民不同于传统农民，他们从事的现代农业已经不再局限于农业生产，而是涉及农业生产、加工、经营、管理、销售等多个环节，这就需要从业者同时具备城市和农村两套知识体系，而经过市场经济洗礼的农民

的思维更活跃、眼界更开阔，更容易也更愿意接受新知识，因而培训效果相对更好。由此可见，需要培育大批能够适应农业现代化发展和乡村振兴的新型职业农民，不能仅依靠留守在农村长期务农的农民。各级政府应出台相关政策，吸引更多的农民工返乡创业，壮大新型职业农民队伍。

（三）从农时间为"4~6"年的新型职业农民的培训效果最好

从单因素方差分析的结果来看，从农时间不论是对培训总体效果还是对各一级维度的效果都不存在显著差异，但从均值来看，从农"4~6"年的新型职业农民的培训效果最好，这可能是因为从农"3年及以下"的新型职业农民属于"新手"农民，他们的自我学习意识还没有那么强烈，其参与培训可能更多是外在因素所迫。从农"7~9年"和"10年及以上"的新型职业农民属于"能手"农民和"高手"农民，这两个阶段的农民可能更希望参与一些个性化的、针对性更强的培训，而从农"4~6"年的新型职业农民已经度过最艰难的创业初始期，是"熟手"农民，事业相对稳定，他们想要进一步发展为"能手"农民和"高手"农民，需要通过外在的引导，因而最希望通过培训学到一些新理念、新知识与新技能，进一步提升自身的综合素养。因此，培训机构可以根据新型职业农民的职业生涯发展——"新手""熟手""能手""高手"的阶段特征分段设计内容和形式实施培训。

五、不同经营特征的新型职业农民培训效果存在差异

（一）在对培训师资与跟踪的满意度指标上，苏北地区的农民显著高于其他地区

培训师资与跟踪是保证新型职业农民培训质量的关键，从单因素方差分析的结果来看，苏中和苏北地区的受训农民对新型职业农民培训师资与跟踪的满意度存在显著差异，从均值来看，呈现出苏北、苏

南、苏中地区依次降低的趋势。笔者认为，出现这样的结果可能与区域经济发展和产业结构相关，由于苏北地区经济发展相对落后，第一产业比重偏大，而且以粮食种植为主，对新型职业农民精细化培训要求相对较低，处于"初级阶段"的需求，而江苏省新型职业农民培训机构之间的"师资共享"，使苏南地区"见多识广"的培训教师讲授的内容对于苏北农民来说比较新颖，这就使苏北地区农民对培训的满意度要高于苏南和苏中地区。

（二）在职业行为的转变和带动辐射效益指标上，专业大户的培训效果最差

从单因素方差分析和事后比较的结果来看，对不同经营形式的新型职业农民的培训效果存在差异，对涉农企业负责人、合作社负责人、家庭农场主、其他新型农业经营主体经营者、专业大户等的培训，呈现出效果依次递减的规律。具体而言，对"涉农企业负责人"和"合作社负责人"群组的培训，在职业行为的转变和带动辐射效益两个方面的作用要显著好于"专业大户"群组。家庭农场虽然在内部合作中几乎不存在利润分配和信息不对称等问题，是目前我国新型农业经营主体的最优选择，但由于过度依赖家庭内部成员，导致其在决定是否应用培训所学、转变职业行为的时候优先从"家人支持"的角度，而不是"企业发展"的角度考虑问题。同样，对家人、亲人过多的依赖导致带动周边农户的意愿相对较弱，不利于受训农民社会责任意识的增强。因此，当家庭农场发展到一定程度时，可以引导区域之间产业类型相同或者相似的家庭农场联合成立农民合作社抱团发展。

第五章 以评探因：新型职业农民培训效果的影响因素

为了探寻影响新型职业农民培训效果的关键因素，本章在第四章量化研究的基础上，通过对江苏省新型职业农民培训的政策文本分析、培训现场考察、资料收集、与培训多元主体（包括农业农村局相关政府组织管理人员，农业职业院校、农广校负责项目实施的教学管理人员，培训教师和参训农民）的深度访谈，总结新型职业农民培训的典型经验，发现存在的问题，分析影响新型职业农民培训效果的重要因素。

第一节 影响因素分析的方案设计与理论框架

一、方案设计

（一）研究问题

量化研究可以在广度上获悉江苏省生产经营型新型职业农民培训效果的总体状况，但需要从深度上把握江苏省生产经营型新型职业农民培训"好在哪里""有哪些可供借鉴的经验""还存在哪些不足""原因是什么"等问题，这就需要依托质性研究的方法去挖掘。前文量化研究的结果显示江苏省新型职业农民培训总体效果良好，但各层面效果存在差异，尤其是带动辐射效益方面最不理想。为了总结江苏省新型职业农民培训的成功经验，发现存在的问题，分析量化研究结论背后的原因，本阶段主要以江苏省为个案，对新型职业农民培训效果影响因素进行深入剖析，主要了解以下问题：一是江苏省生产经营型新型职业农民培训有哪些可供借鉴的成功经验？二是江苏省生产经营型新型职业农民培训还存在哪些问题？三是江苏省生产经营型新型职业农民培训存在问题的原因是什么？

（二）研究目标

基于以上研究问题，本阶段的研究目标主要有：一是通过案例研究进行"三角互证"，进一步提高研究的效度；二是对前文量化研究的结果提供科学的解释；三是在了解江苏省生产经营型新型职业农民培训效果"怎么样"的基础上，进一步探究"为什么"的问题。其中，第三个目标为本阶段的核心目标。通过对个案的深入剖析，一方面了解不同培训主体的具体做法，总结江苏省生产经营型新型职业农民培训的经验，对量化结果作出解释，同时通过与各利益相关者的深入访谈，解释量化研究中发现的相关问题（例如，为什么对培训师资与跟踪的满意度要低于其他方面？培训吸收和应用之间的鸿沟产生的原因是什么？等等）；另一方面，通过个案研究可以从不同利益主体层面发现培训组织与实施中存在的不足，以便更全面、客观地分析影响培训效果的因素，为后续提出针对性的政策建议提供依据。

（三）研究方法

个案研究是人文社会科学常用的一种实证研究方法。罗伯特·K. 殷认为，为了深入了解与其所处社会环境没有明显边界的真实生活环境中的一些现象，研究者可以采用个案研究的方法。[1] 根据罗伯特·K. 殷的观点，个案研究方法主要适用于以下三类问题：一是回答"怎么样"和"为什么"的问题；二是研究对象难以控制的问题；三是需要对研究对象的现实状况进行概括总结的问题。[2] 因此，本研究采用个案研究方法的理由是：第一，前文的量化研究已经对江苏省生产经营型新型职业农民培训的效果在"广度"上作出了回答，个案研究有助于解决"深度"上"为什么"的问题；第二，本研究的研究

---

[1] 殷. 案例研究：设计与方法 [M]. 周海涛，译. 重庆：重庆大学出版社，2017：21.
[2] 殷. 案例研究：设计与方法 [M]. 周海涛，译. 重庆：重庆大学出版社，2017：12－15.

对象主要是参训农民，作为具有主观能动性的人，他们的思想、态度偏好和行为动机都是研究者难以控制的；第三，影响新型职业农民培训效果的因素众多，到底哪些属于关键性因素、根本性因素，而且是可以通过培训或者政府政策、机制、体制的调整得到解决的，需要通过深入的案例剖析来识别；第四，在了解江苏省新型职业农民培训效果的总体状况后，本阶段研究的重点是总结成功的经验和进一步挖掘制约培训效果的关键因素。然而，由于不同的人需求不同、职业发展经历不同，对培训效果的判断也千差万别，而且有些影响因素是隐性的，难以发现，通过现场观察、与不同利益相关者的深入访谈，可以从不同侧面了解参训农民的具体表现和行为，从而概括出影响他们判断培训效果的关键因素。

（四）研究对象

个案研究根据选择案例数量和分析单位的多少可分为四种类型：单案例整体性研究设计（类型1）、单案例嵌入性研究设计（类型2）、多案例整体性研究设计（类型3）、多案例嵌入性研究设计（类型4），如图5-1所示。根据罗伯特·K.殷的观点，采用单案例还是多案例研究要根据实际的研究情境而定，整体性研究设计则常常在研究者毫无察觉的情况下，使案例研究的性质在研究过程中发生漂移，而对于无意识漂移保持警惕性的有效方法是提出一整套次级分析单位，即嵌入性研究设计是使研究者对案例保持高度注意的重要工具。❶

基于以上考量，本研究采用单案例嵌入性研究设计（类型2），以江苏省为案例，以政府、培训机构和参训农民为分析单元，对江苏省新型职业农民培训的主要经验和不足进行分析。江苏省部级新型职业农民培训由农业职业院校负责，省级和市区级农民培训主要由各地农广校（由于区域差异，有些地方是农干校、农民科技教育中心、新型职业农民指导站等，本研究统称农广校）负责。在考虑差异性、层次性、代表性的基础上，在江苏省范围内选取两所农业职业院校，在

---

❶ 殷.案例研究：设计与方法［M］.周海涛，史少杰，译.重庆：重庆大学出版社，2017：63-69.

苏南、苏中和苏北选取六所农广校，进入"现场"进行资料收集，对所在区域的部分政府组织管理人员、培训管理者和参训农民等不同利益相关者进行访谈，并进行现场听课。访谈对象的基本信息见表5－1。为了不泄露访谈对象的基本信息和便于表述，本研究对其进行了编号，具体方法为：N 表示苏南（农广校），Z 表示苏中（农广校），B 表示苏北（农广校），Y 和 M 分别表示两所农业职业院校，G 表示涉农部门政府人员，S 表示农广校或农业职业院校培训管理者，T 表示培训教师，F 表示参训农民。因而，N－G－1 表示访谈的第 1 位苏南政府人员，N－S－2 表示访谈的第 2 位苏南农广校管理人员，依此类推。

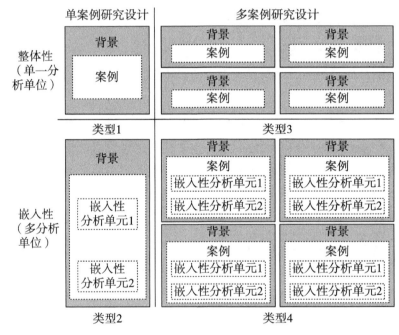

图 5－1　案例研究设计的基本类型❶

❶ 殷．案例研究：设计与方法［M］．周海涛，史少杰，译．重庆：重庆大学出版社，2017：62.

表 5-1　个案研究的多元培训主体受访对象基本信息

代号	性别	出生年代	学历	职称	职务
N-G-1	男	80 后	硕士	副高	科长
N-S-1	男	80 后	硕士	副高	校长
N-S-2	男	60 后	硕士	副高	原校长
N-S-3	男	70 后	本科	中级	主任
N-F-1	男	80 后	本科	—	合作社负责人
N-F-2	男	60 后	高中	—	合作社负责人
N-F-3	男	60 后	高中	—	农场主
Z-G-1	男	60 后	本科	副高	副局长
Z-G-2	男	70 后	本科	中级	主任
Z-S-1	男	70 后	本科	副高	校长
Z-S-2	男	80 后	硕士	中级	主任
Z-F-1	男	80 后	本科	—	农场主
Z-F-2	男	60 后	高中	—	专业大户
B-S-1	男	60 后	本科	副高	校长
B-S-2	女	80 后	硕士	中级	主任
B-F-1	男	80 后	大专	—	农场主
B-F-2	女	70 后	中职	—	专业大户
M-S-1	男	80 后	硕士	副高	副院长
M-S-2	男	80 后	硕士	副高	副院长
M-F-1	男	80 后	本科	—	农场主
M-F-2	男	80 后	大专	—	农场主
M-F-3	男	60 后	高中	—	专业大户
Y-S-1	男	60 后	硕士	副高	原院长
Y-S-2	男	70 后	硕士	副高	书记
Y-F-1	男	80 后	硕士	—	农场主

续表

代号	性别	出生年代	学历	职称	职务
Y－F－2	男	80后	本科	—	农场主
Y－F－3	女	60后	高中	—	专业大户
T－1	男	60后	本科	副高	农技部门
T－2	男	60后	硕士	副高	农业职业院校
T－3	男	60后	博士	正高	农业高校
T－4	男	70后	本科	—	合作社负责人

（五）资料的收集与整理

本研究主要通过访谈的方式收集资料，并辅以现场听课。为了了解参训农民的真实培训状态、各类培训主体对培训的看法以及培训机构组织实施培训情况，笔者根据访谈提纲与负责新型职业农民培训项目的管理者（包括政府官员、各培训机构管理人员、培训教师）和参训农民就培训总体情况、培训内容、培训师资、实训基地、评价考核等方面进行深入访谈，并在征得各类培训主体同意的前提下，跟随新型职业农民培训全体成员一起先后在不同的培训机构听课5次。本阶段共访谈政府工作人员3人、培训机构管理人员11人、参训农民13人、培训教师4人，在征得受访者同意的情况下对访谈内容进行录音，通过讯飞听见软件将录音转为文字，大约有19万字。面对众多繁杂的原始资料，笔者根据本阶段的研究问题反复阅读资料，厘清研究思路，寻找前期实证研究的"证据"和"解释"。

二、新型职业农民培训效果影响因素分析框架

学术界关于培训效果影响因素的研究较为丰富，已形成相对成熟的分析模型，但多为针对企业员工培训效果的影响因素分析，新型职业农民作为我国的一个新概念，关于其培训效果影响因素的研究还很少（参见文献综述部分）。本书对新型职业农民培训效果影响因素的研究主要是基于培训迁移视角，结合已有研究和实证调查结果，尝试构建出新型职业农民培训效果影响因素模型，并从理论分析的角度解

释各种因素对新型职业农民培训效果的"培训满意度""职业素养养成度"和"培训成效外溢度"三个维度的影响，为优化新型职业农民培训效果提供思路。

（一）基于学术界对"培训效果"认识的不断深入

首先，早期受认知科学和学习理论的影响，人们简单地将培训效果等同于学习效果，对培训效果影响因素的认识也主要聚焦于培训的设计与实施。这种通过设置有无参加培训的对比实验得出培训效果好坏的做法过分强调培训的即时效益，忽视了培训的延时效益，不利于回答参加同样培训的被试在工作中的表现差异问题。随着脑科学、心理学和各种学习理论的发展，人们对培训的认识也在不断深入，受训者个体特征作为培训效果的影响因素逐渐被研究者所重视。积极发挥受训者的主观能动性，改变受训者被动接受信息的观点已经成为培训工作组织者和实施者的共识。受训者不仅是培训效果的承载者，更是培训效果的创造者，确立参训农民在新型职业农民培训中的主体地位，变"要我学"为"我要学"，是培训工作取得成效的关键。因此，受训者的主观能动性是培训工作取得成效的重要影响因素。

其次，在终身学习、学习型社会理念的引领下，学者们对培训效果的认识也突破了"学习效果"的范围，认为培训不仅是受训者在学习情境中学习知识与技能的过程，也包括在工作情境中运用知识与技能的过程。受训者面对两个不同的情境（学习情境与工作情境），需要在一个情境中应用在另一个情境中学习的东西。[1] 因此，分析影响培训效果的因素，除了要关注培训（学习）情境（培训的设计与实施），还要关注工作情境（组织的支持），更要关注从学习情境到工作情境的支持条件或迁移氛围。

最后，从信息论视角出发，培训是一个信息传导过程，通过信息的传导与接收实现对行为的指导。个体能否对信息进行转化以及转化的程度，即从对个体信息的输入到输出过程受诸多复杂因素影响，主

---

[1] GOLDSTEIN I L，FORD J K. 组织中的培训［M］. 常玉轩，译. 北京：清华大学出版社，2002：58－185.

要包括信息的输入端（培训设计）、信息的吸收情况（个人的吸收能力）和输出端（支持条件/迁移氛围）（见图5-2）。

由此可见，随着学科的发展、多学科的交叉融合以及终身学习理念的引领，人们对培训及其效果的认识不断深入，对培训效果影响因素的研究也在不断扩展，表现为从关注培训的设计与实施到关注受训者的差异，再到关注培训迁移的条件与氛围，是一个不断丰富的过程。

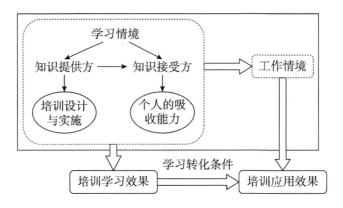

图5-2 培训信息的传导过程

（二）基于培训效果影响因素模型的发展

1. 诺埃（Noe）培训效果影响因素模型

20世纪80年代，韦克斯利（Wexley）和莱瑟姆（Latham）提出了可培训性❶（trainability）这一概念和公式，构建了可培训性的学习能力和学习动机函数❷。在此基础上，诺埃从个人和组织两个方面解释了学习动力与转化动力对培训效果的影响，提出了培训效果影响因素模型。诺埃和施密特（Schmitt）拓展了可培训性的能力和动机函数，将环境的有利性加入其中，将可培训性界定为受训者能够学习并应用培训过程中强调的信息和材料的程度，可培训性 $=f$（学习能力，

---

❶ REID A B. Public sector training participation: An empirical investigation [J]. International Journal of Training and Development, 2001, 5 (2): 136-152.

❷ AICHIA C, WEN-CHIH L, WEI-TAO T. An investigation of individual and contextual factors influencing training variables [J]. Social Behavior and Personality, 2005 (33): 355-378.

学习动机，环境支持）。❶

2. 鲍德温（Baldwin）与福特（Ford）的培训成果转化过程模型

已有研究发现，参训者能将培训所学立刻应用于工作的占40%，培训所学在工作中的应用能维持6个月的仅有25%，而在一年后仍能应用的只占15%。❷ 由此可见，一方面表明知识爆炸时代需要通过持续不断的培训来学习新知识；另一方面也说明培训要与实际工作结合，如果不能及时将培训所学应用于实际，将会造成培训浪费。学者们将培训所学与所用之间的问题归结为培训迁移。1988年，鲍德温与福特提出了一种包括培训输入、培训输出和迁移条件三个环节的培训成果转化模型，致力于分析影响培训效果的因素。该模型从参训者微观角度、培训中观角度和环境宏观角度分析得出，参训者个体特征、培训项目的设计与实施以及工作环境是影响培训效果的三个主要因素。❸ 另外，该模型认为学习、个人绩效和组织业绩三者之间存在明确的因果关系，参训者可以将培训所学应用到实际工作中来提升个人绩效，从而改善组织绩效。因此，该模型同时关注影响学习、个人绩效和组织绩效三方面效果的因素。该模型提出在工作中"维持和推广"培训所得这一概念比较超前，将影响培训效果的因素分析从早期的聚焦培训过程转向聚焦实际工作，这也使该模型成为此后学者们研究培训效果影响因素的基础。可以说，此后关于培训效果影响因素模型的研究都是对该模型进行的完善与补充。

3. 霍尔顿的培训迁移影响因素模型

培训迁移是指参训人员将培训习得的知识、技能、态度与行为在实际工作中应用的程度。❹ 培训迁移既包括近迁移，也包括远迁移，

---

❶ 马识途. 影响培训效果的个体和环境因素研究 [J]. 经济与管理研究, 2008 (8): 73 - 76.

❷ NEWSTROM W J. Leveraging management development through the management of transfer [J]. Journal of Management Development, 1986, 5 (5): 33 - 45.

❸ BALDWIN T T, FORD J K. Transfer of training: A review and directions for future research [J]. Personnel Psychology, 1988, 41 (1): 63 - 105.

❹ WEXLEY K R, LATHAM G P. Developing and Training Human Resources in Organizations [M]. New York: Harper Collins, 1991: 58.

一般认为，培训的远迁移，即受训者能长时间保持并持续使用培训所学，比近迁移更为重要。这是因为培训的最终目的是提高工作绩效，只有当学习以某种方式转化成工作绩效时，培训才有价值，否则培训对于个人或者组织而言，仅仅是学习的一种手段，并不是成果，是没有价值的。❶ 所以，培训效果不能单方面强调受训者的学习过程，更应强调受训者的实际工作绩效，而培训给实际工作带来绩效的关键在于培训迁移的发生。于是，在 1996 年，霍尔顿提出了一个培训迁移影响因素模型。❷ 该模型将个人绩效作为中心，从培训学习与工作应用两个层面评价培训对个人绩效的影响，并进一步提出个人绩效对组织成果的影响。该模型更注重培训的应用，强调要体现培训迁移的作用，在实际工作中验证培训效果。

（三）基于已有实证研究的发现

目前学术界关于新型职业农民培训的研究涉及培训意义、参训意愿、培训经验、培训政策等各个方面，随着新型职业农民培训工作的持续开展，需要更为细致深入的理论研究指导培训实践工作。为了提高培训工作的有效性与精准性，新型职业农民培训效果影响因素的研究也开始进入学者们的视野。但是，相关研究目前处于起步阶段，尤其是实证研究还很少。由第一章的文献综述可知，现有关于新型职业农民培训效果影响因素的实证研究结论主要集中在受训农民的性别、年龄、学历等人口学变量因素；培训内容、形式、师资等培训项目的设计与实施因素；家庭及外部政策环境支持等方面。

基于以上相关理论和实证研究结果，本研究将新型职业农民培训效果影响因素分析框架确定为政府政策制度的配置与落实、培训机构培训设计与实施，以及受训农民个体心理特征与家庭继承条件三个方面，如图 5-3 所示。

---

❶ YAMNILL S, MCLEAN G N. Theories supporting transfer of training [J]. Human Resource Development Quarterly, 2001, 12（2）: 195-208.

❷ HOLTON E F. The flawed four-level evaluation mode [J]. Human Resource Development Quarterly, 1996, 7（1）: 5-25.

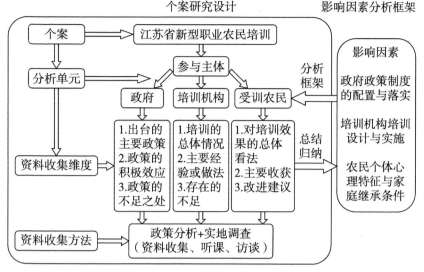

个案研究设计　　　　　　　　　影响因素分析框架

图5-3　新型职业农民培训效果影响因素分析框架

第二节　政府层面：政策制度的配置与落实

新型职业农民培训作为政府主导的公益性项目，各级政府政策制度的配置与落实情况无疑会影响培训效果。基于前文的分析框架，本节主要通过对江苏省及其各级地方政府出台的支持新型职业农民培训的相关政策文件的梳理、对各类培训主体和参训农民的深入访谈，了解江苏省新型职业农民培训的主要政策经验与不足，总结影响新型职业农民培训效果的具体政策制度因素。

一、全面系统的政策配置是新型职业农民培训有效开展的保障

人才队伍建设是社会工作政策发展的重点内容，社会工作者、社会工作服务对象的利益保障，以及社会工作服务传输的规范性都需要政策的规定。❶ 在乡村振兴背景下，由于我国农业的弱质性地位和高

---

❶　全秋含．人才队伍建设：政策发展的重点及其配套政策的缺位　基于2009—2018年社会工作政策的内容分析［J］．社会工作与管理，2019（6）：102-109.

风险、低收益特征，将来"谁来当农民""谁来振兴乡村"等社会问题的解决需要依赖政策的改善，尤其是发展农业农村的生力军——农民的职业化及其职业发展的全过程更是离不开各级政府政策的支持，因而新型职业农民队伍建设成为各级政府政策关注的焦点问题。调研发现，江苏省新型职业农民培训工作取得良好的培训效果与其全面而系统的政策支持体系密不可分。在每年的中央一号文件和各部委政策的引领下，江苏省政府层面也出台了"1号文"及相关配套政策文件（见表5-2）。

表5-2 江苏省新型职业农民培育相关文件

年份	文件	相关内容
2010	《江苏省中长期人才发展规划纲要（2010—2020年）》	培育农村实用人才队伍
2010	《江苏省中长期农业农村人才发展规划（2010—2020年）》	组织实施百万现代职业农民培育工程，每年对10万人开展农业职业技能培训
2012（1号文）	《中共江苏省委　江苏省人民政府关于加快农业科技创新推进农业现代化工程建设促进农民持续增收的若干意见》	现代农业"双百双十"人才工程；大规模开展农村实用人才培训
2013（1号文）	《中共江苏省委　江苏省人民政府关于推进体制机制改革创新进一步增强农业农村发展活力的意见》	培育新型农业经营主体；大力培育职业农民、农村实用人才
2014（1号文）	《中共江苏省委　江苏省人民政府关于全面深化农村改革深入实施农业现代化工程的意见》	加快培育新型农业经营主体；制定支持青壮年农村劳动力务农和培育职业农民的专门计划；鼓励大中专院校毕业生在现代农业领域创业
2014	《江苏省新型城镇化与城乡发展一体化规划（2014—2020年）》	积极培育新型农业经营主体
2015（1号文）	《中共江苏省委　江苏省人民政府关于加大农村改革创新力度推动现代农业建设迈上新台阶的意见》	加强新型职业农民培育；实施现代农民教育培训工程

年份	文件	相关内容
2015	《江苏省政府办公厅关于加快培育新型职业农民的意见》	从 2015 年起，每年培育新型职业农民 20 万人，到 2020 年，全省新型职业农民培育比例达到 50%
2015	《关于印发全省高等院校涉农专业应届毕业生新型职业农民创新创业培训方案的通知》	为全省高等院校涉农专业应届毕业生开展新型职业农民专题培训
2016（1 号文）	《中共江苏省委　江苏省人民政府关于落实发展新理念深入实施农业现代化工程建设"强富美高"新农村的意见》	培育新型职业农民；提高创业就业能力；农场主培训行动；新型农业经营主体带头人轮训；"半农半读"农民学历教育；涉农专业大中专学生创新创业培训
2016	《关于聚焦富民持续提高城乡居民收入水平的若干意见》	提升新型职业农民的增收能力
2017（1 号文）	《中共江苏省委　江苏省人民政府关于深入推进农业供给侧结构性改革促进农民持续增收的意见》	大力培育新型农业经营主体；家庭农场主培训行动
2017	《江苏省"十三五"现代农业发展规划》	新型农业经营主体培育行动
2017	《江苏省政府办公厅关于支持返乡下乡人员创业创新促进农村一二三产业融合发展的实施意见》	创业培训五年行动计划；新型职业农民培育工程；农村青年创业致富"领头雁"计划；贫困村创业致富带头人培训工程；农村妇女创业创新培训
2018（1 号文）	《中共江苏省委　江苏省人民政府关于贯彻落实乡村振兴战略的实施意见》	建立新型职业农民、专业人才、乡土人才三支农村人才队伍
2018	《江苏省乡村振兴战略实施规划（2018—2022 年）》	培育壮大新型农业经营主体
2019（1 号文）	《中共江苏省委　江苏省人民政府关于推动农业农村优先发展做好"三农"工作的实施意见》	返乡创业培训五年行动计划；培育农村能工巧匠

年份	文件	相关内容
2020 (1号文)	《中共江苏省委 江苏省人民政府关于促进乡村产业振兴推动农村一二三产业融合发展走在前列的意见》	"新农菁英"培育发展计划
2020	《关于抓好"三农"领域重点工作 确保如期实现高水平全面小康的意见》	返乡创业培训五年行动计划;提升农民就业创业能力
2021 (1号文)	《中共江苏省委 江苏省人民政府关于全面推进乡村振兴加快农业农村现代化建设的实施意见》	推进农业从业人员职业化;加快形成"新农人"群体

通过梳理相关政策文件发现,各级政府主要在三个方面支持新型职业农民培训工作的有序、有效开展:一是通过补贴、经费投入、课程教学资源建设和成立组织等方式扶持新型职业农民队伍建设;二是通过选拔机构、建设基地、构建体系、聘请师资等保障新型职业农民培训工作;三是通过认定管理、职称评审、评优评先等促进新型职业农民的职业发展。

(一)扶持了新型职业农民队伍建设

第一,一方面,江苏省各级政府出台全方位的政策扶持新型职业农民队伍建设。2015年,《江苏省政府办公厅关于加快培育新型职业农民的意见(苏政办发〔2015〕83号)》(以下简称《培育意见》)出台。在《培育意见》的指引下,江苏省农委下发细化扶持政策,各地也纷纷出台符合区域特点的具体实施办法。一是在促进新型职业农民培训工作与产业发展的融合方面,苏州市立足本市现代农业发展实际,先后发布了《关于加快培育新型职业农民的意见》《苏州市新型职业农民社会保险补贴办法》《苏州市新型职业农民教育培训基地建设管理实施意见》《关于加快推进新型职业农民认定管理工作的通知》等政策文件。二是在吸引高素质人员涉农创业方面,江苏省出台《江苏农业品牌目录制度》,扶持、保护、推介新型职业农民建设的农业品牌；淮安设立了"4＋1"现代农业产业发展财政引导资金；❶苏州建立了职业农民住房公积金制度。三是在提升新型职业农民实训质量方面，江苏省出台了《省级新型职业农民培育示范实训基地（田间学校）建设规范》，提出了新型职业农民实训基地（田间学校）建设的"六有"标准；为了确保新型职业农民量质齐升，昆山出台了《关于印发昆山市新型职业农民成人学历教育实施方案的通知》《关于印发昆山市新型职业农民教育培训模式的通知》《昆山市新型职业农民认定标准及认定管理办法》《新型职业农民社保补贴细则》等一系列政策，还成立了江苏省首个职业农民培育指导站，专门开展多层次的新型职业农民培训工作。❷

另一方面，江苏省针对不同层次、不同类别的新型职业农民培训给予差异性政策扶持。一是针对对农业有情感、有经验的"老农"，实施免费培训和学费补助政策。考虑到部分农民年龄偏大、居住分散、农忙等特点，免费派教师"送教下乡"，在产业链上"现场教学"，实现农业生产周期与农民培训同步，生产与实践融合；而对于有学历提升需求的"老农"，可到农广校或者中职涉农专业进行"半农半读"，每人每年可享受1200元的学费补助。二是对于有学历、能创新的"知农"，各地通过免学费、定向培养等方式提升农民的学历。例如，苏州实施职业农民免费上大学政策，委托农业职业院校和农业高校通过"定点招生、定向培养、协议就业"的方式，全额补贴学费，培养了超过1000名大专及以上学历的新型职业农民。❸昆山市通过"获证后补助"的政策，鼓励新型职业农民通过弹性学制的方式参加中高等农业职业教育，提升学历层次。《关于印发昆山市新型职业农民成人学历教育实施方案的通知》明确要求从2018年起，每年开设涉农成人学历教育大专班和本科班。南京市出台了大学生引进政

---

❶ 周桂瑾，吴兆明．乡村振兴战略下江苏省新型职业农民培育：现实基础、瓶颈问题与优化路径［J］．职业技术教育，2020，33（41）：15－21.

❷ 曹旭平．昆山探索建立新型职业农民制度实践及启示［J］．江淮论坛，2020（9）：30－32.

❸ 江苏省农业委员会．强化政府主导作用整省推进新型职业农民培育［J］．农民科技培训，2016（8）：12－13.

策，对省内外大专以上全日制高校毕业生进入本市农业领域就业创业满 3 年的，给予全额学费补助。三是针对有乡愁、想创业的"新农"，江苏省在土地流转、资金扶持、税费减免、金融支持等方面出台优惠政策，并实行"返乡创业培训五年行动计划"，鼓励他们"凤还巢"。为了吸引更多涉农专业大学生返乡创业，江苏省对涉农院校毕业生开展创业专题培训项目；对于已经返乡创业的人员，则通过组织境外培训学习、开展电子商务培训等形式，更新农民理念，提高农民能力。

第二，各级政府积极组建新型职业农民培育领导小组，成立专门机构，将新型职业农民培训工作当作民心工程列入各级地方政府的考核范围，自上而下形成强有力的组织推动机制，层层落实，推进新型职业农民培训工作有效开展。例如，在省级层面成立新型职业农民培育指导站，全面统筹安排全省新型职业农民培训工作。在省级指导站的引领下，各级地方政府（如昆山、泰兴）也开始成立专门负责新型职业农民培训工作的市级指导站专门负责新型职业农民培训工作。昆山还成立了首个可以抱团向政府争取农业、金融和税收等方面政策促进共同发展的新型职业农民协会，在"三农"发展、生产指导、产品营销和培训交流方面发挥了作用。

第三，作为政府主导的民生工程，江苏省和各级地方政府不断加大新型职业农民培训经费的投入，在江苏省新型职业农民培训经费构成中，政府投入占据绝对主导地位，逐步形成了长效投入机制。除了中央财政每年的补助，江苏省每年还安排 1 亿元的专项经费。据统计，2016 年江苏省市（县）两级财政共安排支持新型职业农民培训的专项资金 1.7 亿元。❶ 例如，苏州、泰兴和盐城等市每年财政投入 400 万~700 万元用于新型职业农民培训工作。江苏省和各级地方政府通过资金支持实训基地、教材和师资库建设等方式保障新型职业农民培训的质量。江苏省在新型职业农民教育培训体系建设方面投入将近 300 万元，主要用于师资队伍、实训基地和教学媒体资源建设。目

---

❶ 齐乃敏，蒋平，崔艳梅．江苏省新型职业农民扶持政策现状、存在问题及对策 [J]．安徽农业科学，2018，46（36）：229-232.

前，江苏省已经建成一支数量足、素质高、结构好的新型职业农民培训专兼职师资队伍，各类实训基地（田间学校）1300多个，视频、教材、课件等优秀教学资源354个。❶相关数据显示，截至2017年年底，江苏省接受免费新型职业农民培训的总人数达到260万，接受农民创业培训的人数达到13.5万，通过培训，全省已有40%的农民成为新型职业农民。❷为了确保人才引得来、用得好、留得住，各地充分利用政策和资金激发创新创业活力，加强乡土人才队伍建设，江苏省出台了《省人才工作领导小组关于实施乡土人才"三带"行动计划的意见》，给符合条件的新型职业农民提供政策支持和资金资助。各地也纷纷出台相关配套政策给予资金支持。例如，南京市出台《南京市扶持新型农业经营主体贷款贴息资金管理办法》，市级财政出资2.5亿元成立"南京市新型农业经营主体贷款风险补偿基金"，向新型农业经营主体发放惠农贷款；扬州、南通、镇江等地通过"英才培育计划""新型职业农民标兵""十佳新型职业农民"等评选活动给予优秀新型职业农民资金奖励。

第四，各级政府通过整合各类培训资源扶持新型职业农民培训工作。例如，淮安市通过顶层设计，整合各类农民培训要素资源，建立"四级联动"（政府、农业部门、培训机构和农业经营主体）的新型职业农民培训管理运行主体，各个主体职责分明，政府部门负责研究解决培训工作中的重大问题，出台政策、提供保障、整合资源、制定规划；农业部门负责制定培训方案、落实项目扶持、开展资格认定和指导服务工作；培训机构负责具体的教学管理工作，包括教学计划的制定与实施、培训教材的选用、师资队伍的选聘和考核；农业经营主体负责实践教学。❸南京市整合各类教育资源，打造专门化、标准化、制度化的专门机构和专业队伍支持新型职业农民培训工作。2013年，

---

❶ 齐乃敏，蒋平，崔艳梅. 江苏省新型职业农民扶持政策现状、存在问题及对策 [J]. 安徽农业科学，2018，46（36）：229-232.

❷ 刘争，奚照寿. 江苏省新型职业农民培育情况调查 [J]. 科技文汇，2019（10）：187-188.

❸ 聂家林，张颖. 淮安"党建+三位一体"新型职业农民培育模式构建 [J]. 农村经济与科技，2019（23）：274-277.

在南京农业大学成立首家实体培养家庭农场主的"江苏农村发展学院",该学院采用理事会管理模式,由省政府提供政策与经费支持,省农委、教育厅、发改委、财政厅、科技厅和人力资源保障厅等作为理事单位,共同确定工作任务、发展目标与改革举措,汇聚南京农业大学和全省涉农院校的学科专业优势资源以及丰富的农业教育资源,采用学历与非学历教育方式培养本科及硕士层次的新型职业农民。❶

(二) 保障了新型职业农民培训工作的开展

江苏省在各级政府的顶层设计和政策保障下构建了以"农广校为基础、农业高等院校为依托、科研推广部门为支撑、农民合作组织等为补充"的"一主多元"新型职业农民培训体系。健全的培训体系为理论学习与实践教学的顺利开展提供了保障。被誉为培养高素质农民"黄埔军校"的农广校由于具备横向上多部门联合办学、纵向上自上而下的五级办学体系及网络化组织优势,在农村基层学历教育、农民技术技能培训和新型职业农民队伍建设中发挥着不可替代的主体作用。江苏省在统筹农广校、涉农院校、职业院校、农业推广机构、科研院所和农业企业教育培训资源的基础上充分发挥各自优势,形成和完善了"专门机构+多方资源+市场主体"的新型职业农民教育培训体系。❷ 在农广校的协调下,充分发挥农广校体系健全,高校、职业学校、科研院所力量强大,农业推广机构覆盖面广,家庭农场、农民合作组织等农业企业实践能力强等优势,对新型职业农民培训进行学员遴选、需求调研、培训实施、管理服务等工作有所侧重、团结协作地进行,形成了类似于学者刘天金提出的"苹果型"组织服务体系。❸ 江苏省通过实施《中华人民共和国农业技术推广法》,要求农技推广机构参与新型职业农民培训;同时,鼓励和引导家庭农场、农

❶ 江苏首次成立实体学院培养新型"家庭农场主"[N]. 中国教育报,2013-04-16(06).

❷ 全国新型职业农民培育经验交流和信息化工作推进会上的交流整理[J]. 农民科技培训,2019(1):9-15.

❸ 刘天金. 总结基本经验 夯实主体支撑 创新机制模式 加快培养造就高素质的新型农业生产经营者队伍[J]. 农民科技培训,2016(1):7-13.

民合作社和农业企业等市场主体建立农民田间学校与农民培训实训基地。2017年，全省各级农广校自办、联办实训基地298个，培育并被认定为省级新型职业农民培育示范实训基地/田间学校的有30个。❶

（三）促进了新型职业农民的职业发展

首先，各地陆续出台新型职业农民认定管理办法。新型职业农民作为一种职业，具有一定的入职门槛。2015年，《江苏省政府办公厅关于加快培育新型职业农民的意见》提出，各地要按照不同产业和不同区域特点，将生产经营型新型职业农民作为重点认定范畴，科学制定认定条件、认定标准、认定程序等。根据省政府的意见，各地纷纷探索符合区域特色的新型职业认定管理办法，其中苏州市、昆山市、吴中区等率先在2015年出台相关办法。随后，其他区县也纷纷制定了越来越详细的新型职业农民认定管理办法，例如，南京、淮安、新沂、南通等地纷纷出台了详细的分类分级认定办法。

其次，开始探索新型职业农民职称评定办法。新型职业农民职称评定是促进其专业化发展的重要因素。乡村全面振兴的关键是消除现代农业发展中新技术、新品种、新模式推广应用的"技术恐慌"和新的研究成果在农业领域应用的"本领危机"。新型职业农民职称评定不仅能深化社会对农民职业的认知，促使"新型职业农民"这一职业成为令人向往和羡慕的职业；还能增强新型职业农民的专业感和职业自信，实现农业研究成果的有效转化。2018年，中共中央、国务院印发的《乡村振兴战略规划（2018—2022年)》明确提出要"深化农业系列职称制度改革"。为了尽快落实中央文件精神，江苏省开始探索新型职业农民职称评定办法，于2019年印发了《江苏省乡土人才专业技术资格条件（试行)》，在全省工程系列职称中增设乡土人才专业，对扎根和活跃在民间从事技艺技能、技术应用与推广、经营管理等工作的乡土人才设初级、中级、副高级、正高级四个层级，对应的名称为助理乡村振兴技艺师、乡村振兴技艺师、副高级乡村振兴技艺

---

❶ 齐乃敏，蒋平. 江苏新型职业农民培育的经验探索与发展建议［J］. 江苏农村经济，2017（9）：43－45.

师、正高级乡村振兴技艺师。通过对乡土人才职称评审办法的梳理发现，在新型职业农民职称评审中，各地都在不断弱化学历、论文、项目，参考从业规模，突出职业能力。江苏乡土人才专业技术资格评审条件主要围绕职业理念、职业道德、专业能力、带动能力、人才效益、经济效益、生态效益和社会效益等方面展开，改变了长期以来职称评定的学历、论文、项目等"门槛"将农村"土专家""田秀才""农状元"等农业生产经营能手拒之门外的状况，为新型职业农民的职业发展营造了良好的外部环境。

最后，各地相继出台新型职业农民评优政策。为了加快推进乡村振兴，发挥优秀农民的示范带头作用，各地还出台了一系列评优评先政策促进农民的专业发展。例如，句容、镇江、昆山等地开展了多届"十佳新型职业农民"评选活动，南通进行了"新型职业农民标兵"评选活动，等等。

二、政策制度的有效落实是新型职业农民培训有效开展的依据

调研发现，虽然各级政府普遍重视新型职业农民队伍建设，但由于地方经济发展的差异和政府官员认识的不同，各地在政策制度的制定和执行上存在明显的差异，有些地方依旧存在相关配套政策缺位的状况。一是一些地方的新型职业农民资格认定政策尚未实施。"让农民成为一种令人向往的职业"是我国新型职业农民队伍建设的追求，怎样的职业才是"令人向往的"？笔者认为主要表现在劳动保障、劳动条件、劳动收入、社会地位和生活质量等方面，要让农民成为一种职业，最根本的就是要使农业劳动者的权益得到保护。前文的实证研究结果显示，是否获证对新型职业农民培训效果具有显著影响。但是，我国农民"身份世袭"的特征使农民要成为一种职业还有很长的路要走，农民作为职业没有一定的入职门槛。为了探究农民职业化现状，笔者调研发现，目前江苏省还未全面实施新型职业农民职业资格证书制度。就本研究调研的农民而言，还未获证的农民占 28.60%，笔者访谈中问道"是否已经开始认证以及原因"时，N－G－1 说道：

"现在 C 市的新型职业农民认定管理办法还未正式出台，有些地方虽然出台了认定管理办法，但是没有实实在在的扶持政策，农民的认证积极性不高。"二是一些政府部门重资格认证、轻激励扶持。一些地方虽然已经出台了新型职业农民认定管理办法，并已经开始对新型职业农民进行认证，但是对认定的新型职业农民缺乏相关的配套扶持政策，难以激发农民参与认定的积极性。在对新型职业农民进行访谈时也反映出这个问题，"我们这边政府财政没有昆山那么好，认不认定也没有太大的区别，而且这个证书只要参加培训就会发给我们，也没什么用。"（B－F－1）相关部门仅仅是根据上级要求认证新型职业农民，给予农民职业身份的认可，而未给予相应的政策支持和社会保障，打消了农民认定的积极性，难以真正使"新型职业农民"成为一份令人向往的职业。

三、层次丰富的培训体系是新型职业农民培训有效开展的基础

经过几年的实践，江苏省新型职业农民培训工作已经成为各级政府的常规工作，"一主多元"的新型职业农民培训体系和制度已经初步建成，主要表现为培训主体明确、培训类别清晰、培训层次分明、培训要求明确。

（一）明确培训主体

目前，江苏省的新型职业农民培训主要由省农委牵头的农业广播电视学校、农业干部学校、农业职业院校、农业大学等农业类学校承担，包括短期的培训和长期的学历提升培训，目的是提升农民的综合素质，培养符合现代农业农村发展需求的农民。除此之外，一些地区的人社部门、科协、妇联和成人教育中心、社区教育中心、职业教育中心等教育部门也负责部分农民培训任务。访谈中 Z－G－1 谈道："江苏的新型职业农民培训主要由省新型职业农民培育指导站统筹安排，农委、民政、妇联、人社等多部门协调，其中退伍士兵培训主要由民政部门负责，妇女培训主要由妇联负责，创业培训由人社部门负责，农业领域的培训以农广校和指导站为主体，现在江苏正在建设县

级新型职业农民指导站，乡镇有农技服务中心，村级有农业主任，指导站负责初、中级培训，专业大户、合作社理事长等新型经营主体带头人和现代青年农场主等带头人（高级）培训由省指导站直接下到涉农院校，农广校负责选拔学员合作培训。"可见，江苏省新型职业农民培训主体相对明确，主要由农委负责，其他部门协作参与，基本建成了以农广校为主体的"一主多元"培训体系，如图5-4所示。

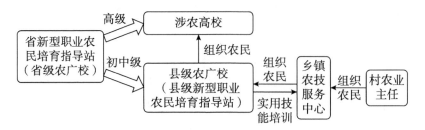

图5-4 江苏省新型职业农民培训主体层级与职责关系

（二）坚持分类培训

江苏省开展的生产经营型新型职业农民培训根据培训的主题可分为两类。一类是专题培训，这类培训的主要目的是提高农民从事农业生产经营所需的某一方面的专门技能，为农民的职业化发展奠定基础，如农业实用技术培训。农业实用技术培训是以区域产业发展为导向开展的培训，一般在村、组进行，每场培训不少于3小时，主要侧重于某一品种的具体生产经营技术培训，着重培养本地区主导产业和高效农业规模化发展所需要的农业实用人才，让农民在短时间内掌握一项农业实用技术。农业实用技能培训一般由各县、市的农广校承担，面向广大农业从业人员，一方面通过农村大喇叭、广播电视、农民科技培训直通车、农村党员远程教育网等途径对农民进行技术培训；另一方面免费向农民发放农业实用技术资料，并在农业生产关键时节送教下乡，对农民进行手把手、面对面的现场授课。承训单位通过调研，根据当地主导特色产业发展需求，了解农民在生产中遇到的困难，确定培训方向，制定培训内容菜单，农民根据本人的实际情况自主选择培训内容，主要包括农业种植技术、养殖技术和农业服务技术三类。此类培训聘请来自各地农业教育、科研和技术推广部门的技术骨干对农民进行集中授课、实践指导、参观考察、经验交流、跟踪指导等线上线下相结合的多种培训。

另一类是综合性培训，主要目的是通过培训提升农民的生产经营管理技能和综合素质，优化生产经营类型和规模，不断提高职业化程度，如新型农业生产经营主体带头人培训和农民创业培训。这类培训一般需要集中时间到培训承担单位进行，是以提高农民的综合素质和创业能力为目的的培训。综合性培训初级和中级班由各地市级农广校承担，高级班由江苏八所农业高等职业院校承担；部分企业或者合作社被挂牌为田间学校，承担部分培训任务。培训对象重点在种养殖专业户、家庭农场主、农民合作社骨干、返乡创业人员中选取，要求年龄在60周岁以下，初中及以上文化水平，已有一定生产规模，科技意识比较强，能起一定示范带动作用的农户。培训内容与国家和地方政府的法律法规、行业现状与发展趋势、从事行业的最新技术、创业能力、经营管理能力、绿色有机食品和食品质量安全等相关。主要采用集中授课，组织学员到园区、基地、企业等考察学习，线上视频学习，顶岗实习，对学员跟踪回访，解决创业中遇到的技术问题等形式，鼓励地方政府出台创业扶持政策，引导农民进行创业实践。为了增强培训效果，江苏省创建农民培训示范基地，做给农民看，同时还将培训班办到产业基地、示范园区，方便农民边学边干。还有地方根据农业企业、合作社发展和农民创业需求，开展"企业/合作社＋农户"订单培训模式，企业根据自身发展要求进行产品要求和技术标准培训，并与农民签订生产收购协议，派技术人员负责对农户进行跟踪指导。培训师资既有从事高深理论研究的农民教育研究专家，又有具有丰富实践经验的专家型新型职业农民；既有本地的乡土能人，又有外请的同行业领域的知名专家；既有学校的专职教师，又有聘请的教育培训、电子商务、网络销售等不同领域的专家。

（三）实施分层培训

随着新型职业农民培训理论研究的不断深入和对优秀实践经验的总结，江苏省新型职业农民培训工作在立足区域主导产业、特色产业和优势产业的基础上，开展了分类型、分产业、分层次培训，突出对专业大户、家庭农场主、农民合作社带头人等新型农业经营主体带头人的培训,新型职业农民培训逐渐从注重实用技术培训向重视综合素质提升培训转变。根据任务的来源不同,各培训主体将其分为部级项目、省级项目、市级项目,不同层次项目的培训目标、培训对象、培训内容也有所区别。访谈中,Z－S－1 讲道:"比如针对需要实用技术的普通农民,我们就会请专家到农村田间地头给农民培训;针对规模比较小的、对农业新技术有需求的专业大户,我们会把他们集中到农广校,请农业专家开展新技术、新品种、新模式的推广培训;有区域产业特点的专业大户、家庭农场主、合作社带头人等需要开阔眼界、更新观念,那我们就把他们送到农业高校参加部级培训。"

(四) 区别培训要求

只要是有意愿学习的农民,都可以参加江苏省新型职业农民培训,每位农民一年可以有多次机会参加不同级别的培训。江苏省新型职业农民培训项目部级任务都是省里统一分配,下达培训指标时就明确了培训人数和培训时长,一般部级任务要求参训学员年龄在 60 周岁以下(超龄无法录入系统),培训时间不少于 10 天,从 2021 年开始要求不少于 15 天,可以分段进行。在访谈中 N－S－3 就说道:"我们这边从事农业的有的年龄偏大,但是他搞得不错,也有学习的劲头,就像上次我们省级培训班,有一个合作社的社长就主动要求参加培训,但是年龄超了,进不了系统,我就只能让他旁听。"省级任务一般是 3 天,以一次性培训为主,但也有部分地区会根据实际情况分开培训,市级培训地区差异相对较大,没有具体的天数要求,主要是根据当地主导产业设置培训内容,有的地方每次培训一天,分期开展,有的地方和省级任务具有同样的要求。例如,访谈时苏中地区的 Z－S－2 讲道:"我们农广校承担的培训一般是 3 天,两天半集中学习,半天生产实践。部级培训都是省里直接把任务下到各高校,5 天集中培训,5 天现场观摩。"而苏南地区的 N－S－2 谈道:"现在我这边的新型职业农民培训主要有三块,我们这边主要做的是省级培训,我们对他们进行 3 天以上的授课,主要以我们全区比较好的农业产业为专业方向,根据农民的实际需求设置不同的课程,分段培训。市级的主要由乡镇的农村工作局来实施，我们监督管理费用。部级任务主要是和高校合作，在高校培训，分两期进行。"

江苏农民继续教育还有学历提升培训，分为中专班和大专班，中专班的培训主体为农广校，大专班的培训主体为农业高职院校，围绕专业技术水平提升、经营管理能力提升和创业能力提升的目标，分为集中培训、创业孵化和跟踪服务三个阶段，课程设置分为职业素养、创业能力、政策法规、产业发展和案例分析五个模块。集中培训包括观摩实践，采用分两年进行、每年培训两次的方式，创业孵化采用顶岗锻炼的形式，不少于 15 天，现场指导不少于两次。

江苏省新型职业农民培训基本情况见表 5-3。

表 5-3　江苏省新型职业农民培训基本情况

培训对象	培训层次	培训主体	培训方式	培训时长	所属类别
普通农民 （小农户）	—	乡镇农技 服务中心	现场教学	≥3 小时	专题培训
新型农业经营主体负责人（包括专业大户、家庭农场主、合作社带头人等）	初级/市 （县区）级	农广校	理论＋实践	1~3 天	综合培训
	中级/省级	农广校	理论＋实践	≥3 天	
	高级/部级	农业院校	理论＋实践＋ 观摩＋跟踪	≥10 天	
	学历提升	农广校、 农业院校	分阶段培训， 理论＋实践＋ 观摩＋跟踪	2 年	

四、符合需求的项目设计是新型职业农民培训有效开展的根本

调研发现，一方面，目前各级地方政府在设计新型职业农民培训项目和工程时仍然存在制度建设与能力建设分离的现象。罗斯托起飞

模型❶指出，实现起飞要具备较高的积累率、有起飞的主导部门和建立保证起飞的制度三个条件。我国传统农民的能力有限性与农业的先天弱质性特点决定了政府支持在农业发展中的主导作用。新型职业农民培训作为一项政府工程，具有纯公共产品的性质，主要以项目为抓手，自上而下有计划地对农民进行培训投资。政府依然是我国新型职业农民培训最主要的投入主体，政府以具体的项目和工程为引领，充分发挥其在宏观调控和资源配置等方面的比较优势，调动各培训利益主体的积极性，培训的覆盖面广、保障力度强，有助于促进区域产业发展，增加农民收入，提高新型职业农民的数量与质量。然而，在项目推进过程中，由于难以对区域差异进行细分与定位，容易造成一刀切的格局，培训过程又涉及大量的人力、财力和物力，监管难度大，这就要求在加快新型职业农民队伍建设时加强制度建设。

另一方面，新型职业农民是新时期随着农村社会经济的发展和现代农业分工的细化出现的一类新的农民群体，他们已经成为我国农业改革的推动力量和农村经济发展的先导力量，他们是分散在农户中的"精英"，通过对他们进行培训，可以推动农业现代化发展、提升农民社会地位、加大农业后备人才储备，并且通过发挥他们的示范带动作用影响更多的农民。目前我国新型职业农民培训项目名目众多，包括青年农场主计划、高素质农民学历提升计划、新型农业经营主体带头人计划等，既包括职业技能培训和农业科技培训，又包括文化素质、创业能力和安全知识等综合素质培训，主要目的是提高农民的职业综合素养。由此可见，政府主导的新型职业农民培训项目设计的初衷也很注重新型职业农民的能力建设。然而，当项目在各地具体落实的时候，往往由于能力建设的长期性而简单采用易于测量的"硬指标"。例如，不管是从各类项目验收，还是从各地的认定管理办法、职称评审办法和评优评先条件中都可以看出，仍然比较重视年龄、从业年限、规模等易于量化的硬指标，而对于参与培训的经历，以及农民的

---

❶ 罗斯托起飞模型是由美国经济学家罗斯托提出的经济发展模型。该理论认为现代化有五个阶段，时间长短各不相同。经济发展必须遵循特定规律，通过"起飞阶段"才能实现自身的持续经济增长。

能力、素质等不易量化的软指标关注得不够。在访谈中，有的培训主体也谈道："现有的示范家庭农场、示范合作社等相关扶持和奖励政策就看农民的种地规模，不看农民的素质能力，这个不利于提升农民参与培训的积极性，应该把农民的职业能力作为评审的一个最基本条件，要评示范农场，农场主应该参加多少课时的培训学习、达到一定的能力标准才行，只有这样才能提高农民参训的积极性。"（N-S-2）

第三节　培训机构层面：培训的设计与实施

培训的设计和实施是影响新型职业农民培训效果的重要因素，本节主要通过对江苏省部分培训机构的跟班听课、资料收集和对培训供需主体的深入访谈发现，精准的培训对象、丰富多样的培训内容、多元的培训资源、规范的培训管理、新颖的培训模式等都能有效地保障新型职业农民培训效果。

一、精准的训前准备是培训取得实效的前提

（一）精准锁定培训对象

精准遴选培训对象是培训取得成效的前提，前文的实证研究表明，随着年龄的增长，培训效果呈下降趋势，文化程度对新型职业农民培训效果具有显著影响。在访谈中，培训主体也认为受训农民的年龄、文化水平和经营规模等对培训效果有影响。例如，有培训主体说道："培训班想要起到什么样的目的，选择的人员很重要。因为如果选一些年纪大的，地也不多的人来上课，他是不可能进行一些尝试和改变的，就算给他讲一些好的技术，他们也只是听听而已，不会去实施。"（Z-S-2）可见，选择年轻的、文化程度较高的、具有一定经营规模的参训农民是新型职业农民培训取得良好效果的前提。然而，实践中几乎所有的培训实施主体都很无奈地表示，由于"任务太重""人数太多""项目经费下达太晚，时间太紧"，为了完成数量指标，无法精准选取培训对象。访谈中，各培训主体普遍认为培训任务过重，没有那么多符合条件的、真正有需求的参训农民，为了完成上级

下达的任务，根本无法筛选培训对象，"凑人头""拉壮丁""代训"现象依然存在。例如，访谈中一些培训主体们说道："培训人数太多，导致我们一方面招生困难，另一方面人多了培训内容难以精准，培训方式也难以多样化。"（Z－S－1）"我们最希望的是每年培训人数少一点，做得精一点，目前虽然有相当一部分人是真的想要学东西，但是说实话，那种拉壮丁、凑人数的情况还是存在的。"（B－S－2）"如果不是有考核指标，根本找不到那么多农民来培训，有的乡镇实在找不到人就只能村干部自己来凑人头。"（Y－S－1）"现在最大的障碍就是任务量太重，我们想把它做好，但是没有那么多精力来做。一定要把人数降下来，可以把这些经费用在真正想参加培训的农民身上。"（M－S－1）笔者在随班听课过程中也验证了各位培训主体的说法，的确发现了村干部"凑人头"或者亲戚"代训"现象，问其原因时，村干部说"镇里对我们有考核，我们找不到那么多人，只能自己来凑数了。"代训亲戚表示："自己退休了，时间比较多，由于集中培训时间较长，侄女（农场主）需要打农药、除草等，无法离开那么久。"

（二）准确到位的需求分析

培训机构提供符合受训农民需求的培训是培训取得成效的关键。2012 年农业部办公厅印发的《新型职业农民培育试点工作方案》提出"结合新型职业农民需求"探索培育模式。然而，在实践中，由于过重的培训任务使各培训主体为了完成"任务指标"已经绞尽脑汁，忙于"应付交差"，根本无暇也无心进行需求调研分析。部分培训实施主体为了"交差"而开展"形式化"的需求调研，加上需求分析技术的欠缺，导致供需错位，主要表现在培训需求分析的"缺位""不到位""错位"三个方面。

第一，需求分析缺位，代之以主观臆想的需求分析。在访谈中，各培训主体由于培训任务过重，很少深入一线对参训农民进行需求调研，也没有以参训农民为主体进行深入、客观的需求分析，而是基于自身经验与想法，或者现有资源（最常见的是依据师资）替代参训农民的需求设计培训内容，开展培训。虽然培训主体清楚地知道自己认为的需求并不能代表参训农民的实际需求，正如访谈中 N－S－3 讲道："对于农户来说，他所需求的跟我们以为他需要的有可能是不一致的。就像我们 2020 年弄了一个苗木培训班，我们特意邀请农民对于课程的形式进行一个商讨，了解现在苗木种植户缺什么，还需要做一个市场调研，根据市场需要做哪些改变。"然而，在实际执行中，往往因为"图方便"或者"人手不够"等而忽视需求调研分析。笔者在对培训主体进行访谈时，问及"培训方案的制定过程"，有些农广校校长坦言，由于农广校培训任务重、人手少，其承担的农民培训项目没有进行需求调研，主要根据区域产业特点设计培训内容。例如，访谈中，某农广校校长说道："培训方案的设计我们比较简单，我们自己负责的项目的培训方案就是培训之前自己设计一个表格，相当于一个课程表，然后我们会大概地了解一下专业，大概要讲什么内容，再有针对性地找一些老师，然后排计划。乡镇组织就乡镇设计，部级的是和高校一起商量设计。"（N－S－1）

第二，需求分析不到位，代之以部分参与主体的部分需求。新型职业农民培训项目是政府为了解决乡村振兴战略实施过程中的人才短缺问题而提出的，因此，新型职业农民培训需求分析要立足农村社会经济发展、现代农业发展和农民素质提升，需求分析应涉及项目研究者（农民研究专家）、项目设计者（政府人员）、项目实施者（培训组织者、培训管理者、培训教师）和项目受益者（参训农民）等多元参与主体。然而，在实践中，培训机构往往仅仅通过对部分乡镇干部或者个别农民进行需求调研，开展参与主体比较单一的需求分析。例如，当笔者问及某农业院校农民培训项目负责人 M－S－1 时，他说："我们有需求调研，就是比如我们做 T 市的生产经营型新型职业农民带头人培训前，我们先召集 T 市各乡镇的负责人（各组组长）进行座谈，了解他们的需求，根据他们的需求来设计培训内容。"

第三，单一化的需求分析方法导致需求分析错位，代之以表层化的需求分析。有效的新型职业农民培训供给离不开对参训农民真实需求的挖掘，需求调研分析是新型职业农民培训工作的第一步。然而，如何挖掘新型职业农民真实的内在学习需求是一项非常重要且富有挑战性的工作。在实际的培训工作中，最为普遍的一种误解为将培训需求分析简单地等同于受训者的主观愿望分析❶，很少有培训主体从人力资源管理的角度对参训农民进行需求分析。正是由于这种误解，许多培训主体一谈到需求分析就想到通过座谈、访谈或者问卷的方式询问参训农民想要获得什么培训，或者让参训农民在提供的"菜单"中选择自己所需的内容。例如，访谈中 Z－S－1 说道："我们通过制作需求调研问卷在微信群发送的方式了解参训农民需求，统计一下结果，比如选择茶叶培训的农民最多，我们就开茶叶班。"然而，通过座谈、访谈、问卷和选择的形式开展的需求分析虽然操作起来简单方便，但由于过多地依赖参训农民的自我报告而存在一定的局限性。主要表现在：一是通过问卷收集到的培训需求信息比较表层化，难以深入挖掘；二是问卷调查通常是一次性的，难以反映新型职业农民的动态需求；三是通过座谈、访谈等让农民"说"出来的需求，只能代表某些特定农民"个人"的需求，忽略了新型职业农民这"一类人"的共同需求；四是限于所调查农民自身的文化程度、认知水平、职业发展意识、批判反思能力等，某些需求可能难以得到有效识别，尤其是一些难以用语言表达的需求和关乎自身问题的需求会被无意识地回避，这就容易导致受训者更多地强调一些外部需求。

（三）丰富多样的培训内容

提供符合农民需要的培训内容和形式能够提高农民对培训的满意度，从而提升培训效果。前文的实证研究发现，参训农民对江苏省新型职业农民培训内容与形式的满意度得分达到 4.667 分（总分 5 分），这在一定程度上说明江苏省各培训机构设计的培训内容，不论是理论内容还是实践内容，都较好地符合了农民的实际需求，具有一定的针对性、实用性和新颖性，能体现产业发展的趋势，与各培训主体的访谈也证明了这一结论。通过调研，笔者了解到江苏省组织开展了全省万人农产品电子商务培训计划、万人涉农专业大学生创新创业培训和

---

❶ ALLAN L. Training needs or training wants analysis？［J］. Training and Development in Australia，2009（4）：25－27.

万人农业职业经理人培养等专题性培训，以及农村实用人才带头人、新型农业经营主体带头人、家庭农场主等综合性培训。在开展关于农业新品种、新技术、新模式培训的同时，更加注重引导农民及时掌握最新的农业法律法规和惠农强农优惠政策，更加注重促进农民转变思想，树立创新创业理念，激发自身创造力，主动适应农业农村发展新形势。江苏省新型职业农民培训的内容主要有理论与实践两个方面，采用集中授课、线上教学、外出观摩和跟踪指导等多种形式。

为了确保设计合理的培训内容，尤其是确保实践教学的内容符合农民实际需求，培训主体在选择观摩点或者实践基地时都十分用心。例如，访谈中 B－S－2 说道："培训内容的选择很重要，课程设计一定要接地气，比如说去外面观摩学习选点问题，如果选做得太好的，农民没有那么多的资金可以投入；有些可能在当地有名气，但是其实我们这边农民的种植水平已经挺高了，他们去看了觉得做得不怎么样。"在访谈中研究者发现，各培训实施主体也致力于外出观摩和跟踪服务方式的改革。例如，有的培训主体说道："目前我们一直在探索有效的培训，希望有一些突破和改变。我们也出去学习，发现昆山的研讨形式比较好，我们下一步也在想是不是可以用这种形式来做。但是研讨的话要有主题，而且围在一起的这些人最起码都要是同一个产业的，规模也差不多，这要求相对来说比较高，也很难，前期组织会有很多事。"

（四）多元的培训资源

培训实施机构的师资、教材、基地等培训资源的丰富和实用程度会影响参训农民对培训的满意度，也会影响参训农民的培训学习效果。经过几年的实践，江苏省各培训主体十分注重加强培训资源建设，主要表现在以下四个方面。

一是教师资源。通过进一步的实地调研和访谈了解到，江苏省各培训主体充分利用社会资源，选聘了一批地方能人、乡土人才、创富典型来充实师资队伍，成立兼职教师师资库，满足不同层次参训农民对培训师资，尤其是实践型师资的迫切需求。目前江苏省新型职业农民培训师资队伍既有来自高校的专家教授，也有来自农技推广部门的技术人员，还有来自新型职业农民群体中的"土专家"。在师资的选聘方面，各培训主体基本采用动态管理的方式，例如，访谈中 Y－S－2 说道："我们有一个师资库，可以从里面选专家，但是我们也会慎重选择，我们对老师的讲课有要求，我们请老师之前都要在网上找一下这个老师的视频听听，正式上课的时候我们院长每次培训班都要听课，在接触交流的过程中才能遴选出好的师资。"N－S－1 也讲道："我们会特意请一些比较好的企业家来授课，这是一种现身说法，讲他们的亲身经历或者他们的想法，因为有些专家请过来，他虽然是院士，但讲的内容老百姓不一定爱听，也有可能老百姓根本就听不懂。"为了保障理论与实践培训师资的数量与质量，M 校还专门出台了《培训讲师管理办法》和《现代青年农场主校外创业孵化基地管理办法》，对培训讲师的选聘条件、考核管理办法、创业孵化基地与指导教师的选聘条件、创业孵化基地与指导教师的基本功能和主要任务、学院和创业孵化基地的工作原则与工作责任、创业孵化基地和创业指导教师队伍的建设与动态管理方法等内容作出详细规定，有效提升了新型职业农民培训的实效。

二是教材资源。近年来，江苏省组织编写了上百种省级农民培训工程系列读本，开发的教材涵盖复合种养、绿色农业、政策法规、农产品质量安全、农业创新创业、现代信息技术、农业企业经营管理等。《农产品质量安全与常识》《农业创业八步走》《现代信息技术》《现代农业经营管理》等培训教材内容新颖，充分反映了产业发展实际和农业现代化建设实际，深受广大农民群众欢迎。《农作物病虫草鼠害防控技术》《食用菌栽培无公害生产新技术》《西瓜甜瓜设施栽培与无公害生产技术》等教材被评为全国农村劳动力培训阳光工程优秀地方教材。访谈中 M－S－2 说道："目前，我校设有新型职业农民培训课程 90 门、中高职农民学历教育课程 103 门、拓展课程 20 门、配备农民培训教材 120 本、自编讲义 40 本，建设数字化农民培训平台 1 个，各类培训课件和视频 320 个。"

三是基地资源。各培训主体整合校内外实训基地、家庭农场、田间学校和农业企业等实训实践资源，组建新型职业农民培训的实践基地资源。访谈中 M-S-2 说道："目前本校拥有国家级新型职业农民培育示范基地 2 个、省部级基地 5 个；与政府合作建成农业科技培训学校，与农业企业、家庭农场、农业科技园等合作共建校内外实训基地 60 个。自 2017 年以来，基地共开展田间教学 15 万余学时、顶岗实习与创业孵化 3 万余学时，累计接纳校内外培训学员 6 万余人次。"

四是教辅资源。自 2012 年以来，江苏省共有 1060 多个优秀教学资源获省级奖励补助并在农民培训中被广泛使用。在 2017 年的全国农广校教育教学信息化评选交流活动中，江苏省 10 个教学辅助类课件、18 个自主学习类课件、11 个微课作品在评比中获得名次，在全国名列前茅。

二、科学的培训过程是培训取得实效的关键

（一）灵活新颖的培训模式应用

调研发现，江苏省经过几年的实践探索，各培训机构不断创新，构建了多元化的新型职业农民培训模式，满足了农民对培训的差异性和多样性需求，提高了新型职业农民培训的针对性和实效性。例如，涉农高职 M 校针对目前新型职业农民培训存在的目标定位不够精准、培训供需匹配度不高、培训的深度与持续性不够等问题开展实践与研究，围绕"现代农业需要怎样的农民""我们应该如何培训农民"等问题，根据不同层次、不同需求的参训农民，设计了以"优化技术传承能力、塑化产业发展能力、内化带动辐射能力"为目标，以"资源聚合、中高衔接、多元联动、质量保障"为核心的"三能力四模块"新型职业农民培训模式。❶ 涉农高职 Y 校针对"现有农民总体素质不高、技术推广不足、带动富民不够"三大问题联合扬州、镇江、常州、苏州、淮安等地的 12 个农民培训相关机构，经过 6 年的实践和探索，围绕"爱农业、有文化、懂技术、善经营、会管理、能创业"的素质要求，构建了"愿景共构、队伍共组、平台共建、资源共用、

---

❶ 袁华根，丁丽军，蒋平，等. 高素质农民培育的"三能力四模块"模式构建：以江苏农牧科技职业学院为例［J］. 职教通讯，2021（3）：83-89.

人才共育、成果共享"的高度、精度、深度"三维度"新型职业农民培训新模式。综观各培训机构经过实践探索构建的多样化培训模式，虽然存在一定的差异，但是在职业培训过程中，都是通过不断地调整培训目标、方式与内容等适应产业发展和受训农民的需求，既注重政策层面的引导和创业意愿的激发，又注重市场层面的引领和创业能力的开发，还注重发展层面的指引和职业发展能力的培养，为新型职业农民培训工作的有效开展积累了丰富的经验。

（二）分层分类分型的理论教学

有学者认为新型职业农民作为一种职业，其职业生涯由职业初始期、职业成长期和职业发展期三个阶段组成。[1] 不同的阶段有着不同的发展任务，因而不同阶段的培训侧重点也应该有所不同。职业初始期的受训者处于是否"涉农创业"或者"刚入行"时的迷茫状态，对农业行业知识的了解是"零碎的"，尚未建成自身的"知识图谱"，其基本任务是了解我国和所在区域涉农创业的基本政策，通过观察和简单模仿的方式提升自身在农业领域所需的生产经营基础知识水平与基本技能，初步完成涉农创业。因而，这个阶段的培训重点应该是政策解读和基本的农业生产经营知识与技能。职业成长期是新型职业农民随着知识积累"量"的变化达到"质"的飞跃，初步建成农业领域相关知识的"知识图谱"，能够将在培训环境中所学的理念、知识和技能应用到自己所在的工作环境中，但是由于农业的复杂性，在实际工作中仍然会遇到一些未曾预料的情况，使自己陷入困境，需要对自己已经构建的"知识图谱"进行重构或补充。因此，这个阶段培训的重点应该是一些新理念、新品种、新模式的学习与应用。职业发展期的新型职业农民经历了成长，农场发展和收入较为稳定，已经形成自身个性化的风格，能够触类旁通、灵活运用所学知识，具有一定的创新精神和能力，成了本领域的"土专家"。因此，这个阶段的培训应该侧重于社会责任意识、创新精神和职业规划能力的培养，避免职

---

[1] 欧阳忠明，杨亚玉. 新型职业农民的职业化学习图景叙事探究 [J]. 现代远程教育研究. 2017（4）：59 - 69.

业衰退，保障其职业生涯的可持续发展。然而，现行的新型职业农民培训由于"培训量"过大，未能将新型职业农民根据不同的职业发展阶段进行分层培训，尤其是在进行理论教学时，对新手农民、骨干农民和专家农民进行"混龄式"培训，这就使培训内容的设置无法考虑参训农民的需求差异，无法满足不同参训农民的学习需求，消解了新型职业农民参加培训的积极性。在访谈中，就有参训农民讲道"培训内容不实用""培训内容针对性不强""讲来讲去都差不多""人数太多"等。有培训主体也表示："说实话，每年11月份才下达培训任务，培训量还那么大，大家都在应付，在赶任务。"（Y－S－1）

（三）常态化高质量的实践教学

实践教学作为新型职业农民培训过程中不可或缺的重要内容越来越受到关注，新型职业农民的实践教学主要是以现场观摩、跟踪服务两种形式开展。根据中央财政农业生产项目发展的通知要求，江苏省制定了具体的实施方案，从2018年的"组织学员到农业园区、科技示范基地、农产品加工企业、农业合作社等进行生产实践、现场观摩；开展跟踪指导不少于2次"到2020年的"组织农民学员到现代农业园区、农业企业、家庭农场、农民合作社实操演练、观摩交流，原则上经营管理型高素质农民实习实训不少于培训时间或总学时的1/3，专业生产型和技能服务型高素质农民实习实训不少于培训时间或总学时的2/3。跟踪服务阶段，现场指导2次及以上，可折算为1天（或8学时）的培训学时"。可见，新型职业农民培训项目实习实训的要求更加明确，占比也有了进一步的加大，这在一定程度上说明培训设计者越来越注重在实践环境中提升参训农民的能力水平。实训基地则为农民提供了便捷直观的学习体验、实习实操、创业见习的场所。参训农民到实训基地（田间学校）通过"边看边学""做中学"等方式，可以快速了解先进的农业生产理念和模式，掌握先进的农业生产方式和经营管理策略，改善农业生产结构和农产品品质，从而提高农民的经济收入，为农村和区域经济发展提供新动能。然而，调研发现，实训基地（田间学校）在新型职业农民职业能力提升中的功能没有得到充分发挥，存在"形式化"现象，主要表现在以下四个方面。

第一，江苏省新型职业农民培训实训基地（田间学校）是一些产业特色优势明显、设施设备良好、能够承担培训工作、具有较强示范引领作用的家庭农场、农业企业、专业合作社等对照省、市级《新型职业农民培育示范实训基地（田间学校）建设规范》（以下简称《规范》）"六有"标准进行自主申报、政府批准挂牌而成立。对于申请成功的实训基地（田间学校），政府会给予一定的政策扶持或者补助，正是由于政策红利的诱惑，使得一部分不具备"资质"的农场（合作社）成为实训基地（田间学校），导致了现场观摩的"表面化"。

第二，虽然《规范》中对实训基地（田间学校）的选择作出了"有师资团队"的明确规定，但对师资团队的能力与水平、责任和义务并没有具体的要求，"有"只是最基本的条件，并不能等同于"能胜任"，正是由于只强调实训基地（田间学校）的"硬实力"而忽视"软实力"，使实训基地（田间学校）无法胜任新型职业农民培训的实践教学任务。

第三，通过现场听取"成功农民"的介绍和实地观摩交流，通过宣传先进典型帮助农民对农场创办、发展和转型等有更深刻的认识，有助于拓展农民的从农新理念和新思路。然而，在实践中，由于农场主的能力差异和农业同质性、易模仿性等特点，新型职业农民培训的现场观摩成了"旅游观光"或者"农产品售卖"。笔者在实地调研中发现，有的农场主在现实利益的驱使下，把接待观摩学习当作销售农产品的好时机，在现场观摩宣传介绍时将推销农产品作为重点，而不是主要介绍农场、自身职业发展的经历，也不是就农业生产销售中遇到问题进行交流。在访谈中，培训主体和农民也都说道："受农场主能力限制，目前现场观摩很多时候都达不到预期的效果，农场主做得很好，但是他不会说，所以学员过去了就是在那看看。再加上人数比较多，也无法与农场主进行一对一的深入交流。"（M–S–2）"到做得好的同行那里现场学习这种形式很好，但是现在的参观都是走马观花，一些真正核心的关键技术人家是不会和你讲的。"（N–F–2）

第四，"跟踪服务"的形式化。培训主体通过开展跟踪服务，可以了解受训学员参加培训的感受，解决参训农民在生产实践中遇到的实际问题以及今后的打算，有助于巩固培训成果，是新型职业农民培训工作的重要环节。新型职业农民培训项目要求"为参训农民提供至少一个生产周期的信息服务、技术指导和生产经营指导"，希望通过跟踪服务了解培训实效，精准地把握每一位参训农民的实际需求，以便改善和调整培训方案。然而，在实践中，出于种种原因，培训后的跟踪服务往往流于形式，所谓的"跟踪服务"仅仅是培训教师到现场拍个照片而已。在访谈中，就有培训主体说道："其实跟踪这块真的很重要，我们也很想做好，但是由于种种原因，我们也是力不从心。首先，像我们这边，不光要做培训，还有很多教学和管理工作，根本没有时间和精力再去做跟踪指导，能把手头的工作应付完就不错了。其次，学校对我们做培训的教师也没有单列类似于服务型教师的职称评审办法，又不把每年承担的培训工作量作为职称评审的指标，这也在一定程度上打击了我们的积极性。第三，跟踪服务主要是农广校在做，由于人手问题，他们经常在有事情要去农场的时候拍个照应付一下。第四，农业每种产业、每个季节的需求都不同，跟踪指导时间不能规定得太死。每年从项目下达到完成培训任务，时间很短，材料都要求齐全，就只能敷衍了。"（M‐S‐1）

三、规范的过程管理是培训取得实效的支柱

科学、规范、有效的培训过程管理是新型职业农民培训工作取得实效的关键性因素。调研发现，有些培训实施主体除了常规的签到考勤，在新型职业农民培训管理工作方面的做法富有创意，值得推广。例如，M校在农民培训管理过程中，探索开发了"一人一档"参训农民管理模式，为每位参训农民建立一个学员档案，档案内容包括参训人员基本情况登记表、讲师教学效果测评表、培训满意度调查表和培训对象调查表等。其中，参训人员基本情况登记表除了记录参训农民的个人基本信息，还将参训农民的培训时间、课程名称、课时数等参训信息记录在案，便于了解农民的受训情况，为参训农民的资格认定和后续培训学习提供依据。讲师教学效果测评表则是由参训学员对培训讲师的专业能力、备课情况、主题把握能力、教学技巧、内容的科

学性与实用性、逻辑思维与表达以及总体教学效果进行测评，并由参训农民选出最受欢迎的教师。培训机构根据参训农民的测评结果动态调整培训师资库成员，将教学能力差、不受农民欢迎的培训讲师退出培训讲师师资库。培训满意度调查表除了调查参训农民对课程安排、师资水平（包括授课内容、授课方式和授课效果）、组织管理（包括学员管理、服务态度、时间安排）和食宿情况的满意度，还有对参训农民学有所得之处、希望参加的培训和对培训工作建议的调查，调查结果用于后续工作的提升与改善。培训对象调查表则是对参训农民的人员类别、学习情况、认定情况、产业生产经营情况、主体产业、产业规模、从业年限、年收入等方面的细致调查，便于针对农民从业产业、经营规模和形式等进行分类动态管理，有助于根据参训农民和产业发展情况及时调整培训内容，最大限度地使培训供给契合参训农民的培训需求。

第四节　农民层面：个体心理特征与家庭继承条件

本节主要结合前文实证调查的结果，通过进一步和各培训参与主体的深入访谈，从参训农民个体心理特征（非人口学变量）的角度，了解其对新型职业农民培训的总体感受、主要收获，以及培训学习、培训应用及成果转化等方面的障碍，以便把握影响新型职业农民培训效果的微观因素。

一、良好的心理特征是农民职业素养提升的起点

心理特征是表现在人身上典型的、个性化的心理特点，包括性格、气质和能力。新型职业农民的心理特征能够影响其参训的积极性和主动性，进而影响其职业素养的养成以及培训成果的转化意愿。

（一）感知有效性

通过对培训满意度、职业素养养成度和培训成效外溢度三个维度的积差相关分析（见表5-4）可知：新型职业农民职业素养养成度变量可以解释培训满意度总变异量的79.70%；新型职业农民培训成效外溢度变量可以解释培训满意度总变异量的75.00%；新型职业农

民培训成效外溢度变量可以解释职业素养养成度总变异量的89.10%。说明新型职业农民感受到培训带来的收益越多，越有利于其职业素养的养成，其对培训也就越满意。

表5-4　新型职业农民培训效果三个维度的相关矩阵

维度	培训满意度	职业素养养成度	培训成效外溢度
培训满意度	1.000		
职业素养养成度	0.893 *** ($R^2=0.797$)	1.000	
培训成效外溢度	0.866 *** ($R^2=0.750$)	0.944 *** ($R^2=0.891$)	1.000

注：***表示$p<0.001$，括号内为决定系数。

农民感受到培训对自身知识技能的提升、理念的更新、眼界的开阔和人脉的拓展等的作用在一定程度上解释了前文实证调研中参训农民对培训满意度高的原因。参训农民将培训中所学的知识和技能应用到实际工作中，还能对培训活动起到反馈作用。参训农民通过培训学习之后，能够在实际工作中充分运用学到的相关知识、技能和理念，推动劳动生产水平与管理效率的提高，进而提高其收入水平，这就有助于农民感知培训的有效性，认为培训所学"有用"且"有效"，这些"有用"的知识与技能能够带来"有效"的生产、经营和管理活动，增加自身的物质财富，进一步提升农民参训的积极性，从而形成良性互动。例如，在访谈中，当问及"是否愿意参加政府主导的新型职业农民培训以及理由"时，笔者发现相对成功的农民（有一定经营规模、在同行中有一定影响力的农民）参训积极性普遍较高，他们几乎都表示："不管多忙，有机会去参加培训学习我都要去，通过培训，将自己工作中遇到的问题与老师、同行们进行交流是有效的，现在我们农场规模比以前扩大了一倍，产品也更丰富了，除了以前的巨峰、夏黑，我还引进了阳光玫瑰，种了水蜜桃、猕猴桃、梨等其他水果。"（Z-F-1）"每次培训我都要去的，在培训中我可以从不同的人身上学到很多东西。"（M-F-1）"我农场产业结构的变化和农产品品质的提升都是一次次参加培训老师介绍之后我应用的，我觉得很好，而且通过培训我也了解了很多以前不知道的政策、技术、模式等，对我帮助很大，所以每次培训都很积极地去参加。"（N－F－1）由此可见，感知培训的有效性是影响新型职业农民培训效果的一个重要因素。

（二）学习能力

前文的实证研究表明，参训农民的年龄和文化程度会影响新型职业农民培训效果，尤其是文化水平对培训效果具有显著影响。然而，江苏省接受过高等教育的新型职业农民占比偏低，整体文化程度不高，数据显示，大专（高职）及以上的农民仅占35.70%。已有研究表明，学习者的文化程度能够影响其学习能力。著名劳动经济学家明塞尔指出，学校正规教育（文化程度）是职业培训的预备阶段，对后续职业培训起着重要作用，受过更多正规教育的人后续参与农业职业培训的学习能力更强。❶ 高学习能力者的学习意愿要强于低学习能力者的学习意愿。❷ 在访谈中，有多位农民谈道："以前都说不读书就去种地，现在不读书地都种不了了。"其中几位年龄偏大、文化水平相对较低的"老农"说道："以后农业要靠年轻人来做了，虽然我们种了一辈子的地，但是现在的农业和以前不一样了，现在都要依靠科技种地，互联网销售、直播这些我们不懂，也没有能力去学。"还有农民讲到自己无法完成线上学习："现在搞的线上培训，我哪里搞得清啊，这类培训我都是让我女儿去做。"（N－F－3）在对大学生创业者的访谈中，当问到"创业成功的重要原因"时，他们普遍表示学习能力强、接受新事物快是重要原因。例如，有一位"80后"大学生创业者说道："作为大学生创业者，我觉得我的学习能力还是比较强的，不管是什么形式的培训我很快就适应了，培训中老师提到的一些新东西，训后我都会积极去思考，去研究，去查很多资料学习。"（Y－F－1）由此可见，新型职业农民的学习能力不同，对人力资本投入（学习意愿）的接受程度、积极程度和吸收程度也不一样，从而影响着培训学习的效果。

❶ 明塞尔. 人力资本研究［M］. 张凤林，译. 北京：中国经济出版社，2001：89.

❷ SPENCE M. Job market signaling［J］. Quarterly Journal of Economics, 1973（8）：87.

（三）参训意愿

有实证研究证明，培训要取得效果，仅仅依靠受训者"能够学习"是远远不够的，还需要受训者"愿意学习并在工作中应用所学"。❶ 新型职业农民的学习意愿主要来自外在环境和其自身两个方面。从外在环境来看，国家的高度重视是新型职业农民培训工作开展的积极土壤，国家和省市区的各级涉农政策、支持政策都有利于激发参训农民的学习意愿。从参训农民自身的需求来看，作为理性经济人，其是否愿意参与培训，主要从成本和收益的权衡中作出决策，农民参加培训需要付出一定的时间成本、金钱成本和耽误农业生产的机会成本，只有当农民认为参与培训的成本较低或者收益较高，且收益高于成本时，才倾向于参加培训。我国新型职业农民培训为免费培训，这降低了农民学费方面的资金成本，只要农民认为培训所得大于参与培训所花费的时间成本和耽误农业生产的机会成本，就会愿意参加培训，正如访谈中有参训农民说道："好的培训我花钱也愿意参加，如果不好，那就是在捣乱。"然而，在实践中，笔者在随班听课的过程中发现，有些培训班第一天报到和最后一天考核的时候农民到课率比较高，其余时候的到课率仅有 1/3 左右，就这一情况，笔者对培训机构管理人员和参训农民进行交谈，他们普遍表示集中培训时间长影响家里的农活是主要原因，参训农民因为不愿耽误农业生产而不参加培训或者请别人"代训"的行为在一定程度上反映了其在成本收益权衡中的学习意愿消解。

（四）参训动机

研究表明，受训者的参训动机越强，就越认可培训，越愿意尝试在工作中运用培训所学，培训产生价值的可能性就越大，受训者一旦看到培训带来的价值，就会重视参与培训，形成良性循环。❷ 亨利和

---

❶ IVAN R，SYLVIA D. Learning and the prediction of performance：Development of train a-bility testing in the United Kingdom ［J］. Journal of Applied Psychology，1979（1）：151 – 164.

❷ GOLDSTEIN I L，ROUILLER J Z. The relationship between organizational transfer climate and positive training ［J］. Human Resource Development Quarterly，1993（4）：377 –390.

巴奇尔的决策模型表明，成人参与培训活动的原因来自改善工作环境、结识新朋友、应对重要的生活跃变。❶ 参训动机是激发和维持参训农民参与培训，使其朝着既定目标努力的心理倾向和内部驱动。❷ 加拿大的成人教育学家布谢尔（R. W. Boshier）提出的成人教育"一致模式"将成人参与学习的动机分为"成长动机"与"匮乏动机"两类。"成长动机"是指为了满足自我实现的需要而寻求的更高层次的平衡，学习动机主要来自个体内部。"匮乏动机"是指由于社会、工作、环境等的变化导致的自身能力素质不足，为了寻求平衡而进行弥补性学习，学习动机主要来自外在的压力。布谢尔及以后的研究者将成人参与学习的动机归结为社交关系、社会福利、外界期望、认知兴趣、逃避或刺激、职业进展六种。❸ 与普通学校学生相比，成人参与学习活动是一种密切结合自身工作生活情境的、目的性很强的自我导向、自我控制的学习。研究表明，成人参与培训学习的原因是多种多样的，但其中最主要的是与工作相关的动机。❹ 新型职业农民作为成人学习者，不论是外在因素带来的压力还是出自自身的需求，其学习都具有非常强的目的性，或是为了了解涉农政策，获得资格认定，享受政策红利；或是为了获得新技能，了解新产品、新模式，改善现有的产业结构，提高收入；或是为了职业的可持续发展，提升文凭，评优评先，提高社会地位。前文的实证研究表明，是否获证对新型职业农民培训效果有显著影响，与没有获得新型职业农民职业资格证书的农民相比，获证农民的培训效果更好，这就说明通过培训获得资格证书，得到相应的政策支持能够加强农民参训的动机。然而，由于一些地方的配套政策不到位，在一定程度上削减了农民参训的积极性，

---

❶ 梅里安，凯弗瑞拉. 成人学习的综合研究与实践指导［M］. 2 版. 黄健，等译. 北京：中国人民大学出版社，2011：58. 文中指出生活跃变是指个体在成长过程中的一些重要转折点，蕴含着阶段性加速发展与质变，成人不断经历着各种预料之中和之外的跃变，它们往往成为成人参与学习的动因。

❷ 王迎春，贾旻. 民办职业培训机构培训效果影响因素模型分析［J］. 中国成人教育，2020（23）：30-35.

❸ 吴旭飞. 员工学习意愿影响因素及对策初探［J］. 企业经济，2008（7）：61.

❹ 梅里安，凯弗瑞拉. 成人学习的综合研究与实践指导［M］. 2 版. 黄健，等译. 北京：中国人民大学出版社，2011：45.

从而影响了培训的效果。

（五）参训观念

正确的参训观念是农民参与培训学习取得效果的先导。但在实践中，由于一些参训农民不能理性地看待培训的作用，对培训抱有过高的期望，指望通过一次培训就能解决所有问题，使得参训农民在培训没能满足自身所有需求时就情绪化地认为培训效果不好，认为"参与培训就是浪费时间""希望而来，失望而归""培训没意思"。农民存在错位观念主要表现在以下五个方面：一是将培训简单地等同于学习种田技术。在实地调研中，就有一些"老农"说道："我不用参加培训，种了一辈子地了，怎么种地还需要培训？我自己都可以去当培训老师了。"二是将参与培训当作"给村干部面子"："我们村长叫我们来的，我们关系好，他叫了我们还是要给面子的。"三是将培训当成"福利"："参与培训可以出去看看，平时也没什么机会出去。"四是功利主义："只有来培训了，拿到了培训结业证书，才能去申请相关政府补助。"五是实用主义："希望听怎么做的内容""希望获得一些实用技能的培训""希望培训讲的东西能立刻运用到我的工作中""希望观摩和我的产业种类、规模差不多的农场，有的农场做得太好了，实在是学不来"，等等。

在终身学习社会，一次培训并不能解决所有问题，很多时候仅仅是为受训者引领方向，要想使培训起到切实效果，还需要受训者不断地学习、反思和积累经验。过于注重实用，希望培训能够提供拿来就能用、能够简单地移植模仿"怎么做"，以及有具体明确的可操作步骤的程序性知识，表明参训农民具有一定的"功利性"，希望获得"有用"的知识，还没有形成理论是实践的指导和根基的意识。正如弗莱克斯纳所说，我们对"有用"知识的理解过于狭隘，以至于无法覆盖人类生活飘忽不定、反复无常的可能性，有时候对"无用"知识的追求才能在当下和未来实现实质性的发展。❶ 社会的进步不仅依赖

---

❶ 弗莱克斯纳. 无用知识的有用性 [M]. 张童谣，译. 上海：上海教育出版社，2020（8）：46–47，66.

专业技能，还依赖不受约束的好奇心，以及在现实问题的洪流中逆流而上的收获和乐趣。就如好奇心、乐趣等暂时看似"无用"的知识可以衍生出意想不到的有用性，只有在"无用"知识的积累下，才能使得用科学精神攻克实际难题的可能性变大，即有些知识在当时虽然是"无用"的，但很可能会以某种无法预见的方式在未来变得"有用"，因而并不是立等可用的知识才能算是"有用"的知识。社会的进步不仅依赖专业技能，还依赖不受约束的好奇心，以及在现实问题的洪流中逆流而上的收获和乐趣。追求"无用"知识可以衍生出意想不到的有用性，而且这些不可预见的有用性比预想的来得快。

二、家庭后继人才的支持是培训成果转化的动力

前文的量化研究表明，新型职业农民普遍认为培训在提升他们的职业理念和职业认同方面起到了很大的作用，但在将所学的理念转变为实际行为方面却不尽如人意。也就是说，参训农民在"吸收"和"运用"培训所学之间存在"鸿沟"，导致培训存在"有用无效"的可能。为了探寻新型职业农民不能完全做到学以致用，导致"学"与"用"之间存在"鸿沟"的原因，笔者对参训农民进行了深入访谈。在访谈中，当问及"是否能将培训所学应用到实际的工作中"时，大部分较为年轻的受访者表示很乐意引进培训中介绍的新技术、新品种、新模式，在农场中进行运用，改变现有的种养规模、产品结构等。但也有部分受访者表示没有任何改变，而且研究者发现表示没有变化的基本上是年纪较大的农民。前期的实证研究也证明了虽然年龄对职业行为的转变没有显著影响，但从均值来看，随着年龄的增加，职业行为转变的得分逐渐减少，说明年龄是影响参训农民应用培训所学的一个因素。为了验证实证研究的结果和挖掘年龄背后的其他重要因素，笔者对受访者为"老农"（女性50周岁及以上，男性55周岁及以上）的访谈资料进行了详细分析，发现可分为两种情况：一种是有子女接手的情况，这部分农民的参训积极性相对较高，而且很愿意将培训中学到的内容应用到工作中，不断地扩大规模、改良品质、延长产业链；另一种是子女为公务员或者在事业单位任职的情况，即他

们认为子女不可能接手农场的情况，虽然他们也认为参与培训肯定是好的，能够学到新东西，但其尝试新技术、新产品和新模式的意愿相对较弱，更倾向于保持现状（见表5-5）。

表5-5 子女职业对"老农"应用培训所学的影响

案例	年龄	产业	农场概况及子女职业情况	对应用培训所学的态度
N-F-2（男）	60	三产融合	农场从500多亩扩大到目前的1000多亩，并且从单纯的种植变为现在的种养、加工、销售相结合，后续打算发展休闲旅游 有一个女儿，大专毕业，在工厂打工，N-F-2希望女儿辞职和他一起做农业，女儿不是很乐意，现在女儿还未辞职，处于兼职帮助父亲一起做农业的状态	非常乐意。运用培训所学扩大了农场规模，改变了产业结构，引进了稻鸭混养模式，购买了农机设备
N-F-3（男）	61	三产融合	农场从原来的300多亩扩大到现在的800多亩，从单纯的粮食作物种植变为粮食和经济作物多种产品的种植、加工和销售结合，并且购置了先进的农业机械设备，后续打算继续扩大规模 有两个女儿，其中小女儿博士毕业后是当地三甲医院医生，访谈中N-F-3再三表示小女儿是他的骄傲。大女儿大专毕业，以前在工厂打工，N-F-3希望大女儿辞职和他一起做农业，大女儿开始不乐意，在父亲的再三要求下，现在已辞职跟着父亲一起做农业多年，据女儿自己描述，感觉越来越喜欢做农业了	乐意尝试培训中接触到的新品种，而且不断学习新技术，为了提高农场的管理效率，自主研发了一套农场管理软件
Z-F-2（男）	56	养殖	2014年考虑到年龄问题，不再外出务工，开始流转土地做螃蟹养殖，养殖面积为20多亩。除了增加一些必要的设备，没有其他变化，年收入十几万元 有一个儿子，是当地的公务员，Z-F-2说不愿意也不可能让儿子接手他的蟹塘，所以不想改变，按照现在的规模和品质，每年收入较为稳定，如果后面行情不好就不养了	不愿意再冒风险，不想改变现状去引进一些新品种和新模式，行情好就再做几年，如果行情不好就早点退休

续表

案例	年龄	产业	农场概况及子女职业情况	对应用培训所学的态度
Y－F－3（女）	52	养殖	长期从农，养殖螃蟹不到 20 亩，有丰富的养殖经验和一定的客户群，年收入十几万元，表示对现状很满足 有一个女儿，是当地三甲医院的医生，Y－F－3 表示女儿不可能接手她的农场，所以只想保持现状，再过几年等女儿结婚生孩子了她就不养了	培训能学到东西，但是不想尝试新的技术、新的模式，只想维持现状

在本研究的调研中，家庭农场主占比达到 39.10%，这在一定程度上说明以家庭为基本单位的家庭农场由于成员之间交流的顺畅性可有效避免信息不对称，仍然是江苏省新型农业经营主体的主要形式。但是，随着第一代家庭农场主的年龄增大，家庭农场的传承发展成为主要问题。中国科学院 2018 年对全国 3000 个家庭农场的检测数据显示，农场主年龄在 60 岁以上的占 5.22%，并且这一比例呈现逐年上升的态势。❶ 以上四个"高龄"农场（此处指农场主年龄大的家庭农场）的案例，基本也是以"高龄"的农场主为主要劳动力，虽然经过几年的培训，老一代农场主的理念发生了变化，不再认为从事农业是落后的、不体面的，也希望自己的子女能够接手农场，但是与公务员、医生等职业相比，从事农业仍然属于无奈的选择。由此可见，家庭中是否有人传承家庭农场是影响参训"高龄"农场主行为转变的重要因素。

第五节　新型职业农民培训效果的影响因素及作用机理

一、新型职业农民培训效果影响因素构成

作为一项政府主导的长期工程，政府政策的支持和保障无疑是新

---

❶ 郜亮亮，杜志雄，谭洪业. 什么样的农场主在经营中国的家庭农场 [J]. 农业经济问题，2020（4）：98 – 110.

型职业农民培训工作有序、有效开展的前提。政府通过资金投入和政策扶持，一方面可以为新型职业农民培训提供所需的师资、教材和实训基地等教学资源要素，另一方面可以降低农民的参训成本，提高农民参训的积极性和主动性，促进农民职业化、专业化发展。培训机构作为新型职业农民培训的供给方，负责具体的培训工作，包括培训的组织、实施和管理全过程。培训机构通过学员遴选，依据区域产业需求、岗位需求和受训者个体需求分析设计培训方案，根据培训内容选聘专兼职教师和实训基地实施培训与跟踪服务，最后对培训进行考核评价，以期能够提供符合参训农民需求、令参训农民满意的培训服务。培训机构的组织、管理和实施工作贯穿新型职业农民培训的全过程，是新型职业农民培训系统中的重要一环，不论是培训前的规划设计、培训中的过程管理，还是培训后的跟踪服务都不同程度地影响着培训的效果。参训农民作为新型职业农民培训的主要参与者和受益者，是决定培训效果的内因。受训者能够感知培训有效性以及他们的学习能力、参训动机、学习意愿、参训观念、家人的支持都是影响培训效果的重要因素。

本书基于政府、培训机构和参训农民三个新型职业农民培训的主要参与主体，从政策的配置与落实、培训的设计与实施、农民的心理特征及家庭继承条件三个维度，分析出包括政策制度的配置与落实、培训体系的构建、培训项目的设计、培训前的准备（包括培训对象的遴选，培训需求的分析，培训内容的供给，培训师资、教材、基地等培训资源的准备）、培训实施过程（包括培训模式的选用，理论教学、实践教学和跟踪服务的实施）、培训管理、参训农民的心理特征（包括感知培训有效性、学习能力、参训意愿、参训动机、参训观念）、家庭继承条件八个方面的影响因素，结合前文量化研究中农民的文化程度、培训次数和获证情况等对培训效果的显著影响，得出新型职业农民培训效果影响因素由三个层面共九个方面构成，如图 5－5 所示。

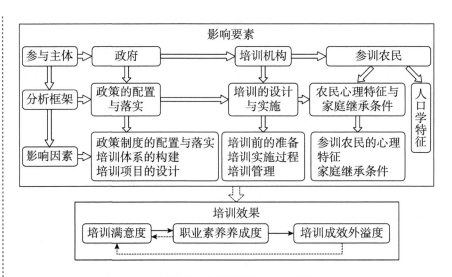

图5-5 新型职业农民培训效果影响因素构成

二、新型职业农民培训效果影响因素的相互作用分析

本研究的培训效果主要包括即时效果和延时效果两个层面，具体通过"培训满意度""职业素养养成度""培训成效外溢度"三个维度表征，由层级模型可知，上一层级能够对下一层级产生影响，即受训农民对培训的总体满意度能够影响其职业素养养成度，进而影响培训成效外溢度，同时受训农民通过培训自身素养得到提升而使收益增加会反过来会影响其对培训的满意度。本部分主要探讨政府、培训机构、参训农民如何通过"政策因素""培训因素""自身因素"影响培训学习的即时效果和应用培训所学后的延时效果，并尝试从理论上分析这三个影响因素对三个效果层级作用的内在机理，如图5-6所示。

首先，培训设计与实施因素对新型职业农民培训效果的影响主要体现在"培训满意度""职业素养养成度""培训成效外溢度"三个层面。在"培训满意度"方面，一方面，培训机构通过对参训农民的需求进行调研分析，提供符合农民实际需求的培训内容、培训时间、培训时长等直接影响参训农民对培训学习的满意度；另一方面，考虑到参训农民接受培训后的实际应用情况，培训机构要设计与参训农民工作情境相似的培训内容，采用问题解决式、案例式的培训方式，便于参训农民职业素养的养成和培训后的知识迁移，让参训农民通过感知培训的有用性而间接提升对培训的总体满意度。在"职业素养养成度"方面，新型职业农民通过培训可以提高知识和技能水平、更新观念、提升能力，使其从该领域的新手转为专家，形成职业发展各个阶段所需要的基本职业素养。在"培训成效外溢度"方面，各培训机构通过跟踪服务，为参训农民提供符合其个性化需求的信息、技术和服务，帮助参训农民尽快掌握新技术、熟悉新品种、应用新模式，提高参训农民的职业能力，有助于参训农民的专业化发展、农场（合作社）的标准化建设和农产品的提质增效，从而有效提升培训效益。

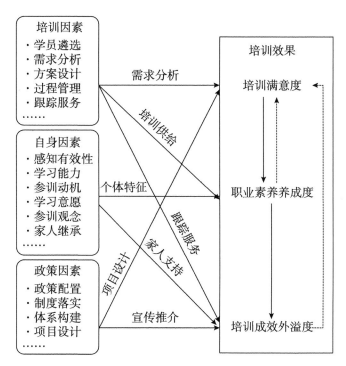

图 5-6　新型职业农民培训效果影响因素相互作用机理

其次，参训农民自身因素对新型职业农民培训效果的影响主要体现在"职业素养养成度"和"培训成效外溢度"两个层面。在"职业素养养成度"方面，新型职业农民的再学习能力、参训动机、学习意愿、参训观念都影响着其职业素养的养成。一般而言，再学习能力强的参训农民参训意愿更强烈，正确的参训观念有助于增强参训农民的参训动机。在"培训成效外溢度"方面，由于农业的高风险性，新型职业农民对新技术、新产品、新模式的应用离不开家人的支持，尤其是对于"高龄"农场主而言，"后继是否有人"是其应用培训所学的重要影响因素。

再次，政策制度的配置与落实因素对新型职业农民培训效果的影响主要体现在"培训满意度"和"培训成效外溢度"两个层面。在"培训满意度"层面，各级政府一方面可以通过设计符合农民实际需求的培训项目直接提高农民对培训的满意度；另一方面可以通过政策和资金支持新型职业农民培训资源建设，或者通过对典型做法的宣传推介，创设良好的外部环境，间接提高新型职业农民对培训的满意度。在"培训成效外溢度"层面，各级政府主要通过对典型新型职业农民的政策、项目和资金支持，鼓励参训农民学以致用。

最后，参训农民对培训的满意度能够促进其职业素养的养成，通过对其成果转化和应用能力的提升来提升"培训成效外溢度"。反过来，一旦农民感受到培训带来的效益，就会更愿意参与培训，从而提升其对培训的满意度。

第六章 以评促改：基于效果评价的新型职业农民培训建议

本研究在探究新型职业农民培训效果影响因素的基础上，考虑到实践过程中很难改变参训农民的个体特征，或者说参训农民个体特征的改变也受到外在因素的影响。因此，本研究着眼于政策支持、培训设计、组织、实施主体可操作性原则，从培训的顶层设计、组织管理、方案设计与实施三个层面提出新型职业农民培训效果的优化策略。

第一节 系统开展新型职业农民培训的顶层设计

一、建立多元化的新型职业农民培训市场

随着现代农业发展对农业从业人员能力与素质要求的不断提高，新型职业农民培训也应与时俱进。农广校由于人力、物力、财力的不足，专业设置不能与时俱进，缺乏发展动力，处于低效运转状态。❶江苏作为全国经济发达地区，笔者访谈中发现还有一些地区的农广校没有独立机构，只有一两个工作人员，挂靠在科教、农委或其他部门。农广校在新型职业农民培训中往往只起到组织管理的作用，主要通过依托地方农业院校实施具体的培训工作。另外，我国现有的新型职业农民培训几乎都是政府主导的公益性培训，采用政府购买培训成果的政策。政府作为评价主体，理应通过实地考察各培训机构，了解

---

❶ 杨璐璐. 乡村振兴战略视野的新型职业农民培育［M］. 北京：中国社会科学出版社，2018：222.

其是否有资质承接新型职业农民培训项目，能承接哪个层次的新型职业农民培训，并通过对其培训资源、培训实施过程与培训质量的评价，决定培训单位的数量和质量。然而，在实践中，政府并未充分发挥其作为评价主体的功能，仅仅是将新型职业农民培训作为任务指标自上而下地逐级下达，培训主体不需要通过竞争而是被动地接受培训任务，农广校和农业院校具有先天资源优势，不管培训效果如何都有任务，都能"旱涝保收"，这在一定程度上削减了培训机构提升培训质量的动力。

首先，应在新型职业农民培训市场中引入竞争机制，建立多元化的新型职业农民培训市场。政府可以面向社会各类公立和私营培训机构招标，根据培训的产品和效益权衡利弊，确定培训实施机构。在市场竞争条件下，各培训机构基于生存与发展的压力，才会深入调查地方产业发展和参训农民的培训需求，科学地遴选培训对象，重视培训方案的设计与开发，提高培训质量，以确保自身在培训市场上的竞争力。因此，在充分发挥农广校、农业院校和农业推广系统等机构主渠道作用的同时，还要充分调动职业院校、高等院校、科研机构、企业和国内外社会培训机构等优质培训资源参与新型职业农民培训的积极性，开发各类实训基地和网络学习平台，有效地提升新型职业农民培训效果。

其次，应制定新型职业农民培训机构认定机制。市场上各类培训机构的办学能力和水平差异较大，开放的新型职业农民培训市场容易呈现无序状态，科学的新型职业农民培训机构认定制度是确保新型职业农民培训市场有序、有效运行的前提。各级政府要根据新型职业农民培训目标，制定《新型职业农民培训机构认定管理办法》，从基础设施、制度建设、师资团队、教学特色、管理方式等方面制定具体的认定指标，由各培训机构对照指标提出申请后，认定管理部门组织相关领域专家到申请机构进行现场全面考察审核，在自评和专家评审的基础上，确定培训机构的资质（能够承担什么产业新型职业农民培训的理论教学和跟踪服务，或是现场观摩）与等级（能够承担初、中、高哪个层次的新型职业农民培训）。

最后，应实施新型职业农民培训机构动态管理机制。新型职业农民培训认定管理部门可以委托有评估资格的社会机构作为第三方定期对具备新型职业农民培训资质的机构进行监督与评估。从基础设施、师资队伍、组织管理和培训质量等方面进行监控与评估，主要通过自评汇报、实地考察、对参训农民进行问卷调查、座谈讨论和跟踪调查等多样化、多角度的评估方式，全面了解新型职业农民培训机构的办学水平。根据培训结果对培训机构实施动态管理，优胜劣汰，使各培训机构在竞争的压力下提升培训质量。

二、完善新型职业农民培训的资源保障机制

师资、教材、基地等是新型职业农民培训的重要资源，是培训工作取得实效的重要保障。首先，目前新型职业农民培训要素分散在教育、人社、农业、妇联等多个部门，各部门之间的结构封闭使农民培训系统"资源分散""血脉不畅"。虽然农业职业院校作为新型职业农民培训的重要主体有着丰富的教学资源，然而，每所农业院校都有自身的优势专业，并不能承担所有产业类型的新型职业农民培训工作，导致农民培训工作缺乏可持续发展的"生命力"。其次，由于各地经济发展水平存在差异，使得各地培训资源分配不均，有些地区由于财政压力而迟迟没有开始着手新型职业农民培训基地、教材、线上教学平台和师资库等的建设。最后，师资是保证新型职业农民培训质量的关键，也是跟踪服务得以有效实施的主体，然而前期的实证研究显示，参训农民对培训师资与跟踪的满意度相对较低。这主要是因为目前我国承担新型职业农民培训的机构主要是农广校和农业院校的继续教育学院，这些机构只是独立于知识体系之外的组织机构，并不是农民培训知识生产者的专业机构，因而几乎没有专任的培训教师，主要通过付费的方式临时聘请其他院系和部门的人员作为培训教师完成预设的相关课程或者讲座，这种"临时性雇佣关系"的效率显然是会受到质疑的。在访谈中，有不少培训实施主体反映师资是最大的难题，经常因为找不到合适的师资而只能压缩或者调整培训计划。因此，完善新型职业农民培训资源保障是提升新型职业农民培训效果的重要举措。

基于以上分析，笔者认为可以从以下三个方面完善培训资源保障。

第一，构建新型职业农民培训资源共享机制。考虑到农民喜欢就近短期培训的实际情况，笔者认为可以以省为单位，整合省域范围内的农民培训资源。具体而言，每个区县的农广校应根据所在区域的优势产业承担 1～2 个产业培训精品项目。同时根据各级实训基地建设标准，在重点考虑实训基地负责人能力的基础上，在每个县区择优选出省、市级新型职业农民培训实训基地，供省内新型职业农民培训实践教学的观摩与交流。根据每个培训机构的专业优势和师资情况，推荐省、市级新型职业农民培训师资，编写新型职业农民培训教材，建设省、市级新型职业农民培训师资库和教材库。

第二，划拨专用事业编制和出台服务型教师职称评审制度。师资是保障新型职业农民培训效果的重要因素，在绩效工资背景下，"做多做少一个样，做与不做一个样"，再加上各农业院校没有专门的农民培训教师编制和职称评定办法，教师认为从事新型职业农民培训是"分外之事"，能"应付交差"即可，其从事农民培训工作的积极性不高，影响了培训实效。因此，笔者认为，需要单独划拨专门从事农民培训的师资事业编制，并在现有的职称评审制度条件下，对从事农民培训工作的教师开设服务型教师职称评审通道，将农民培训工作的组织、实施和效果评价结果作为职称评审的重要指标，提高教师参与新型职业农民培训的积极性和主动性。

第三，建立农民培训师资知识更新制度。在知识更新迅速和终身学习的时代，需要树立育人者先育己的理念。培训师资的能力和水平在很大程度上影响着培训效果，因此，各级政府必须落实新型职业农民培训师资知识更新制度，及时对培训教师开展培训。具体而言，一是加强对理论教师的培训。新型职业农民培训的理论教师既有来自高校、科研机构的专家教授，又有来自企业、农技推广机构、农场的一线人员。专家教授掌握着深厚的理论知识和教育教学方法，但是往往由于缺乏农业生产经营和管理的实践经验而使培训内容过于理论化，不符合农民通俗易懂、简单实用的需求。所以，要为这类教师提供到农业企业、农民合作社、家庭农场等地挂职锻炼的机会，帮助他们熟悉农业生产实际，多与一线农民交流沟通，提升其理论联系实际的能力和水平。而来自企业和推广机构的一线人员虽然具有丰富的实践经验，但不懂得教育教学方法，所以对于这类教师，要提供定期到高校进修学习教育教学理论和方法的机会，提升其教学水平。二是加强对实践教师的培训。新型职业农民培训的实践环节主要有现场参观和跟踪服务，被参观农企（包括农民合作社与家庭农场）负责人和跟踪服务指导教师的能力水平直接影响着培训效果，这两类教师主要来自农业生产一线和农技推广机构，他们虽然具有丰富的实践经验，但是缺乏相关的理论知识和教育教学方法。因此，对于这类教师，一方面，可以有计划地为其提供到该领域国内外知名高校参观学习的机会，保证其每年参加理论学习的时间，提升其现场诊断教学的能力和水平；另一方面，通过积极参与高校专家教授的课题研究，以课题和项目的形式提升其理论水平。

三、健全新型职业农民培训的政策支持

第一，出台新型职业农民"学历+技能"的支持政策。我国目前的新型职业农民培训大多为短期专题培训，由不同部门开设的短期专题培训存在重复培训、培训系统性差等问题。前文的实证研究表明，从农"4~6年"的新型职业农民的培训效果最好，这主要是因为在从农的起始阶段，对农业生产、经营、管理等各方面的知识和技能需求比较多，通过短期的专题培训能够让农民快速掌握所需的相关知识和技能。但是，随着农民从"新手"转为"熟手"，尤其是想从"熟手"成为"能手"和"高手"时，普适性的、基础性的知识和技能已经难以满足他们的需求，但是很多农民限于自身的文化水平，对更深层次知识的理解、吸收和转化存在困难，这就需要进一步提升农民的学历层次。而我国新型职业农民的文化水平普遍不高，数据显示，我国高中以下的新型职业农民占比高达55%。❶ 因此，在注重对新型

---

❶ 汪学军．《2020年全国高素质农民发展报告》发布词［EB/OL］．（2020-12-15）［2023-02-06］．www.ngx.net.cn/ztzl/gx40tx34/2020xxnmlt/xwdt/202012/t20201215_222084.html.

职业农民进行短期专题培训的同时，也要继续出台支持新型职业农民学历提升的相关政策，如新型职业农民免学费政策、高学历新型职业农民倾斜政策等，支持新型职业农民"学历＋技能"两条腿走路。

第二，健全新型职业农民的职业资格认定制度和配套政策。新型职业农民作为一种职业理应有从业要求，然而，实践中还有很多地区尚未开始对新型职业农民职业资格进行认定，新型职业农民还未成为真正意义上的一种职业，即使开始认定的地区也存在认定随意性大、支持政策配套不到位等问题。前文的实证研究表明，获得新型职业农民职业资格证书的农民的培训效果要比未获得证书的农民好。因此，为了提升培训效果，需要加快落实新型职业农民职业资格认定制度和不同类型、不同级别的针对性配套政策，对不同等级的新型职业农民实施不同层次的培训，制定不同档次的配套政策，激发农民参训的积极性。

第三，建立家庭农场传承机制。新型职业农民培训效果除了表现在培训学习阶段，还体现在迁移应用阶段。前文研究发现，家庭农场是我国目前新型农业经营主体的主要形式，"高龄"农场主是否"后继有人"接手农场经营是影响受训农民应用培训所学的重要因素。在没有完善的农场传承机制的情况下，"子承父业"式的家庭内部传承是农场主前期投资成本损失最小、目前最主要的家庭农场传承方式，所以在得知子女不可能传承农场的时候，"高龄"农场主就会主动放弃应用培训所学发展农场，造成了资源的极大浪费。而且全国家庭农场监测数据显示，完成父子传承的家庭农场仅占 1.30%。❶ 因此，为了避免前期政府对家庭农场创立的扶持和对农场主培训等投资的浪费，应该尽快建立家庭农场传承机制，以解决"高龄"农场主传承对象缺失的问题，帮助家庭农场实现顺畅传承，提高资源的配置效率。具体而言，一方面，可以继续加强新型职业农民保障制度的建设，使其真正成为"令人向往"的职业，提高整个社会对新型职业农民这一

---

❶ 陈金兰，王士海，胡继连．家庭农场的传承障碍及支持政策研究：基于山东省的微观数据和案例分析［J］．农业经济问题，2021（4）：121－131.

职业的认可度，提升"农二代"的传承意愿；另一方面，可以出台《家庭农场承接管理办法》，鼓励返乡创业者、有意从农的大中专毕业生、农业职业经理人、农业企业、农民专业合作社负责人等承接后继乏人的"高龄"家庭农场，对承接人的能力和素质、传承办法、承接后的资金、税收和技术培训扶持等作出具体而细致的规定，兼顾双方利益，消除传授方和承接方的后顾之忧。

四、优化新型职业农民培训的项目设计

新型职业农民是一个新的职业群体，虽然经过多年的研究与实践取得了一定的成效，但仍然存在许多阻碍新型职业农民形成和成长的制度藩篱，如土地制度、新型职业农民准入制度和社会保障制度等。在实践中，一部分农民返乡创业者冲破重重障碍，实现了规模化、专业化生产，凭借自己的能力成功地成为新型职业农民，这说明农民自身较高的人力资本有助于其成功地越过制度藩篱。相反，如果政府为农业从业者清除了制度障碍，他们的能力却跟不上，仍然无法适应现代农业发展的诉求，可能就会成为政府公共政策长期关注的对象与持久的负担。❶ 从我国目前的实际情况来看，新型职业农民培训政策关注更多的是制度建设，对能力建设的关注还不够。例如，各地的评优评先政策主要关注从业规模、经济收入等指标，而较少关注专业大户/农场主/合作社负责人的能力素质结构。因此，只有制度建设和能力建设齐头并进，才能促进新型职业农民的形成与成长，农民才能成为一种"体面职业""向往职业"被社会所接纳，乡村振兴战略才能得以实现。

新型职业农民培训项目的生成要做到制度建设和能力建设并重，为此，各级政府应该基于职业能力发展理念系统化地设计培训项目。

第一，明确培训目标，制定培训标准。培训目标是培训活动的起点和落脚点，既可以面向整个培训项目设置培训总目标，也可以针对

---

❶ 翁杰，郭天航. 中国农村转移劳动力需要什么样的政府培训?：基于培训效果的视角 [J]. 中国软科学，2014（4）：73–82.

每次培训设定阶段性目标。在实践中，正是由于新型职业农民培训目标不明确，使得培训缺乏标准，各地区培训内容的选择和考核缺乏依据，主要依据政策执行人员的理解而导致区域差异较大。因此，新型职业农民培训作为一项公共政策，应该由国家牵头，省级共建，做好顶层设计，制定培训标准，使新型职业农民培训有章可循、有据可依（见图 6-1）。具体而言，以生产经营型新型职业农民培训为例，国家层面应将生产经营型新型职业农民的初、中、高三个层次应具备的职业素养作为培训目标；省级层面则应根据国家层面的培训目标，结合区域产业特点，制定更加具体的分产业培训目标、内容模块和课时；培训机构应根据省级层面的目标设计具体的培训方案和阶段性培训目标。农民通过培训达到相应级别的新型职业农民标准，即可被认定为相应等级的新型职业农民。

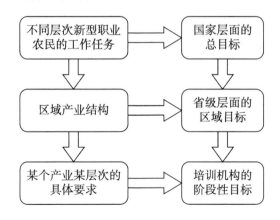

图 6-1　新型职业农民培训目标的层次性

第二，根据区域产业发展需求开发"订单式"培训项目。现代农业发展需要什么样的人就培养什么样的人，"订单式"培训项目更加适应现代农业产业对高素质人才的需求，是解决培训针对性问题的有效方法。各级政府可以根据区域优势产业、特色产业和主导产业发展对人才数量和质量的需求情况，选拔区域中有意愿参加培训的专业大户、家庭农场主、合作社负责人等新型农业经营主体经营者，组成不超过 30 人的班级，选择适合的培训实施主体进行对接，共同开发设计培训方案，共同进行过程管理和考核评价，确保培训的有效性。

第二节　强化新型职业农民培训的组织管理

一、制定精准的学员遴选机制

虽然近几年我国的新型职业农民培训政策都在强调"遴选培训对象"的重要性，但在实践中，由于自上而下过重的"培训任务"以及"摊派式"的任务分解方式，导致不论是农广校层面还是农业院校层面开展的新型职业农民培训或多或少都存在"拉壮丁""凑人头"现象。现行的新型职业农民培训仍然属于初级阶段的"粗放型全员扫盲培训"，没有突出对重点人群的培训。这主要表现为：一是在遴选程序上，部分村干部的重视程度不够，在没有进行广泛宣传与摸底调查的基础上应付填报，随意性大；二是在遴选标准上，笔者所调研的区域尚未建立起遴选标准，即使是部级项目，也只是把年龄作为唯一的遴选标准。事实上，并不是所有的农民都能成为新型职业农民，人力资本理论表明，人力资本投资的收益率受年龄和文化程度等因素的影响，会随着被投资人文化程度的提升而提升，随着年龄的增加而降低，前文的实证调查也证明了这一观点。对年龄偏大、文化程度偏低且经营规模过小的农民进行新型职业农民综合素养培训价值不大，通过培训可能会提高他们的农业生产技能，但大幅度提升他们的创新能力、引领现代农业发展的可能性极小。

从现代农业发展和乡村振兴的战略高度来看，精准地遴选培训对象是新型职业农民培训工作取得成效的前提和基础。培训机构要加强与相关农业部门的沟通协作，建立起精准、科学的培训学员遴选机制，让真正有意愿、有能力、有需求的农民能够参与新型职业农民培训。具体而言，笔者认为，首先要以乡镇或街道为单位，加强农村社区基层组织的宣传工作，通过各种途径、各类媒体对新型职业农民培训政策和身边典型事迹的宣传，让更多的农民了解新型职业农民培训政策、要求和效果。其次，制定遴选标准，将年龄、学历、经营规模、经营收入等作为不同类别、不同层次的新型职业农民培训对象的遴选参考，将文化程度相对较高的青年农民作为高级别新型职业农民综合素养培训的重点对象，对他们进行人力资本投资，使其获得符合现代农业发展所需的理念和技能，真正实现从"身份"到"职业"的转变，再向职业化、专业化方向发展。

二、完善新型职业农民信息管理系统

在实地调研中，有多位培训实施主体反映培训对象不精准是造成培训难以取得成效的关键，培训组织者也反映由于农业农村各部门之间缺乏沟通与合作，相关数据整合与共享不充分，要在原子化的农村组织中遴选出符合要求的农民参与培训存在困难，这就导致我国每年都投入大量资金用于农民素质提升，并取得了一定的成效，但是仍然存在重复培训、"凑人头"、外出观摩"形式化"等问题，造成了资金的浪费，不能将有限的培训经费花在"刀刃"上。

因此，笔者认为要把财政经费实实在在地用在有效的培训内容和关键的培训主体上，除了要制定精准的新型职业农民遴选管理办法，还要完善新型职业农民信息管理系统，积极地整合农业农村数据资源，构建农业农村发展的数据共享平台。一方面，新型职业农民培训是面向全体现代农业从业者的全方位培训，只有了解了区域资源禀赋、支柱产业、特色产业发展情况和从业农民的基本信息，才能制定符合需求的培训方案。另一方面，通过数据共享，可以在横向上实现部门联动，新型职业农民培训涉及多个部门和领域，可以农业农村数据发展平台为依托，建立由政府牵头、部门协作的工作机制；纵向上实现省、地市、市县（区）三级职业农民培训数据互通，共享平台根据农民的年龄、学历、经营规模、农业年收入、是否被挂牌为田间学校等量化信息进行分类管理，并且做到及时更新信息，以便准确地了解农民产业、规模经营动态，确保每位农民每次培训信息、认定情况、政策扶持状况、农场（合作社、涉农企业）的经营情况等可查询，有效避免重复培训等现象，提高财政资金的利用效率。此外，还应加强对信息管理系统的统一管理。面广量大的农业农村发展数据采用传统的层层统计方式，往往由于统计口径的不统一而影响数据的完整性和准确性，在线共享平台可以有效避免多头统计，提高数据的真实性和准确性，为细化新型职业农民培训类型、制定分级分层分类培训方案、实施精准化培训提供依据。

三、改善传统的纵向组织管理模式

科层制和分层制是两种基本的组织管理模式，马克斯·韦伯提出的科层化管理模式强调"强制性协调""指令—服从"的纵向等级链❶，而分层制则强调扁平化的管理模式。目前我国新型职业农民培训管理模式呈现明显的纵向"科层制"特征，主要表现在：一是宏观层面的国家、省、市、区各级农业部门整齐划一、层层负责的管理模式。这种模式往往通过行政命令强制执行，便于组织，但也因为缺乏竞争机制而存在针对性不强、培训效率低等问题。二是微观层面的班级管理模式。我国目前的新型职业农民培训仍然沿用班级授课方式，成立临时班级，设置负责日常考勤、材料收交、对培训教师评价等具体事务的班主任，这种"学生化"的管理模式对于管理者而言便捷而高效，但是否符合成人学习者的特点和规律尚有待商榷。

针对"科层制"管理模式在新型职业农民培训中运用的弊端，我们要积极探索新的管理模式。一是借助当前农村网格化管理模式，整合农业农村的各类资源，构建基础数据共享平台。二是借鉴西方国家培训活动的组织与管理主要依靠协会、团体、中介组织的横向管理模式，成立新型职业农民协会负责培训的组织与管理，在知识社会中逐步消解"成人教育学校化""成人学习课堂化"❷ 的倾向。三是探索"科层+熟人"混合管理模式。费孝通认为乡土社会是一个"无法"的"礼治"社会，因为它不是依靠有形的权力机构，而是依靠无形的文化传统来维持社会秩序的。❸ 因此，在乡土社会中，将"熟人"元素加入科层制管理模式中，实质上是一种以人情、关系为手段的管理方式，尤其是有一定权威的"熟人"能够在乡土社会中发挥"松散耦

❶ 韦伯. 经济与社会：下卷［M］. 林荣远，译. 北京：商务印书馆，1998：239 – 248.
❷ 吴康宁. 知识社会中"工作成人"学习的基本特征［J］. 教育科学，2002（3）：14 – 18.
❸ 费孝通. 乡土中国［M］. 上海：华东师范大学出版社，2018（6）：50 – 52.

合体"的作用，他们能够集聚原子化的农民。笔者在实地调研中发现，L市的农民培训不存在组织难题，访谈中该市农广校的校长说道："农民分散在各地，我一个个地去找不知道要找到什么时候，我主要是发挥各产业领头人的作用，比如我要办一个茶叶班，我就找老江，他是茶叶协会的负责人。"

四、健全新型职业农民培训效果考评制度

效果评价一直是人力资源管理工作的难点，根据有效教学理论的内涵，新型职业农民培训效果应该包含三重意蕴：一是培训结果与预期培训目标的吻合度；二是投入和产出的比率；三是培训活动的收益和价值的实现程度，即培训目标与个人和社会需求是否吻合以及吻合程度如何。然而，由前文的实证研究可知，现有的新型职业农民培训效果评价重点仍是"数量"的完成情况，参训农民作为新型职业农民培训的重要参与主体，在效果评价中没有占据绝对主体地位。

因此，首先需要构建将受训农民作为重要评价主体的新型职业农民培训效果评价标准，不能单纯地把参训农民"是否满意"或者"考试成绩"等即时效果作为培训效果评价标准，还要关注新型职业农民培训的延时效果。做到既要关注参训农民的参训态度，又要关注参训农民的培训质量；既要评价参训农民对培训的满意度，又要评价其对知识与技能的掌握情况、思维观念的更新情况和对培训所学的实际应用情况。其次，适时引入第三方评价机构，搭建新型职业农民培训效果反馈平台，畅通新型职业农民培训效果反馈通道。根据对培训机构的方案设计、培训组织、过程管理、师资选聘、培训效果等方面的评价，增强新型职业农民培训管理的科学性和规范性。采用对培训后回到工作岗位一段时间的农民进行问卷、访谈和实地考察等方式，了解参训农民在知识技能、思维转变、理念提升等方面的改变情况和培训应用情况。最后，建立培训效果与扶持政策联动机制。目前，培训效果评价与培训机构任务的多少没有关系，与新型职业农民的支持政策也没有关系，这在一定程度上影响了培训机构提升培训质量的主动性和农民的参训积极性。因此，可以建立培训效果与扶持政策联动机

制，一方面将培训效果与培训机构的培训任务挂钩，另一方面将培训效果与对参训农民的政策扶持挂钩，提升培训机构和参训农民的积极性，从而改善培训效果。

第三节 科学实施新型职业农民培训活动

一、培训前：基于需求调研分析设计培训方案

（一）加强培训前的需求调研分析

学者们为了破解培训学习成果转化内在机理这个"黑箱"[❶]，对培训与学习效率的关系进行了研究，得出"因需而制"的培训设计可以大大提高受训者的兴趣，增强他们对培训所学的吸收和转化能力，使他们能够在相同时间内有效利用更多学习资源的结论。[❷] 从20世纪60年代开始，在人力资源管理领域，客观的培训需求分析方式逐渐替代了以往过分依赖主观愿望分析培训需求的方式，出现了一些具有影响力的操作模式，这些需求分析模式在关注点、数据收集和数据分析方法等方面都有所不同，在实践运用中有着各自的优势与局限性。[❸] 具体而言，最具代表性的两种培训需求分析模式是绩效分析模式和组织—任务—人员（OTP）分析模式。[❹]

1. 绩效分析模式

绩效分析模式是一种在培训需求分析实践中总结归纳出来的模式，它主要聚焦于预期绩效与实际绩效的差距，通过分析产生差距的

---

❶ CANNON-BOWERS J A, RHODENIZER L, SALAS E, et al. A framework for understanding pre-practice conditions and their impact on learning [J]. Personnel Psychology, 1998, 51 (2)：291-320.

❷ NOE R A. Employee Training and Development [M]. New York：McGraw-Hill Irwin, 2010：56-76.

❸ MOORE M L, DUTTON P. Training needs analysis：Review and critique [J]. Academy of Management Review, 1978 (7)：532-545.

❹ TAYLOR P J, DRISCOLL M P, BINNING J F. A new integrated framework for training needs analysis [J]. Human Resource Management Journal, 1998, 8 (2)：29-50.

原因识别培训需求。❶ 绩效分析模式的培训需求分析步骤如图 6-2 所示。❷ 一是通过对各利益主体的调查，包括政府、培训主体、受训农民，以及岗位分析或者工作任务分析，明确生产经营型新型职业农民应该具备怎样的素质，应该表现出怎样的行为，取得怎样的绩效，即应然层面的绩效。二是通过利益相关者多元参与评价的方式全面了解新型职业农民的实际素质、行为与结果，即实然层面的绩效，从而发现应然和实然之间的差距。三是分析产生差距的原因。一方面，确定哪些是因为新型职业农民的知识和技能短缺造成的，也就是确定可以通过培训能够满足的合理需求；另一方面，重点关注某一群体新型职业农民（如产业、规模相近的群体）的共同需求，并转化为培训需求。四是由于一次培训难以满足所有新型职业农民的全部需求，因而需要对选定的培训需求进行归类整理，分成具有代表性的几类，设计成相应的课程模块，再将各课程模块分解为培训专题，按紧迫性和重要性开展培训，确定每次培训专题的目标、内容要点和形式。

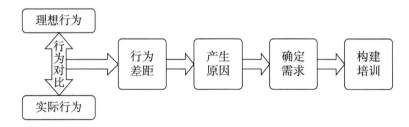

图 6-2 绩效分析模式的培训需求分析步骤

绩效分析模式有效地避免了自我报告式的主观性，而且将培训需求与绩效表现联系在一起，操作简便、应用广泛。为了确保培训需求分析的准确性和有效性，使用绩效分析模式进行新型职业农民培训需求分析时要确保三个必要条件：一是通过改变新型职业农民的某个行为能够提高其绩效（图 6-3 中的数字 1）；二是通过提升新型职业农

❶ 戈特. 培训人才八步法［M］. 郭宇峰，郭镜明，译. 上海：上海人民出版社，1998：23.

❷ 韩素兰，王全乐. 教师培训需求转化为培训课程的策略研究［J］. 教育理论与实践，2013（11）：33-35.

民的知识与技能水平，能够改变其工作行为（图6-3中的数字3）；三是培训是提升新型职业农民知识与技能的可靠手段（图6-3中的数字5）。

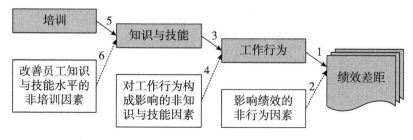

图6-3 绩效分析模式的使用条件❶

由此可见，在使用过程中要注意以下三个问题：一是不能简单地将绩效差距等同于培训需求。真正的培训需求是在发现差距后，对差距形成的原因进行深入分析后找到的。正如吉尔伯特（Gilbert）所说，发现绩效差距是真实培训需求分析的第一步，而不是培训需求分析的终点。❷ 二是不一定能通过培训消除存在的差距。新型职业农民工作行为的转变是其与所处外部环境发生交互作用的结果，因而形成新型职业农民绩效差距的原因是多种多样的，除了自身因素，还与家庭的支持程度、所在区域政府的扶持激励政策、所占有的资源等因素相关。如果绩效差距形成的原因不是源于新型职业农民本身，那么将无法通过培训来缩小绩效差距，而且即使有时差距是由农民自身因素造成的，对于在没有外在因素的干预下很难消除的差距，也不一定能转化为培训需求，如新型职业农民的培训动力支持机制。三是没有绩效差距不等于不需要培训。

2. OTP分析模式

1961年，威廉·麦吉（William McGehee）和保罗·W. 塞耶

❶ 赵德成，梁永正. 培训需求分析：内涵、模式与推进［J］. 教师教育研究，2010，22（6）：9-14.

❷ GILBERT T F. Praxeonomy：A systematic approach to identifying training needs［J］. Management of Personnel Quarterly，1997（21）：20-23.

（Paul W. Thayer）提出了 OTP 分析模式。❶ 该模式强调需求分析的系统性，认为要确保需求分析的客观性和准确性，应该从组织、任务和人员三个层面展开综合分析（见图 6 - 4）❷。

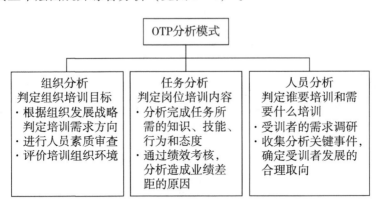

图 6 - 4   OPT 分析模式的主要内容

OTP 分析模式与绩效需求分析模式既有联系又有区别，由它们的分析步骤和概念对比可以看出，OTP 分析模式中的任务分析相当于绩效模式中的预期绩效的确定，而人员分析则相当于实际绩效的确定，发现绩效差距。两者的区别在于 OTP 分析模式多为一个组织分析，在促进组织发展的背景下分析受训者的培训需求，使培训不仅有助于个人绩效的提升，也有助于组织绩效的提升。绩效需求分析模式几乎可以对所有的培训项目进行培训需求分析；OTP 分析模式适用于对由特定组织委托或者发起的培训项目，在使用 OTP 分析模式进行培训需求分析时，一定要明确谁是"组织"。就新型职业农民培训项目而言，政府无疑是其中的一个"组织"，参训农民所在的农场、合作社、涉农企业等也是"组织"。因此，在进行需求分析时，要对这些利益相关者进行全方位的调研。各培训机构可以借鉴以上两种成熟的需求分析模式分析新型职业农民培训的真实需求，为设计出科学有效的培训

❶ MCGEHEE W，THAYER P W. Training in Business and Industry ［M］. New York：Wiley，1961：5.

❷ 赵德成，梁永正. 培训需求分析：内涵、模式与推进 ［J］. 教师教育研究，2010，22（6）：9 - 14.

方案奠定基础。

（二）科学设计培训方案

首先，制定培训班次。一方面，农广校、农业职业院校以及各类具备农民培训资质的市场培训机构等培训实施主体根据自身的专业、师资优势和现有条件制定自身能承担的新型职业农民培训产业与培训层次，通盘考虑每个班次的培训主题、培训目标、培训对象、开设顺序等培训要素，在充分、广泛听取培训班次选题意见的基础上，向新型职业农民培训项目主管部门上报培训班次计划。另一方面，地方政府根据区域特色产业、主导产业、优势产业以及需求的轻重缓急确定培训主题和培训层次，上报培训需求。省、市新型职业农民培训主管部门根据培训实施主体的申报情况和各地需求情况，通过材料审核、实地考察等方式统筹安排全省的培训工作，在省域、市域范围内构建"农民培训共同体"，打破地域限制，将产业、规模、职业能力等作为编班的重要依据，为不同层次、不同产业、不同规模的受训者提供符合自身实际需求的培训班次，避免重复、低效的培训。例如，在调查中，茶叶种植是 L 市的主导产业，L 市的邻市 D 市也有少量农民从事茶叶种植，L 市农广校主动开设茶叶班，吸收 D 市的茶农一起参加高素质茶农培训班。

其次，设计培训方案。培训机构根据自身承办的培训班次主题，进一步对政府官员、项目管理部门和参训农民等多方参与主体进行需求调研，运用科学的需求分析方法对区域产业发展的现实需求与参训农民的实际需求之间的差距进行分析，寻找原因，确定具体的培训需求，设计以职业技能和职业素养为导向的培训方案，确定每个班级的培训人数、培训时间、培训地点、培训内容、培训形式等，针对不同产业、不同层次新型职业农民的培训需求，根据共性需求和个性需求将知识点模块化，设计满足共性需求的综合课、不同产业的专题课和不同层次的特色课，形成"综合课 + 专题课 + 特色课"的网状模块化知识架构课程体系，并就设计的培训方案通过多种渠道，广泛听取各级政府部门、项目管理人员、培训专家和参训农民代表的意见与建议，通过对培训方案进行论证，增强其科学性与可操作性。例如，笔者在调研中发现，Y校在多方需求分析的基础上制定了既能体现农民共性需求，又能体现个性需求的培训方案（见图6-5）。

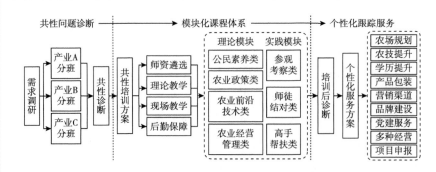

图6-5　Y校培训方案设计流程

最后，充实实践教学资源。"做中学"是新型职业农民培训的重要形式，政府下达的新型职业农民培训通知中明确规定了增加实践教学的比例，然而笔者调研发现，与理论教学相比，实践教学环节存在简化、弱化、质量不高的问题。主要表现在以下四个方面：一是几乎所有培训机构的培训方案中都没有明确安排实践教学的内容、形式、师资等，也没有针对实践教学的考核评价。二是实训基地数量不足。访谈中，虽然各培训机构负责人都表示本机构建有实训基地，但参训农民反映的实地观摩人数太多也从侧面反映出实训基地数量不足的问题。三是实训基地质量不高。笔者通过对实训基地的实地调查发现，新型职业农民培训实训基地质量不高，存在有名无实的"挂牌实训基地"，实训基地负责人不清楚实训基地的责任和义务。目前江苏省被挂牌的实训基地规模和效益虽然不错，硬件上也达到了有场地、有课桌椅等基本要求，但农场主自身能力不高，"会做不会说"的现象比较普遍。诸多实训基地（田间学校）缺少上位管理主体常态化的指导和监管，尚未制定基于人才培养目标的管理细则，多元参与主体合作机制尚未正式形成。四是实训指导教师匮乏。新型职业农民培训师资既包括传授从农政策、现代农业发展和管理知识等理论知识的专家教授，也包括进行农业生产技术、市场分析技术和网络技术等教学的专业技术人员，还包括提供信息服务、技术指导、现场诊断等跟踪服务的导师。在访谈中，许多培训主体反映跟踪服务导师数量严重不足。

正是由于实践教学资源的匮乏，导致了实践教学的"形式化"，影响了培训效果。因此，笔者建议各培训机构不断充实实践教学资源，可以通过构建省域、市域范围的"共同体"，共享培训资源，尤其是实践教学的师资和基地，确保每次培训方案的实践教学安排和理论教学安排一样明确，现场观摩和跟踪指导阶段受训农民与实训基地/导师的比例应控制在20∶1以内。

二、培训中：基于成人的学习特征实施培训

（一）"参与体验式"的培训模式

美国学者埃德加·戴尔（Edgar Dale）提出的学习金字塔模型（见图6-6）表明，不同的学习方式具有不同的学习效果。主动参与式、体验式的动态培训学习方式的学习保持率显著高于静态的、被动接受式的学习方式。美国组织行为学教授库伯（Kolb）认为本学习模式强调从经验中学习所需能力，成人学习是从具体体验开始，经过反思性观察、抽象概括到行动应用的过程。❶ 林德曼（Lindeman）、诺尔斯（Knowles）等成人教育家都认为成人教育最有价值的资源就是学习者的经验，倡导经验是成人学习的基础。

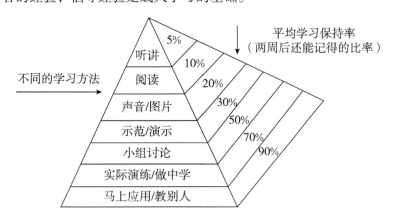

图6-6 学习金字塔模型

---

❶ 梅里安，凯弗瑞拉.成人学习的综合研究与实践指导［M］.2版.黄健，等译.北京：中国人民大学出版社，2011：206.

因此，培训主体要遵循成人学习的特点，改变传统的以教师、教材和课堂为中心的培训模式，采用多种教学方法，建立以参训农民、农民经验和农民工作场所为中心的"参与式、体验式、互动式"培训模式；充分发挥培训教师的"催化"作用，使参训农民真正"想学""乐学""善学"。具体而言，在集中理论培训时，一方面，可以通过收集具体问题的案例，创设问题情境，进行案例分析教学，引导参训农民采用合适的思维方式分析问题，探究解决问题的办法；另一方面，根据农民需求分析设计研讨专题，通过小组结构化研讨的方式，引导参训农民进行分步骤、多角度讨论，促进参训农民之间思维的碰撞、经验的分享与交流。在实践教学时，根据产业种类和规模进行分组实践，在参观的基础上，加入实训指导教师的示范操作讲解或现场诊断教学，真正做到"做给农民看，带着农民干"。在新型职业农民培训中，培训教师要基于参训农民的具体工作经验选择培训内容，运用案例分析、观摩交流、现场诊断等方式引导受训农民通过观察和反思，分析总结经验和教训，提升解决具体问题的能力。

（二）"分类分层分段"的培训实施

1. 根据经营产业及规模分类培训

在实践中，新型职业农民培训对象大多不是未涉农创业的群体，而是有一定产业和规模基础的农民，但是产业类别和规模差异较大，按产业分有一产（种植、养殖、种养结合）、一二产结合（种养加结合）、一三产结合（种植与农机服务）、一二三产结合（农旅结合）等多种类型，即使是相同产业规模也各不相同。因此，各培训机构在设计培训内容时要考虑产业和规模特征，根据区域优势产业和参训农民从业过程中急需的知识和技能设计培训内容。例如，随着现代农业的发展，以及网络技术、大型机械、智能技术等在农业领域的不断应用，农民急需经济管理、信息化技术、市场营销和电子商务等相关知识，培训机构需要顺应现代农业发展、农业科技创新和农民需求，与时俱进地提供先进的农业科技培训。在培训实施过程中，同一类培训还要根据不同的生产经营规模分班培训。对于经营规模较小的农户，主要实施"扫盲式培训"，培训的主要目的是提高参训农民的农业生产实践能力，培训的主要内容是农业生产经营技能，培训的主要方式是现场教学。对于有一定规模的专业大户，由于其在不断扩大经营规模的过程中已经掌握了基本的生产经营技能，但缺乏规模经营的管理方法，因此，对这些农民的培训主要是"优化式培训"，培训的主要目的是提升农民的规模化、产业化、标准化发展思维，增强规模经营的抗风险能力，提高规模经营效益。培训的主要内容是规模经营的风险防控、经营管理和市场营销知识，培训方法是小班化教学、现场观摩加一对一的技术指导。对于规模相对较大的家庭农场主、农民专业合作社负责人、农业企业负责人等新型农业经营主体带头人，主要是"引领式培训"，培训的主要目的是通过培训形成一批能够利用资源优势平台引领区域产业发展，带动区域农户共同致富的"领头雁"。培训的主要内容是现代农业发展新理念、职业道德和社会责任意识等，培训方式是理论学习、参观学习和专家面对面等多种方式相结合。

2. 根据认定等级分层培训

理论上，新型职业农民可分为初、中、高三个层次，但在实践中，新型职业农民培训大多仍为"大班混龄式"培训，很少有地方能够真正做到根据受训农民的层次开展培训，这在一定程度上影响了培训的效果。事实上，受文化程度、年龄、从农时间和从农规模等因素的影响，农民在学习能力、从农经验和人力资本投资积极性等方面都不同，不同层次的受训农民代表着不同职业发展阶段的不同需求，因此笔者认为，培训机构要根据初、中、高不同层次农民的接受能力和实际需要提供不同的培训，明确不同层次的培训目标、培训内容和考核标准。例如，初级新型职业农民培训主要是"农民入职培训"，培训目标是农民的职业化，培训内容是根据新型职业农民职业标准对农民进行现代农业的从农理念和基本从农知识与技术的培训，对应新型职业农民的职业初始阶段；中级新型职业农民培训主要是"骨干型农民培训"，在入职培训的基础上，这个阶段的农民应该接受农场的发展规划、经营管理、市场信息研判、规模化生产风险防控等方面的培训，对应新型职业农民的职业成长阶段；高级新型职业农民培训主要是"专家型农民培训"，在上一层培训的基础上，加强物联网、电商、直播等推动现代农业发展的创新性培训，对应新型职业农民的职业发展阶段。总之，三个层次的培训在目标和内容上都要有一定的衔接性和递进性，考虑到实践中的参训农民大多已有较为丰富的从农经验和经营规模，并不要求所有农民都一级一级地参与培训，但是只有通过上一层级的考核获得合格证书后，才能进入下一层级的培训学习。

3. 根据农忙时节分段培训

新型职业农民培训要求分段进行，但在实践中由于各种原因，还有一些培训并未分段进行，或者仅仅是"形式上分段"，主要表现为简单地将10天或者15天的培训分为集中理论学习和外出参观两段，或者分成两段时间进行培训。培训时间持续太长或者两段时间间隔太久，在一定程度上影响了农民参训的积极性和培训内容的衔接性，从而影响了培训效果。基于以上分析，笔者认为分段培训要根据农业产业特点、农忙时间和成本情况等确定每段培训的时间与时长。在实地调研中，许多农民表示希望能够在农闲时间接受3~5天的培训，还有一些农民表示有些培训可以利用互联网、直播等方式进行。因此，笔者认为，考虑到培训班开设的"机会成本"、农民的"时间成本"和农忙时间差异，农民培训可以在保证农业生产用时的基础上，利用农闲时间和互联网将培训总时间分成2~3段进行，每段都有一个培训主题和对应的培训模块，每段培训都包含理论学习和实践学习内容。考虑到记忆的连续性，在集中培训完回到工作岗位后，应借助互联网，利用晚上的时间进行每周一次线上答疑或直播指导来强化培训学习内容，综合运用集中学习、线上学习、观摩学习、现场教学等多种方式确保每段培训内容的延续性和梯次性。

三、培训后：基于个性多元需求开展跟踪服务

第一，培训机构作为连接政府和受训农民的桥梁，要充分发挥互联网的优势作用，通过QQ群或者微信群实时推送政策文件和市场信息，尽量减少符合条件的农民因信息不对称而错失专项扶持政策的情况。第二，通过设置专门渠道收集受训农民的问题，并定期安排专家通过远程教育、农业咨询热线或者直播等形式进行生产经营指导和技

术支持服务，提供农业信息咨询服务，解决农民在生产实际和应用培训所学中遇到的问题。第三，组织指导教师深入学员生产基地进行上门回访和现场指导，通过面对面、蹲点交流的方式，了解学员对新技术、新产品、新模式的应用意向和应用情况，解决其在实际应用过程中遇到的问题，同时征求参训农民对培训的意见和建议。第四，为参训农民提供农业项目申报和农业生产技能比赛的信息，聘请行业专家一对一、一对多地指导参训农民进行项目申报和比赛训练，加强专家与参训农民、参训农民相互之间的交流互动，使其取长补短、共同成长。第五，聘请行业专家深入实训基地进行现场诊断教学，通过专家的示范、学员的模拟，逐步减少对学员的支持和帮助，使参训农民不仅能够看到如何做，还能在真实的环境中进行操作，最终使参训农民能够内化和归纳所学内容，真正掌握培训中的知识和技能。

第七章　研究结论与研究反思

效果评价是新型职业农民培训工作的重要一环。对新型职业农民培训效果进行评价有助于培训主体了解培训目标的达成情况和存在的问题，进而改进培训方案，提高培训质量。为了有效地测评新型职业农民培训的效果，本研究通过理论和实证分析，对新型职业农民培训效果评价的目标取向、标准开发、实践应用、影响因素、优化策略进行了探讨。

第一节　主要结论

本研究缘起于对我国近十年新型职业农民培训工作效果的追问，依次探究了"为什么要构建新型职业农民培训效果评价指标体系""如何构建新型职业农民培训效果评价指标体系""新型职业农民培训效果到底如何""新型职业农民培训效果受哪些因素的影响""如何优化"等问题。针对这些问题，本研究以江苏省新型职业农民培训效果评价存在的问题为研究的切入点，遵循"发现问题—分析问题—解决问题"的逻辑，采用质性和量化相结合的研究方法，通过理论研究、实证研究和对策研究，得出以下结论。

一、新型职业农民培训效果评价的理想标准是效益导向的多指标体系

政府主导的新型职业农民培训通过对"人"的赋能实现个体知识水平与技能的提升和全面发展，进而推动社会经济的发展。然而，依然存在"争效率"还是"看效益"的实践迷失。新型职业农民培训

工作仍然存在"效率优先"的实践导向，强调"培训任务完成率"或者"培训满意度"，而忽视了"培训实际效益"。新型职业农民培训效果评价的"应然"和"实然"存在差距的原因主要是受训农民在培训效果评价工作中的主体地位缺失。因此，理想的新型职业农民培训效果评价标准应该是以受训农民为评价主体，既包含即时效益指标，又包含延时效益指标的多层级指标体系。

为了构建理想的新型职业农民培训效果评价标准，本研究基于全面的文献分析和实证调查，开发了包括培训满意度、职业素养养成度和培训成效外溢度 3 个一级指标，以及培训组织、培训设施与服务、培训内容与形式、培训师资与跟踪、参训表现、职业理念的更新、职业能力的提升、职业认同感的增强、职业行为的转变、个人职业发展效益、职业农民地位提升效益、辐射带动效益 12 个二级指标的指标体系。

二、新型职业农民培训效果整体良好，但呈现出梯度性和个体差异性

研究发现，生产经营型新型职业农民培训效果整体良好，但在各维度上具有一定的梯度性。具体表现为：在一级维度上，培训对职业素养养成度的作用最大，对成效外溢度的作用最小。在二级维度的培训满意度层面，受训农民对"培训师资与跟踪"的满意度最低，对"培训设施与服务"的满意度最高，这说明与培训的硬环境相比，受训农民更加关注培训的软环境。在职业素养养成度层面，"职业理念的转变和职业认同感的增强"效果好于"职业能力的提升和职业行为的转变"，即新型职业农民培训的学习效果要好于迁移效果，说明培训内容存在"有用无效"，无法"学以致用"的现象。在培训成效外溢度层面，"带动辐射效益"不理想，说明新型职业农民作为农村的"领头雁"，带动普通农户共同致富的"社会责任意识"需要加强。

此外，研究发现新型职业农民培训效果存在个体差异。具体表现为：对不同个体特征的新型职业农民进行培训的效果不同。从个体基本特征来看，文化程度与新型职业农民培训效果呈显著正相关关系；

女性对培训的满意度显著高于男性；新型职业农民培训效果随着年龄的增大而减弱。从个体身份特征来看，具有职业资格的新型职业农民的培训效果显著好于没有职业资格的农民；具有村干部或者党员身份的新型职业农民的带动辐射效益显著好于普通农民。从个体经历特征来看，参训次数与新型职业农民培训效果呈正相关关系；有务工经历的农民和从农"4~6年"的农民培训效果最好。从个体经营特征来看，苏北地区的农民对培训师资与跟踪的满意度显著高于其他地区；培训对专业大户的职业行为转变和带动辐射效益作用最小（见表7-1）。

表7-1　新型职业农民培训效果差异比较汇总

维度特征	个性特征			身份特征			经历特征			经营特征			
	性别	年龄	文化程度	村干部	党员	获证情况	职业经历	从农时间	参训次数	区域	规模	形式	收入
培训总体效果	—	—	**	—	—	*	—	—	**	—	—	—	—
培训满意度（一级）	*	—	*	—	—	*	—	—	**	—	—	—	—
培训组织	—	—	*	—	—	*	—	—	**	—	—	—	—
培训设施与服务	—	—	—	—	—	—	—	—	*	—	—	—	—
培训内容与形式	—	—	—	—	—	—	—	—	*	—	—	—	—
培训师资与跟踪	*	—	*	—	*	*	—	—	**	*	—	—	—
参训表现	*	—	—	—	—	—	—	—	**	—	—	—	—
职业素养养成度（一级）	—	—	**	—	—	*	—	—	**	—	—	—	—
职业理念的更新	—	—	*	—	—	—	—	**	**	—	—	—	—
职业能力的提升	—	—	**	—	—	—	—	—	**	—	—	—	—
职业认同感的增强	—	—	*	—	—	—	—	—	**	—	—	—	—
职业行为的转变	*	—	***	—	—	*	—	—	***	—	—	*	—

维度特征	个性特征			身份特征			经历特征			经营特征			
	性别	年龄	文化程度	村干部	党员	获证情况	职业经历	从农时间	参训次数	区域	规模	形式	收入
培训成效外溢度（一级）	—	—	**	—	—	*	—	—	**	—	—	—	—
个人职业发展效益	—	—	*	—	—	**	—	—	**	—	—	—	—
职业农民地位提升效益	—	—	**	—	—	—	—	—	**	—	—	—	—
带动辐射效益	*	—	***	**	***	—	—	—	***	—	—	*	—

注：—表示不显著；*表示显著；**表示非常显著；***表示极其显著。

三、新型职业农民培训效果受"政策、培训和农民"等多重因素影响

通过对政府、培训机构和受训农民三个新型职业农民培训的主要参与主体进行调查后发现，影响新型职业农民培训效果的因素主要有政策因素、培训因素和农民个体因素。其中，政策因素主要包括政策制度的配置与落实、培训体系的构建和培训项目的设计；培训因素主要包括培训前的准备、培训的实施过程和培训管理；农民个体因素主要包括受训农民的心理特征、家庭继承条件和部分人口学基本特征。政策因素对新型职业农民培训效果的影响主要体现在"培训满意度"和"培训成效外溢度"两个层面；培训因素对新型职业农民培训效果的影响主要体现在"培训满意度""职业素养养成度"和"培训成效外溢度"三个层面；农民自身因素对新型职业农民培训效果的影响主要体现在"职业素养养成度"和"培训成效外溢度"两个层面。

四、新型职业农民培训效果提升需要建立"顶层设计—组织管理—方案创新"的系统化支持体系

考虑到在实践过程中很难改变受训农民的个体特征，或者说受训农民个体特征的改变也受到外在因素的影响，本研究着眼于外因的推

动，提出新型职业农民培训效果提升策略。为了提升新型职业农民培训的效果，应建立从宏观层面的顶层设计到中观层面的组织管理，再到微观层面的方案设计与实施的系统化支持体系。其中，顶层设计层面包括建立多元化的培训市场、完善培训资源保障机制、健全政策支持、优化项目设计；组织管理层面包括制定详细的学员遴选机制、完善信息管理系统、构建全面科学的效果评价标准；方案设计与实施层面包括培训前基于需求调研分析的培训方案设计、培训中基于成人学习特征的培训供给实施、培训后基于个性多元需求的训后跟踪服务。

第二节　研究反思

一、创新之处

（一）研究视角的创新

本研究以新型职业农民培训效果评价存在的问题为研究起点，通过综合多学科理论知识，整体审视新型职业农民培训的价值追求，在发现"应然"和"实然"之间差距的基础上，提出构建以受训农民为主体的新型职业农民培训效果评价指标体系的必要性，研究的学科基础和分析问题的视角具有一定的独特性、创新性。本研究基于成人教育学理论视角研究新型职业农民培训效果问题，通过实证的方法创造性地构建了包含即时效果和延时效果的生产经营型新型职业农民培训效果评价指标体系，为新型职业农民培训效果评价的理论研究和实践测评提供了新的研究视角与实践参考。

（二）研究内容的创新

一是构建了以受训农民为评价主体的生产经营型新型职业农民培训效果评价指标体系。本研究在诺尔斯的成人教育学理论和层级效果评价模型的指导下，通过对培训效果这一核心概念的操作化处理，采用文献研究、政策文本分析、质性访谈编码和专家咨询等方法，初步构建了生产经营型新型职业农民培训效果评价指标体系。在此基础上，通过自编问卷对新型职业农民培训效果进行调查，并在利用 SPSS

软件对调查数据进行项目分析、因子分析、信效度检验的基础上，修正新型职业农民培训效果评价指标体系，然后通过层次分析法对指标体系逐级赋权，最终得到了包含培训满意度、职业素养养成度和培训成效外溢度 3 个一级指标，以及培训组织、培训设施与服务、培训内容与形式、培训师资与跟踪、参训表现、职业理念的更新、职业能力的提升、职业认同感的增强、职业行为的转变、个人职业发展效益、职业农民地位提升效益、带动辐射效益 12 个二级指标的新型职业农民培训效果评价体系。

二是初步明确了新型职业农民培训效果评价影响因素的构成。本研究在新型职业农民培训效果调研的基础上，通过单案例嵌入性研究，初步归纳出包含政策制度的配置与落实、培训设计与实施和受训农民自身因素三个层面，以及政策制度的配置与落实、培训体系的构建、培训项目的设计，培训前的准备、培训的实施过程、培训管理，受训农民的心理特征、家庭继承条件、农民人口学基本特征九个方面的新型职业农民培训效果影响因素。

三是提出了优化新型职业农民培训效果的对策建议。本研究在新型职业农民培训效果测评和影响因素分析的基础上，考虑到可操作性，从政府和培训机构两个层面提出了优化策略与政策建议。具体包括：政府层面要系统规划新型职业农民培训的顶层设计，包括建立多元化的新型职业农民培训市场和培训机构竞争与动态管理机制；建立资源共享、培训教师职称评审、培训教师知识更新、农场传承等新型职业农民培训效果保障机制；形成制度建设和能力建设并重的项目生成机制，注重培训标准的制定、培训学员的遴选、信息管理系统的完善、效果评价标准的制定和"订单式"培训项目的规划等。培训机构层面要科学组织与实施新型职业农民培训工作，包括培训前基于需求调研分析的培训方案设计，培训中基于成人学习特征的培训供给实施，培训后基于个性多元需求的训后跟踪服务等。

（三）研究方法的创新

本研究运用了定性与定量、主观与客观相结合的方法。首先，在新型职业农民培训效果评价指标体系构建阶段，综合运用文献法、访谈法、专家法等多种研究方法，力求理论联系实际。为了使问卷中的问题表述尽可能符合新型职业农民的特征，本研究主要采用质性访谈法，通过扎根理论三级编码的方式开发预测问卷。其次，在问卷编制过程中，本研究严格遵循问卷编制的流程和方法，经历了从咨询卷、预测卷到最终问卷的形成。根据指标体系开发的初始问卷通过专家咨询形成预测卷，然后进行项目分析、因子分析等获得正式问卷，严格按照实证研究的科学方法进行。最后，在对江苏省新型职业农民培训效果的"广度"进行调查后，又对其"深度"进行了研究。以江苏省为案例，从政府、培训机构和受训农民三个方面对新型职业农民培训效果影响因素进行了归纳分析。

二、研究存在的不足与展望

虽然笔者自认为已经尽了最大的努力，也付出了许多的时间和精力，但是由于实践和自身能力等主客观因素的限制，本研究仍然存在一些不足。一是本研究的调研范围仅限于江苏省，尤其是后期的补充调研更是集中于苏南地区，使得收集到的数据和事实资料在一定程度上影响了研究结论的推广，研究结论在不同地区推广需要理论和实践检验。二是受制于数据的获取，本研究提出的新型职业农民培训效果影响因素模型没有经过进一步的实证检验，而一个科学有效的新型职业农民培训效果影响因素模型构建需要经过多番论证与反复修正。

新型职业农民培训对农民职业化、专业化发展的作用已经显现，因此，关于新型职业农民培训效果评价的研究并未结束。在今后的研究中，需要进一步在以下两个方面有所加强：一是扩大实证研究的调查范围。大规模的调查不仅可以检验和修正新型职业农民培训效果评价指标体系，使其更具普适性；而且更易于发现新型职业农民培训中存在的问题，对于提出针对性建议提升培训实效具有重要意义。二是进一步完善新型职业农民培训效果影响因素模型。由于新型职业农民培训效果影响因素涉及的内容较多，可能会存在指标之间的重叠与遗漏，需要通过多种方法进一步修正模型，使之不断细化与完善。

虽然本研究至此已暂时告一段落，但是新型职业农民培训效果评价研究仅仅是新型职业农民培育这一研究的"冰山一角"。正所谓一项研究的结束也是另一项研究的开始，关于新型职业农民培育方面的研究之路还很长，笔者希望自己坚持的研究能为新型职业农民培育工作"添砖加瓦"。